高等教育“十三五”规划教材、课证赛立体化教材、校企合作财经精品系列教材

“十三五”高职院校财经精品系列教材

会计信息化实训教程

—— SQL2000+用友ERP-U8V10.1

主　编◎彭小年
副主编◎尹岳群

西南财经大学出版社
Southwestern University of Finance & Economics Press
中国·成都

图书在版编目(CIP)数据

会计信息化实训教程:SQL2000+用友 ERP-U8V10.1/彭小年主编.
—成都:西南财经大学出版社,2018.12
ISBN 978-7-5504-3856-9

Ⅰ.①会…　Ⅱ.①彭…　Ⅲ.①会计信息—财务管理系统—教材
Ⅳ.①F232

中国版本图书馆 CIP 数据核字(2018)第 275102 号

会计信息化实训教程——SQL2000+用友 ERP-U8V10.1

KUAIJI XINXIHUA SHIXUN JIAOCHENG——SQL2000+YONGYOUERP-U8V10.1

主　编:彭小年

副主编:尹岳群

责任编辑:王青杰

责任校对:李琼

封面设计:何东琳设计工作室　张姗姗

责任印制:朱曼丽

出版发行	西南财经大学出版社(四川省成都市光华村街 55 号)
网　　址	http://www.bookcj.com
电子邮件	bookcj@foxmail.com
邮政编码	610074
电　　话	028-87352211　87352368
照　　排	四川胜翔数码印务设计有限公司
印　　刷	郫县犀浦印刷厂
成品尺寸	185mm×260mm
印　　张	17.5
字　　数	384 千字
版　　次	2018 年 12 月第 1 版
印　　次	2018 年 12 月第 1 次印刷
印　　数	1— 2000 册
书　　号	ISBN 978-7-5504-3856-9
定　　价	39.80 元

前言

QIANYAN

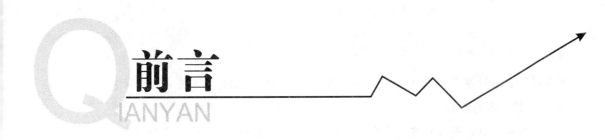

2018 年 4 月 13 日，教育部颁发的《教育信息化 2.0 行动计划》指出："以人工智能、大数据、物联网为基础，依托各类智能设备及网络，积极开展智慧教育创新研究和示范，推动新技术支持下教育的模式变革和生态重构。"《广东省教育发展"十三五"规划（2016—2020 年）》提出："加快推进教育信息化，全面普及信息技术教学应用，形成'课堂用、经常用、普遍用'的信息化教学新局面。"

为响应号召，本教材以国家电算（信息）化工作相关规范和《企业会计准则》为依据，以企业业务流程为指引，以业财一体信息化管理为主导思想，引入最新会计信息化概念，着力解读了会计行业面临的划时代机遇和挑战，同时全面介绍了会计信息化的基本理论和"用友（新道）ERP-U8V10.1"软件的系统管理、总账、出纳、薪资、固定资产、采购、销售、应收、应付、库存、存货核算、会计报表等各子系统的基本操作，独创式推出对标课堂常规需求的会计信息化实训阅卷程序，并做到"实训项目浓缩化，图、文讲解精细化，附属资源多样化"，可促进教学方式、学习方式、评价方式和教研方式转变，将信息技术融入学生自主学习能力、发现与解决问题能力、思维能力和创新能力的培养当中。

本教材体现两大理念：一是"校企共创，岗、课、证、赛融通，专利式制作，注重科技普及性、创新性、职业实践性和开放性"；二是"信息化手段课堂运用常态化，彰显行为引导教学，突出对学生自主学习、就业和创新的能力培养，催生教学新生态"。

本教材特色如下：

1. 编写团队专业

本书主编彭小年是广州城建职业学院会计电算化精品课程负责人、注册会计师、讲师、两项软件著作独著人，并将在 2019 年发表北大核心论文一篇（现已收《采录通知》），从事高等职业教育 10 多年，具有丰富的教学经验与扎实的专业实践技能功底，实现电子阅卷反馈与课堂常规专业教学珠连璧合，完美对接，缔造绝佳的性价比特色。陈旭生、尹岳群、李贵增、曹勋德等老师参与了编写。其他编者有来自用友新道科技有限公司广州分公司的信息化高级顾问工程师、广州金不换财务咨询有限公司的资深会计师、东莞市华必信会计师事务所的资深注册会计师，编写团队力量雄厚，校企合作深化。

2. 编写理念创新

本教材设计以会计信息化岗位职业能力培养为主旨；着力打造企业真实情境；以用友ERP-U8V10.1为蓝本，职业实践及会计理论为根基，资源立体化为辅助，项目任务为中心，信息化反馈为创新引擎，将知识点的传授贯穿于项目引导教学中。

课堂设计的思路是：

“课堂主体学生化”——启发学生会学，倡导学生活学，助力学生乐学；

“情境模拟产业化”——以素质发展为核心，以职业能力培养为主线；

“组织整合项目化”——全程指引，项目驱动；

“教学反馈信息化”——电子阅卷，课、证、赛融通；

“实训项目浓缩化”——题量精简，考点荟萃；

“图、文讲解精细化”——基于工作，步步引导，激发求知欲。

3. 资源配置齐备

本教材配备了“会计信息化阅卷程序”“操作视频”“实训数据账套”“强化实训”，便于教师从容备课，学生提高学习效率，强化学习效果。凡是购买了本教材的学习者可通过以下方式取得以上资料。会计信息化U8V10.1教学群：806406912，联系电话：13533431669。

4. 会计技能大赛演练

本教材特抽选历届全国会计专业技能大赛真题，预测技能大赛题型。此真题各操作任务互不重复，基本涵盖了大赛考核中的热点和重点，并配有特定阅卷程序、针对题中的难点、疑点的经验总结和难点分析，助力学生赛前获取比赛体验，并提升竞赛及考证能力。

5. 适用性广泛

本教材讲解深入浅出，可用于普通本科、应用型本科、高职高专院校会计专业教学。

限于编者水平有限，时间仓促，书中不妥之处，恳请广大学习者给予批评指正。

编　者

2018年10月20日

目录

MULU

项目一　认知会计信息化

能力目标

认知会计信息化及掌握相关技能的历史使命。

知识目标

理解会计信息化的概念及特点，了解会计信息化的发展史，理解信息化技术对会计行业发展带来的机遇和挑战。

会计信息化是会计与信息技术的结合，是信息社会对企业财务信息管理提出的一个新要求，是企业会计顺应信息化“技术革命”所做出的必要举措。它的重要特征就是依托会计信息系统远程化、智能化、集成化、实时化的查询和处理功能提炼、创新利用“大数据”和“云共享”等新兴技术促成的海量、高增长率和多样化的信息资产，旨在为会计信息使用者提供快速、准确、完整、可靠、合理的会计信息，进而实现会计信息的质量最好、速度最快、服务最优、深化企业管理的目标。

任务一　明确会计信息化的概念、特点

一、会计信息化的概念

随着社会经济、科学技术的发展，出现了“大数据”和“云共享”现象。大数据是一个含义广泛的术语，是指数据集庞大而复杂，需要专门设计的硬件和软件工具进行处理。这些数据集有各种各样的来源：①传感器；②气候信息；③公开的信息，如杂志、报纸、文章等。大数据技术有五个核心部分：数据采集、数据存储、数据清洗、数据挖掘、

数据可视化。“云共享”即网络资源共享，是信息资源在云计算环境下的共享行为，能够满足用户对资源的需求，具有较强的可扩展性、动态性、安全性、可靠性等优势。而其中“云计算”指的是一种以数据为中心的新型计算方式，是对数据管理技术、数据存储技术、虚拟化技术等的综合应用。“云共享”在实用研究与理论研究上都具有非常高的价值。

正是“大数据”“云共享”等新兴技术促使会计本身产生了巨大变化，但是在会计的发展过程中，以收集、处理和提供会计信息为主的核心始终没有改变，变化的主要内容是会计信息的处理与提供的技术和方式，以及分析与利用会计信息的能力和程度。会计信息化，就是会计工作与电子计算机、网络技术的有机融合，即充分利用电子计算机和网络技术，更好地发挥会计的职能作用，极大地提高会计的效能和水平。

二、会计信息化的特点

会计信息化应用现代信息技术对传统手工会计体系进行变革，其目的是建立以信息技术为技术特征的新信息会计体系。会计信息化具有以下特点：

（1）全面性。

会计信息化要求对会计进行全方位的变革。它涉及会计的基本理论与方法、会计职能与实务工作、会计教育以及政府对会计的管理等所有会计领域，是对传统会计的系统、全面发展。

（2）渐进性。

会计信息化的目标是建立一个打破传统会计模式、全面使用现代信息技术、处理高度自动化、会计信息资源高度共享的开放的新系统。这个过程是一个分步骤、分阶段、伴随信息技术发展的长期渐进的过程。

（3）兼容性和多元性。

由于我国各地区、各行业信息化水平严重不平衡，因此在相当长的一段时期内，传统会计组织方式与信息化管理组织方式必将并存，但从社会发展的要求来看，会计信息化是必然趋势。

任务二　了解会计信息化的发展

我国会计信息化工作经历了模拟手工记账的探索起步阶段，与企业其他业务相结合的推广发展阶段，为适应会计准则和制度的发展要求引入会计专业判断的渗透融合阶段；以及与内部控制相结合建立 ERP 系统的集成管理阶段。其中，会计电算化是会计信息化的初级阶段，是会计信息化的基础。

1. 模拟手工记账的探索起步阶段

我国会计电算化是从20世纪80年代起步的。当时主要处于实验试点和理论研究阶段。1981年8月，中国人民大学和第一汽车制造厂联合召开了“财务、会计、成本应用电子计算机专题讨论会”，正式提出了会计电算化的概念，将计算机在会计中的应用简称为会计电算化。

1983年以后，微型计算机在国内市场上大量出现。这一时期，多数企业和会计人员对“电算化”的理解，是设计一个专门的账务处理程序，模拟替代手工记账算账，利用电子计算机来处理会计账务。

模拟手工记账阶段的基本特征，是采用相应的数据库管理系统，并开发企业自身的“账务处理系统”。这一时期开发的会计核算软件，实质上是将电子计算机作为一个高级的计算工具用于会计领域；系统开发的目标是使会计人员摆脱手工账务处理过程中繁杂易错的重复劳动。但在其应用过程中还不能实现最大限度的数据共享，容易造成电算化会计数据资源的浪费，也无法实现会计电算化与企业其他信息系统的有效融合。

为使会计电算化工作走上科学化、规范化的发展轨道，财政部于1989年年底和1990年7月先后颁布了《会计核算软件管理的几项规定（试行）》和《关于会计核算软件评审问题的补充规定（试行）》两个文件，确定了商品化会计核算软件的评审制度和标准。

二、与其他业务结合的推广发展阶段

进入20世纪90年代后，企业开始将单项会计核算业务电算化统合、扩展为全面电算化。这一阶段的主要特征是在企业组织内部实现会计信息和业务信息的一体化，并在两者之间实现无缝连接，使会计信息与业务信息能够做到“你中有我、我中有你”。信息集成的结果是信息的有效共享和利用，既减少了数据输入的工作量，又实现了数据的一致性，还保证了数据的共享性。

商品化会计电算化软件在20世纪90年代后也开始蓬勃发展。财政部先后印发了《关于发展我国会计电算化事业的意见》《会计电算化管理办法》《会计电算化工作规范》等一系列规章制度，并启动了商品化会计核算软件的审批工作，有力地推进了我国会计核算软件行业产业化、规范化发展的进程。这一时期的会计电算化工作顺利地完成了由单项会计核算业务电算化到全面电算化的升级发展，并由部分企业推广到全面普及。

按照会计电算化的服务层次和提供信息的深度，一般可将其分为三个不同的发展阶段：会计核算电算化、会计管理电算化和会计决策电算化。

三、引入会计专业判断的渗透融合阶段

我国对企业会计标准进行了重大改革，建立了与国际准则趋同的企业会计准则体系。会计准则体系引入了会计专业判断的要求。企业以准则为指引，以《会计基础工作规范》等文件为准绳，将各种确认、计量、记录、报告要求融合到企业的会计电算化系统和管理信息系统。在这一时期，企业纷纷建立了以会计电算化为核心的管理信息系统和企业资源计划（ERP）系统。

企业和会计核算软件开发商在这一时期充分掌握了会计电算化紧密围绕会计准则和制度不断调整、渗透和融合的方法，同时，会计电算化也逐步完成了由单机应用向局域网应用的转变。尽管这一时期已经出现了会计信息系统和 ERP 的概念，但其实质仍停留在会计电算化的阶段，即构建会计信息系统的初中级阶段。

四、与内部控制相结合建立 ERP 系统的集成管理阶段

随着现代企业制度的建立和内部管理的现代化，单纯依赖会计控制已难以应对企业面对的内外部风险，会计控制必须向全面控制发展。传统的会计核算软件已不能完全满足企业会计信息化的需要，逐步向与流程管理相结合的 ERP 企业资源计划方向发展。企业开始全面、系统地依托其既有的会计电算化系统，构建与内部控制紧密结合的 ERP 系统，将企业的管理工作全面集成，从而实现会计管理和会计工作的信息化。目前，这一阶段尚在进行中，但已取得了令人瞩目的成果。

财政部、国资委、证监会、审计署、银监会、保监会六部委于 2008 年 6 月联合发布了《企业内部控制基本规范》。这标志着我国企业内部控制规范建设取得了重大突破和阶段性成果，是我国企业内部控制建设的一个重要里程碑。

进入 21 世纪后，可扩展业务报告语言（XBRL）从根本上实现了数据的集成与最大化利用，会计信息“数出一门、资料共享”将成为现实。2006 年，财政部在中国会计准则委员会下成立了 XBRL 组织。2008 年 11 月 12 日，中国会计信息化委员会暨 XBRL 中国地区组织正式成立，这是深化会计改革、全面推进我国信息化建设的重大举措，标志着中国会计信息化建设迈上了一个新台阶。

任务三　认知会计行业面临的划时代机遇和挑战

信息化技术为会计行业发展带来了机遇和挑战，但机遇大于挑战。机遇主要表现在：为会计工作带来新技术支撑，为会计行业发展、会计职能、会计人员的转型、会计信息价

值的提升带来历史性机遇。2010 年 10 月，财政部颁发的《会计行业中长期人才发展规划（2010—2020 年）》指出：“会计职业领域已从传统的记账、算账、报账为主，拓展到内部控制、投融资决策、企业并购、价值管理、战略规划、公司治理、会计信息化等高端管理领域。”挑战主要表现在：企业对记账、算账等基础会计工作人员的需求将大幅减少，会计人员不得不持续付出大量学习成本。适逢划时代的机遇与竞争，意气风发、即将走向企业会计岗位的有识青年应利用本院校、企业可用资源不失时机地接触、体验信息化会计业务操作过程，逐步掌握业务技能，为早日从事会计职业打下良好的基础。

项目二　用友 U8V10.1 软件认知及安装

任务一　软件模块认识

会计信息化以会计信息系统为载体，其核心是应用软件。本教材选用了用友 ERP-U8 作为蓝本介绍会计信息系统的功能特点、总体结构。用友 ERP-U8 是一套企业级的解决方案，满足不同的竞争环境下，不同的制造、商务模式下，以及不同的运营模式下的企业经营管理，提供从企业日常运营、人力资源管理到办公事务处理等全方位的产品解决方案。用友 ERP-U8 是以集成的信息管理为基础，以规范企业运营、改善经营成果为目标，帮助企业优化资源、提升管理，实现面向市场的赢利性增长。

用友 ERP-U8 是一个企业经营管理平台，用以满足各级管理者对信息化的不同要求：为高层经营管理者提供收益与风险的决策信息，辅助企业制定长远发展战略；为中层管理人员提供企业各个运作层面的运作状况，优化各种事件的监控、发现、分析、解决、反馈等处理流程，帮助做到投入产出最优配比；为基层管理人员提供便利的作业环境，易用的操作方式，实现工作岗位、工作职能的有效履行。

用友 ERP-U8 管理软件包括以下产品：企业门户、财务会计、管理会计、供应链管理、生产制造、分销管理、零售管理、决策支持、人力资源管理、办公自动化、集团应用、企业应用集成。

用友 ERP-U8 企业管理软件以“精细管理、敏捷经营”为核心理念，面向中小型企业，实现了主要业务过程的全面管理，突出了对关键流程的控制，体现了事前计划、事中控制、事后分析的系统管理思想，是普遍适应中国企业管理基础和业务特征以及企业快速增长需求的 ERP 全面解决方案。

用友 ERP-U8 企业管理软件，以财务管理为企业的目标核心，以业务管理为企业的行为核心，突破了平行思考的串行价值链结构，提出了基于立体价值链结构的产品体系部署原理，适应了中国企业在初期成长和发展壮大阶段对于企业管理需求的不同特点。强调核心业务集成应用。用友 ERP-U8 按不同的业务需求灵活组合应用方案，连接企业内部的核心业务流程，使之成为一个统一的整体。在满足企业信息化整体规划、分步实施的大原则下，通过针对关键业务与关键管理问题的整体解决，使系统的应用效益最大化，并使管理水平得以迅速提升。

1. 财务会计

为了帮助企业进一步挖掘企业内部资源、提高财务核算效率和财务管理水平，用友 ERP-U8 企业管理软件财务会计系统根据企业中岗位和人员职能的需求，通过角色驱动帮助不同角色的用户轻松实现从预算到核算到报表分析的全过程管理。

财务核算角色：根据财务核算工作的主要内容和不同管理层次的需要，充分考虑职责与分工的合理性，用友 ERP-U8 企业管理软件财务核算根据角色职责赋予不同的权限，进行不同的功能操作。

主要角色说明：①资产会计：进行固定资产与总账对账。②应收会计：进行应收账与总账对账。③应付会计：进行应付账与总账对账。④总账会计：进行总账与明细账、总账与部门账、总账与客户往来账、总账与供应商往来账、总账与个人往来账、总账与项目账之间的对账。

（一）总账模块

总账系统适用于各类企事业单位，主要用来进行凭证处理、账簿管理、个人往来款管理、部门管理、项目核算和出纳管理等。

总账是用友财务系统的核心模块，可与多个系统集成应用，包括预算管理、成本管理、项目管理、应付款管理、应收款管理、网上报销、结算中心、工资管理、固定资产管理、存货核算、UFO 报表、现金流量表、财务分析、网上银行和报账中心。

总账面向财务总监、财务主管、总账会计、应收会计、应付会计、固定资产会计。

主要功能特点：

（1）由用户根据自己的需要建立财务应用环境，设置适合本单位实际需要的专用模块。

（2）自由定义科目代码长度、科目级次。根据需要增加、删除或修改会计科目或选取行业标准会计科目。

（3）用户可选择采用固定汇率方式还是浮动汇率方式计算本币金额。

（4）可自定义凭证类别、凭证格式。

（5）提供辅助核算功能，包括对部门、个人、客户、供应商和项目的核算。

（6）提供科目汇总表、余额表、三栏账、多栏账、客户科目余额表、供应商科目余额表等账表查询。

（7）提供自定义项作为辅助核算，突破最多三个辅助核算的限制，实现自定义项的查询报表及期末转账处理。

（8）支持跨年度查询，可以选择年度分段查询，即可以选择查询年度。

（9）多辅助核算明细账查询时，提供两种排序方式，凭证日期到凭证号的排序与凭证号到凭证日期的排序。

（10）多辅助核算明细账可关联查询凭证，同时支持同一查询条件下的多辅助核算汇总表数据查询；多辅助核算汇总表可联查同一查询条件下的多辅助核算明细账。

（11）完善查询权限，可按操作员权限自动过滤数据。

（12）可自由定义以下内容是否在查询结果中显示：部门、个人、客户、客户分类、客户地区分类、供应商、供应商分类、供应商地区分类、项目分类、项目、业务员、币种及自定义项。

（二）UFO 报表

UFO 报表是一个灵活的报表生成工具，用户可以自由定义各种财务报表、管理汇总表、统计分析表。它可以通过取数公式从数据库中挖掘数据，也可以定义表页与表页以及不同表格之间的数据勾稽运算、制作图文混排的报表，是广大会计工作者不可多得的报表工具。

主要功能特点：

（1）UFO 报表与其他电子表软件的最大区别在于它是真正的三维立体表，并在此基础上提供了丰富的实用功能，完全实现了三维立体表的四维处理能力。

（2）提供了 21 个行业的财务报表模板，可轻松生成复杂报表，提供自定义模板的功能。

（3）组合单元给不规则报表的制作提供了极大方便。

（4）数据采集、汇总及独有的数据透视功能，可将几百张报表数据按条件取到同一页面显示，以方便对数据对比分析。

（5）强大的二次开发功能，可以开发出本单位的专用报表系统。

（6）支持多个窗口同时显示和处理，可同时打开的文件和图形窗口多达 40 个，并有拆分窗口的功能，可以将报表拆分为多个窗口，便于同时显示报表的不同部分。

（7）强大的数据处理功能。一个报表能同时容纳 99 999 张表页，每张表页可容纳 9 999 行和 255 列。

（8）根据行业可一次生成多张报表，支持联查明细账功能。

（9）采用图文混排，可以很方便地进行图文数据组织。

（10）UFO 报表系统开放性强，可直接打开和保存成多种格式的文件，如文本文件、DBASE、Access 数据库、Excel 和 Lotus 1-2-3 电子表格文件，并提供同其他财务软件报表引入和引出的接口。输出报表为 Excel，可指定表页另存为 Excel 表等文件。同时提供丰富的打印控制功能。

（11）报表数据接口。提供符合财政部统计评价司要求的数据接口软件，它可以独立运行，也可以内嵌其他软件中运行，可按照定义的指标从用友账务中取数。

（12）UFO 报表采用 OLE 技术使 UFO 报表数据可以和微软 Office 办公软件进行数据交

流。例如，Word 和 Excel 制作的文档表格、sql 数据库文件，dbase 数据库文件可以直接插入到 UFO 报表中处理，UFO 报表也可以直接嵌入到其他程序中。

（13）分公司通过 UFO 报表系统从总部的合并报表模块下载报表格式，填报后通过 UFO 报表系统进行上报，总部在合并报表模块进行合并。

（14）标准格式输出报表。提供财务标准格式输出报表。具体内容为国家标准《信息技术 会计核算软件数据接口》（GB/T19581-2004）。

（15）快速复制功能。类似于 Excel 表格的复制功能，直接拖光标将被复制的单元内容复制到光标覆盖的单元中去。

（16）提供单位名称的取数函数，对于有多个套账的企业，可快速得到不同账套的报表。

（17）支持按日期关键字取数。

（三）应收款管理

应收款管理着重实现工商企业对应收款所进行的核算与管理。它以发票、费用单、其他应收单等原始单据为依据，记录销售业务以及其他业务所形成的应收款项，处理应收款项的收回与坏账处理、转账等业务，同时提供票据处理功能，实现对承兑汇票的管理。本系统可以与总账、销售系统集成使用。

应收款管理可以和总账、销售、合同管理、应付、财务分析、UFO、网上银行集成使用。

应收款管理面向应收会计。

主要功能特点：

（1）对销售管理系统的销售发票进行审核，进行收款处理，支持应收单的录入、现金折扣的处理、单据核销的处理、坏账的处理、客户利息以及汇兑损益的处理等业务处理功能。

（2）销售发票可联查发货单、销售订单、销售合同等。

（3）提供结算单的批量审核、自动核销功能。

（4）根据合同结算情况自动形成应收款，同时支持合同收付款计划的统计。

（5）可一次性选择多个客户进行收款处理，并自动形成收款单进行核销处理。

（6）提供三种对应收单据的审核方式：批审、单据列表审核、单审，更加方便客户操作。

（7）提供多种应收账款的核销规则：

①按客户+订单核销，解决一张发票对应多张销售订单的核销问题。

②按客户+部门核销，解决同一客户，部门和业务员可能串户的销售订单核销问题。

③按客户+部门+业务员核销，解决同一客户同一部门中的不同业务员串户的销售订单核销问题。

④按客户+合同核销，解决同一客户对应合同的核销问题。

⑤按客户+项目核销，满足按项目核算的企业（施工和工程项目企业）要求明细到项目核销的要求。

（8）提供应收票据的管理，对票据的计息、背书、贴现、转出进行处理。

（9）支持同一单位既是客户又是供应商的往来单位处理。

（10）系统提供了各种预警，及时进行到期账款的催收，防止发生坏账，信用额度的控制有助于您随时了解客户的信用情况。

（11）提供应收账龄分析、欠款分析、回款分析等统计分析，从而进行资金流入预测。

（12）提供多种账期管理（固定日付款、交货付款、即付现金、预定付款），在应收单上可设置到期日、立账日、收付款协议，并可按立账日、到期日分析账龄。

（13）系统提供两种核算模型，“详细核算”和“简单核算”，满足用户不同管理需要。

（14）系统提供功能权限和数据权限的控制来提高系统应用的准确性和安全性。

（15）提供结算单的批量审核、自动核销功能，并能与网上银行进行数据交互。

（16）系统提供总公司和分销处之间数据的导入、导出及数据服务功能，为企业提供完整的远程数据通讯方案。

（17）提供应收与出口管理的接口，支持出口发票审核、出口发票查询、出口发票报警的查询。

（18）支持信用证押汇结汇的处理，支持押汇结汇后同时进行对应发票的核销。

（四）应付款管理

应付款管理着重实现工商企业对应付款所进行的核算与管理。它以发票、费用单、其他应付单等原始单据为依据，记录采购业务以及其他业务所形成的往来款项，处理应付款项的支付、转账等业务，同时提供票据处理功能，实现对承兑汇票的管理。本系统可以与总账、采购系统集成使用。

应付款管理系统可以和总账、采购、合同管理、应收、财务分析、网上银行、存货核算集成使用。

应付款管理面向应付会计。

主要功能特点：

（1）对采购管理系统的采购发票进行审核和付款处理，支持应付单的录入、现金折扣、单据核销等业务处理功能。

（2）提供应付账龄分析、欠款分析等统计分析，提供资金流出预算功能。

（3）提供应付票据的管理，处理应付票据的核算与追踪，提供两种汇兑损益的计算方式，即外币余额结清时计算和月末计算两种方式。

（4）提供付款单远程应用功能。

（5）系统提供“简单核算”和“详细核算”两种模式进行应付账款的核算，满足用户的不同需求。

（6）系统提供功能权限和数据权限的控制来提高系统应用的准确性和安全性。

（7）提供票据的跟踪管理，你可以随时对票据的计息、结算等操作进行监控。

（8）提供结算单的批量审核、自动核销功能，并能与网上银行进行数据交互。

（9）系统提供总公司和分销处之间数据的导入、导出及数据服务功能，为企业提供完整的远程数据通讯方案。

（10）根据合同结算情况自动形成应付款，同时支持合同收付款计划的统计。

（11）支持按合同的付款计划进行控制付款，合同付款严格按收付计划执行，在付款时，须确认超过合同付款计划的金额和总额，并做该合同的详细收付款的联查。

（12）提供应付与出口管理的接口，支持出口发票审核、出口发票查询、出口发票报警的查询。

（13）提供应付与进口管理的接口，支持进口发票审核、进口发票查询、信用证付汇的处理。

（五）网上银行

网上银行帮助企业出纳员足不出户即可享受中国工商银行、中国建设银行、中国招商银行、中国光大银行等银行优质的网上银行服务（还可以通过网银适配器享受国内各大银行的网上银行服务）。

网上银行与网上报销、总账、结算中心、应收应付、报账中心集成使用，真正实现了银行企业一体化的管理。

本系统适用各类企事业单位。

本系统面向企业的出纳员、报账员、资金主管、应收应付会计使用。

主要功能特点：

（1）企业集团服务。集团用户可以通过网上银行服务查询集团各子公司的账户余额、交易信息，划拨集团内部公司之间的资金，进行账户管理等。

（2）对公账户实时查询。企业可以实时查询对公账户余额及交易历史。

（3）网上转账。企业可以通过互联网实现支付和转账。

（4）银行账户余额查询。实现网上在线查询当天及昨天银行账户余额，并将当日余额和科目账余额进行比较分析。

（5）在线统计查询。实现网上在线查询当天银行账户交易明细及银行账户历史交易明细。

（6）付款单与银行交易明细对账。实现某时间付款单与银行返回的交易明细之间的对账功能。

（7）支持多种接口方式。文件方式和银企直连。

(8) 业务流程配置。系统提供单据处理、审批、复核、支付四个流程，其中单据处理、支付是必选的流程，审批和复核可以自由选择。系统支持的流程组合有：单据处理、审批、复核、支付；单据处理、复核、支付；单据处理、支付。

(9) 操作权限管理。对有权限的操作员，可以指定每个账户的录入、审核、支付权限，可以指定审核、支付的金额。对每一涉及金额的操作包括录入、审核、支付等设定操作的时间、人员、金额。

(10) 支持同时查询多家银行账户余额。

(11) 支持联查当日交易明细。

(12) 支持收款通知：通过预警平台，将新收款业务发送到信息中心，同时支持邮件和短信通知。

(六) 出纳管理

支持出纳人员登录系统登记现金日记账、银行日记账、其他支付备注账簿，打印支票、进账单等单据。

(七) 固定资产管理

固定资产管理适用于各类企业和行政事业单位进行设备管理、折旧计提等。其可用于固定资产总值、累计折旧数据的动态管理，协助设备管理部门做好固定资产实体的各项指标的管理、分析工作。

固定资产系统可以和总账、UFO 报表、成本管理、项目管理集成使用。

固定资产系统面向固定资产会计。

主要功能特点：

(1) 提供外币管理资产设备。

(2) 用户自定义折旧方法。

(3) 可处理各种资产变动业务，包括原值变动、部门转移、使用状况变动、使用年限调整、折旧方法调整、净残值（率）调整、工作总量调整、累计折旧调整、资产类别调整等。

(4) 提供对固定资产的评估功能，包括对原值、累计折旧、使用年限、净残值(率)、折旧方法等进行评估。

(5) 提供自动计提折旧功能，并按分配表自动生成记账凭证。

(6) 提供固定资产卡片联查图片功能，在固定资产卡片中能联查扫描或数码相机生成的资产图片，以便管理得更具体、更直观。

(7) 提供固定资产多部门使用、分摊的处理功能。一个资产选择多个“使用部门”，并且当资产为多部门使用时，累计折旧可以在多部门间按设置的比例分摊。

(8) 提供“固定资产到期提示表”，用于显示当前期间使用年限到期的固定资产信息。

(9) 与设备管理系统关联，设备管理系统的设备台账信息可以多次读入固定资产系统。

(10) 资产到期预警。可以将固定资产系统的资产到期提示表统一在公共平台系统服务的预警管理中进行设置。

(11) 支持资产盘点，可按资产范围与资产项目盘点。

(12) 新增资产类别。支持新农业企业会计制度，增加“固定资产缺省入账科目”“累计折旧缺省入账科目”和“减值准备缺省入账科目”三个数据项。

二、供应链管理

(一) 采购管理

采购管理对采购业务的全部流程进行管理，提供采购询价、请购、订货、到货、入库、开票、采购结算的完整采购流程，用户可以根据实际情况进行采购流程的定制，可以处理普通采购、受托代销、直运业务、代管业务（VMI）、配额采购、齐套采购等多种业务模式。

采购管理适用于各类工业企业和商业批发、零售、医药、物资供销、图书发行等商品流通企业。

采购管理既可以单独使用，又能与合同管理、需求规划、主生产计划、出口管理、销售管理、库存管理、存货核算、应付款管理、质量管理、GSP 质量管理、售前分析、管理驾驶舱等模块集成使用，提供完整全面的业务和财务流程处理。

采购管理主要应用角色是企业的采购部门和采购核算部门的采购业务员、采购主管。

主要功能特点：

(1) 供应商管理。提供供应商资格审批、供应商供货审批功能，加强供应商准入管理。跟踪每一笔采购订单的交货情况、交货质量、价格，评价供应商 ABC 等级，帮助企业采购部门选择质量最好、价格最优的供应商。

(2) 代管业务管理（VMI）。企业先使用供应商提供的物料，根据实际使用情况定期汇总、挂账，最后根据挂账数与供应商进行结算、开票以及后续的财务处理。

(3) 请购管理。物资需求部门或者办公行政部门请购，包括申请采购货物种类、采购数量、何时使用、谁用等内容。请购审批部门进行请购审批或者批复，确定建议供应商、建议订货日期等，指定采购员和采购部门，结合计划系统和审批流程，保证采购部门对集中采购权力的有效控制。

(4) 采购询价业务。满足企业对一些原辅料或备品备件进行货比三家询价比价采购并在系统中进行审批流程控制。具体流程为：

①采购员依据请购单填写询价计划，并通过邮件或传真发给相关供应商询价。

②依据供应商反馈报价录入询价结果（采购询价单）。

③依据询价结果填制询价审批单走审批流程，确认最终的供应商，生成供应商调价单并支持推式生成采购订单。

（5）采购订单管理。根据采购计划及请购单等，生成采购订单，跟踪订单执行情况，帮助企业实现采购业务的事前预测、事中控制、事后统计。

（6）比价采购。针对请购单的待购数量，结合供应商报价、供应商存货对照表进行比价采购。

（7）配额采购。将供配额管理思想引入到供应商采购中，将采购需求通过配额法则在多个供应商中进行分配下单。提供两种配额算法：简单比例配额和累计比例配额。系统提供多种需求来源参与配额采购，如 MRP/MPS 计划、ROP 计划、请购单等。

（8）齐套采购。按某种产品全部的采购件进行齐套采购，或者专为某个销售订单或者出口订单所需的装配件进行采购，从而减少冗余采购，控制库存。系统能够对具有标准 BOM 或者经过 ATO 选配的销售订单或者出口订单进行齐套采购，还能对标准的物料 BOM 进行齐套采购。

（9）MRP/MPS 采购计划批量生单。支持对 MRP/MPS 采购计划批量生成采购订单。

（10）对不核算成本业务的支持。对于客供料或者上游给予的赠品，不进行出入库成本的核算，而只是进行实物的管理。

（11）对农产品免税品进项税扣税业务的支持。根据税法规定，一般纳税人向农业生产者购买的免税农业产品，或者向小规模纳税人购买的农业产品，准予按照买价 13%的扣除率计算进项税额，从当期销项税额中扣除。系统中，采购订单、采购到货单、采购入库单支持两种扣税类别：应税外加和应税内含，支持采用不同的税额计算方法；不同扣税类别的业务在系统上进行相关控制。

（12）采购到货流程优化。将原到货退回单分为两种单据：到货拒收单和到货退回单。①拒收单表示入库前的拒收，到货退回单表示入库后的退库。增加到货签收功能。对于非质检的到货，可以直接签收实收数量和拒收数量。②入库后，可以通过到货退回单进行退库。

（13）支持固定资产采购业务。

（14）采购资金流管理。根据订单和入库单开具采购发票，在发票与货物到达的情况下，执行采购结算，与“应付账款”系统接口，统计应付账款的情况。

（15）采购分析。对采购成本、供应商价格、采购资金比重、采购货龄进行分析，通过各种分析数据对供应商供货价格进行比较，以择优采购。

（16）最高进价控制。对企业的原料采购按照存货或者按照存货+供应商联合进行最高进价控制，严格控制采购成本。

（二）库存管理

库存管理着重实现工商企业库存管理方面的需求，覆盖目前工业、商业的大部分库存管理工作。其能够满足采购入库、销售出库、产成品入库、材料出库、其他出入库、盘点管理等业务需要，提供仓库货位管理、批次管理、保质期管理、出库跟踪、入库管理、可用量管理等全面的业务应用；及时动态掌握各种库存存货信息；提供各种储备分析，便于企业进行存货控制，从而避免材料积压占用资金，或材料短缺影响生产。

库存管理适用于各种类型的工商业企业，如制造业、医药、食品、批发、零售、批零兼营、集团应用及远程仓库等。

库存管理可以与进口管理、采购管理、委外管理、出口管理、销售管理、生产订单、物料清单、存货核算、质量管理、GSP 质量管理、CRM 售后服务管理等集成使用，也可单独使用。

库存管理面向物资管理人员、库房管理人员、仓库统计员、仓库主管等使用者。

主要功能特点：

（1）处理各种普通出入库业务，如采购入库、受托代销入库、销售出库、委托代销出库、产成品入库、材料出库、配比出库、其他出入库等。

（2）处理各种特殊出入库业务，如仓库调拨、盘点、组装拆卸、形态转换、限额领料、保质期预警、安全库存预警、货位管理等。

（3）代管采购业务，包括代管消耗规则设置、代管物料采购入库和代管物料消耗。代管消耗规则设置主要用于定义哪些收发类别的出入库单记入代管消耗，并作为代管挂账统计的来源。代管物料采购入库时，选择“代管采购”业务类型，同时入代管仓。代管物料消耗时，在销售出库、材料领用、调拨、盘点等业务环节指定代管供应商，跟踪代管物料去向。

（4）出库预算控制。当和预算系统集成应用时，可在出库时，控制超预算出库行为。

（5）进口业务支持。根据进口订单、进口发票生成采购入库单。进口订单未入库量作为采购在途量的一部分参与检查可用量的统计。

（6）维修配件管理。和服务管理集成应用时，有效管理服务部门配件的领用及退还。

（7）零售业务支持。和零售管理集成应用时，支持直营店、直营专柜及加盟店的数据交换。

（8）库存齐套分析。根据物料清单或生产/委外订单子件用料表，结合各物料的库存情况，计算当前库存可生产母件产品的最大可成套量。

（9）支持生产补料作业。

（10）条形码管理。可以方便用户的物流、仓储操作，减小劳动强度、降低错误率、提高工作效率。用户可使用常用条码，也可以自定义条码。

（11）批次管理。可以对存货的收发存情况进行批次管理，能够按照批次规则，自动生成入库批次号，可统计某一批次所有存货的收发存情况或某一存货所有批次的收发存情况。并支持基于批次的全流程业务追溯，发现业务问题。

（12）序列号管理。完整支持序列号的管理，在出入库、调拨、不合格品记录及处理、货位调整等业务环节，追踪单品序列号。同时支持售后服务序列号管理以及单品序列号的构成档案管理。

（13）保质期管理。对存货的保质期进行管理，进行保质期预警和失效存货报警。

（14）货位管理。可以加强企业对出入库和仓储的管理，并提供货位的收发存报告和存量报告。870 版本支持跨仓库货位调拨、货位盘点、以及货位作业的优化。

（15）追溯管理。对批次管理、LP 件、跟踪型存货、序列号管理的存货，支持通过单据参照关系或者存货追溯属性对这些存货进行追溯管理，从而实现全程的物料跟踪功能。

（16）盘点管理。提供多种盘点方式，如按仓库盘点、按批次盘点、按存货类别盘点、对保质期临近多少天的存货进行盘点等等，还可以对各仓库或批次中的全部或部分存货进行盘点，盘盈、盘亏的结果自动生成其他出入库单。

（17）调拨管理。用于处理仓库之间存货的转库业务或部门之间的存货调拨业务，实现调拨申请、调拨单作业的功能。

（18）限额领料。通过限额领料单分单后生成一张或多张材料出库单，实现一次领料、多次签收，同时通过审核，实现再次分单领料；帮助控制物料的领用和签收。

（19）储备分析。根据设置的存货控制信息，对超储、短缺、呆滞、积压的存货进行储备分析。

（20）远程应用。提供远程仓库或总公司与分公司之间数据导入和导出功能，以解决总公司与分公司距离较远无法联网，又需要传送数据的问题。

（三）销售管理

销售管理提供了报价、订货、发货、开票的完整销售流程，支持普通销售、委托代销、分期收款、直运、零售、销售调拨等多种类型的销售业务，并可对销售价格和信用进行实时监控。用户可根据实际情况对系统进行定制，构建自己的销售业务管理平台。支持普通销售、委托代销、直运业务、分期收款 4 种销售业务类型，支持必有订单的业务模式。

销售管理适用于各类工业企业和商业批发、零售、医药、物资供销、批零兼营等商品流通企业。

销售管理可以单独使用，又可以与主生产计划、需求规则、生产订单、库存管理、存货核算、应收款管理、采购管理、质量管理、合同管理、管理驾驶舱、CRM 联合使用。

销售管理面向企业的销售部门和销售核算部门的销售业务员、销售主管。

主要功能特点：

（1）销售订单管理。根据客户的订货数量、订货配置要求录入、修改、查询、审核销售订单，了解订单执行/未执行情况，同时工业企业可以进行销售订单对于配置类生产的直接下单。

（2）销售发货管理。根据销售订单和发票开具销售发货单，生成销售出库单，统计销售出库情况，同时将该出库单传递到“存货系统”，统计销售出库成本。

（3）销售资金流管理。依据销售发货单开具销售发票，发票审核后即形成应收账款，在“应收系统”可以查询和制单，并依此收款。

（4）销售计划管理。实现以部门、业务员、客户、客户类、存货、存货类及其组合为对象考核其销售、回款、费用支出的计划数与定额数的完成情况，进行考核评估的功能集合。

（5）销售价格管理。按客户分类、客户、存货分类、批量、价格有效期间制定价格政策，在保证灵活性的基础上，最大限度减少建立价格档案的工作量。系统提供了最新售价、最新成本价、价格政策三种取价方式，其中在价格政策中可按照客户与存货的多种组合对不同的客户不同的存货给予不同的价格。870 版本提供了完整的调价制价过程管理，通过调价单实现价格批量定价、价格有效期、客户价格最低售价等功能。

（6）信用管理。通过对企业的客户、部门、业务员进行信用期间、信用额度的设置与分析，并根据某客户的信用状况决定是否与其进行业务往来，即是否给其开具销售单据。

（7）账期控制。增加收付款协议档案，加强账期的控制。每一个收付款协议可以设置一个立账依据，对于销售系统，有两个立账单据：发货单和发票。对于进行信用期限控制的客户，可以在发货单或发票上选择收付款协议，根据收付款协议计算到期日，系统按到期日控制信用期限。在货龄分析时，增加对到账日和立账日的分析报告。

（8）发货签收追踪。参照发货单生成签收单，用于记录客户签收的情况。企业在进行销售发货过程中，存在发运回执问题，即货物是否已经到达客户手中需要有效跟踪。

（9）允销限销管理。可以设置客户的允销限销范围，即可以向某客户销售哪些商品，不可以销售哪些商品。允销：对于经营面窄的客户，可以设置哪些商品可以销售给该客户；限销：对于经营面广的客户，可以设置哪些商品不可以销售给该客户。

（10）灵活处理商业折扣和现金折扣。

（11）追踪溯源功能。可以从明细账追踪查询相关的各种业务单据，随时进行发货单、出入库单、发票等单据的联查。在 870 版本中增加订单追溯功能，以订单为源头，追溯订单的生产、供应、委外情况，并查询相应的生产订单、采购订单、委外订单的执行情况。

（12）强大的统计分析功能。可以根据业务数据，生成各类丰富的统计报表。按存货、地区、业务员、部门等类别分析销售状况和销售业绩，以便及时调整销售策略。

（13）支持现款结算功能、发货签回损失处理、序列号管理、订单变更历史查询。

（14）远程应用。可对销售订单、销售发票、发货单、现收单等进行远程录入、查询。

（15）除一般销售业务外，还可以对委托代销、内部销售调拨、零售、直运销售、不开发票、定调价、代垫费用、销售支出、包装物租借等业务进行处理，从而满足不同企业的多种业务处理要求。

（四）存货核算

存货核算存货核算可分为工业版存货核算与商业版存货核算。存货核算是从资金的角度管理存货的出入库业务，主要用于核算企业的入库成本、出库成本、结余成本。反映和监督存货的收发、领退和保管情况。反映和监督存货资金的占用情况。与“成本系统”集成，可为成本核算提供材料采购成本，同时获得成本系统计算的产成品单位成本。与“总账系统”集成，可以将单据生成的凭证传递到总账系统，实现财务业务一体化。

存货核算面向中小型工业企业、商品流通企业等有存货核算要求的用户，应用行业主要有：医药、食品、家电、机械、化工等。

存货核算可与采购管理、库存管理、销售系统、总账系统、成本核算、应付款管理、项目管理集成使用。

存货核算面向的使用者：存货会计、成本会计、财务主管。

主要功能特点：

（1）适应多种业务情形的成本核算，包括全月平均、移动平均、先进先出、后进先出、个别计价、计划价核算、售价核算七种成本计价方式；提供按仓库、部门、存货三种核算方式；支持普通采购、暂估业务、受托代销、普通销售、分期收款发出商品、委托收款发出商品、假退料、直运销售、售后服务、VMI 和进口管理等业务的成本核算。

（2）暂估入库成本处理。提供月初回冲、单到回冲和单到补差三种暂估处理方式。

（3）假退料管理。车间已领用的材料，在月末尚未消耗完，下月需要继续耗用，则可不办理退料业务，制作假退料单进行成本核算。

（4）灵活及时的业务调整。利用出、入库调整单、系统调整单调整当月已记账单据，同时登记明细账或差异账/差价账。

（5）产成品成本分配。随时按存货或存货分类对产成品入库单进行批量成本分配，也可从“成本核算系统”取得产成品的单位成本，填入入库单。

（6）计提存货跌价准备。

（7）提供存货资金占用规划、占用分析及周转分析、存货周转率分析、入库成本分析、ABC 成本分析。

任务二　用友 U8V10.1 安装

一、安装前准备

（一）总体计划

本处以 Windows 7 旗舰版（32 位版本）为例进行用友 U8V10.1 的安装。

数据库系统：SQL 2000+ SP4。

在单机上安装用友 ERP-U8 要注意以下问题：

(1) 安装的权限。

管理员，最好是超级用户。

(2) 用户权限控制。

设置为最低，即对安装不做限制。

(3) 安全管理软件。

安全卫士、杀毒软件之类在安装过程中必须停止运行。最好先卸载，安装成功后再安装安全管理类软件。

(4) 其他软件。

可以安装 Office、输入方法、浏览器、即时通信类软件。不能在同一环境存在其他管理软件。

(二) Windows 7 安装环境设置

首先安装 IIS。Internet Information Services（IIS，互联网信息服务）是由微软公司提供的基于运行 Windows 的互联网基本服务。

IIS 的默认安装不完全，需要我们自己手动添加进行安装。

点击“Windows”键进入“开始”菜单，点击“所有应用”，在所有应用菜单里点击“Windows 系统”里的“控制面板”。

(1) 进入控制面板后，选择“程序”，如图 2-1 所示。

图 2-1 程序

选择“程序和功能”中的“启用或关闭 Windows 功能”，如图 2-2 所示。

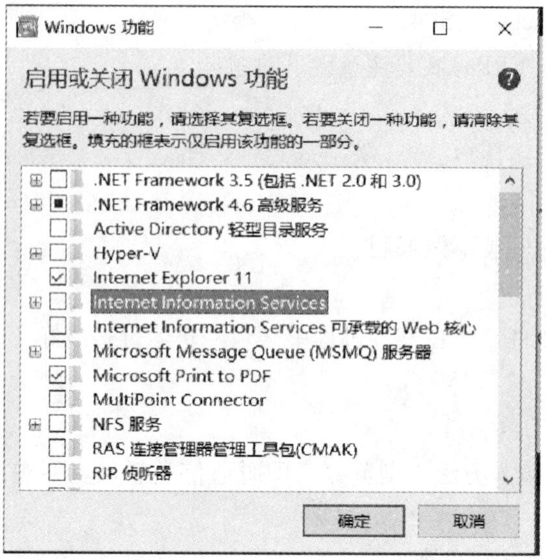

图 2-2 Windows 功能

（2）选择 Internet Information Services 进行设置。

第一步：选择 Internet Information Services，然后单击“确定”，系统会自动安装（需要联网）。

第二步：选择“Internet Information Services”，进入后要把加号都点开，简单的做法是选取可选的全部项目，如图 2-3 所示。

图 2-3 Internet 信息服务设置

（3）选择 Internet Information Services 可承载的 Web 核心，选择“确定”完成。

进行相关设置后，选择“确定”，系统会自动完成 IIS 的安装（会需要在联网状态下，下载有关更新程序）。然后重新启动。

3. 用友 U8 安装环境设置

（1）更改用户账户控制设置。

Windows 7 为了安全起见，对用户的权限进行了控制，以防止非法软件被安装，但在安装一些软件时，是需要最高权限的，不然表面上似乎安装完成，但由于安装人员的权限不够，导致在修改有关系统参数时不成功，从而导致安装后无法使用。这种问题是安装程序在安装过程中发生的，不一定进行提示，出现错误的时候很难寻找原因和解决办法。

选择“控制面板”—“用户账户”，如图 2-4 所示。

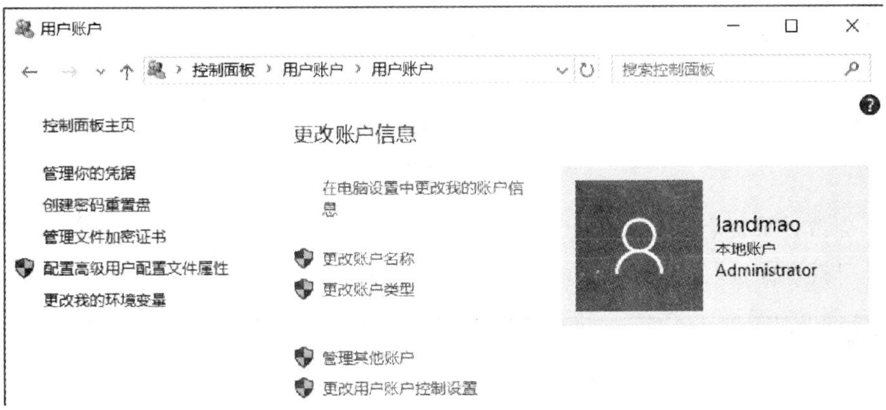

图 2-4　更改用户账户控制设置

单击“更改用户账户控制设置”，设为最低，如图 2-5 所示。

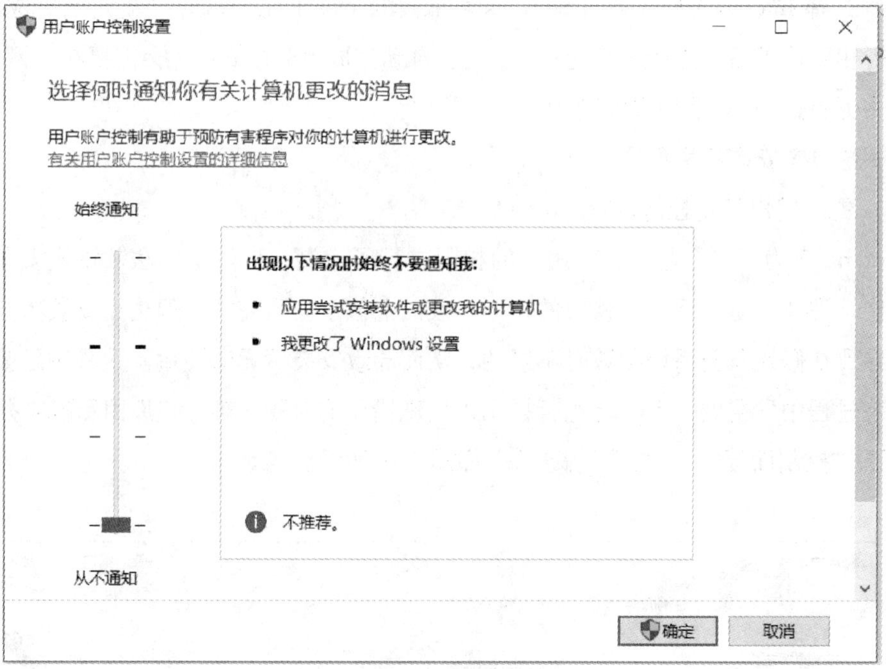

图 2-5　用户账户控制设置

(2) 更改计算机名称。

打开“控制面板”，选择“系统和安全”，如图 2-6 所示。

图 2-6　系统和安全

再选择“系统”，如图 2-7 所示。

图 2-7 系统

在用友 U8 系统中，计算机名不能使用有“-”的特殊字符，如需要更改，可选择计算机名的“更改设置”功能完成。如图 2-8 是将计算机名称改为“bigchn”。

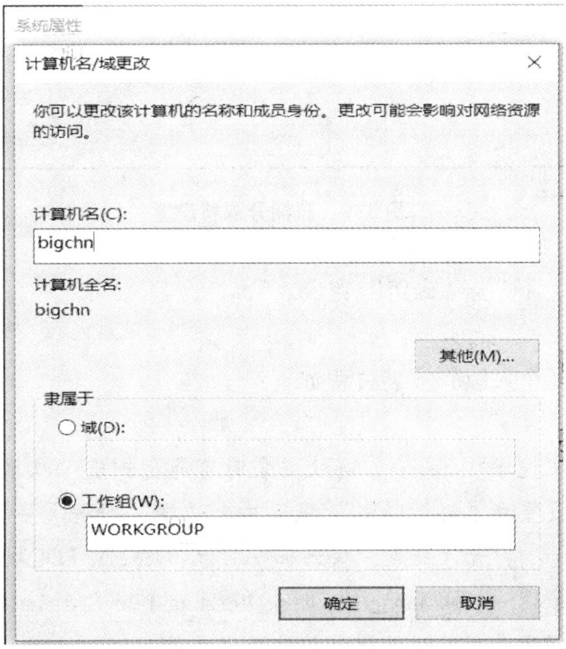

图 2-8 更改计算机名

单击“应用”，再点击“确定”，重新启动后完成。

（3）日期分隔符设置。

用友 U8 中，要求日期分隔符号设置为“-”，设置的方法为：

进入 Windows7 控制面板，选择“时钟、语言和区域”，再选择“更改日期、时间或数字格式”，按照图 2-9 设置短日期的格式（设置为 yyyy-MM-dd 格式）。

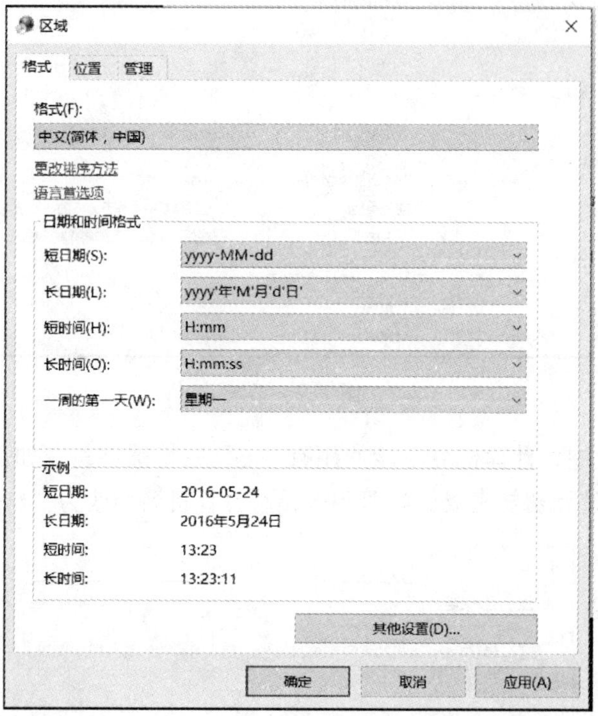

图 2-9　日期分隔符设置

点击“应用”，然后点击“确定”完成。

（4）安装数据库。

SQL Server 2000（个人版）安装过程如下：

提示：

如果用户之前安装过 SQL Server，再次安装时可能会出现“从前的安装程序操作使安装程序操作挂起，需要重新启动计算机”提示，可选择“开始”—“运行”，在“运行”对话框中输入“regedit”，打开注册表，找到如下目录：HKEY_LOCAL_MACHINE\SYSTEM\CurrentControlSet\Control\SessionManager，删除 Pending File Rename Operations 项，就可以正常安装了。若根据提示重新启动计算机，结果还是没用的。

双击 SQL Server 2000 安装文件中的

图标，打开界面如图 2-10 所示，按照图 2-11 至图 2-20 进行安装。

图 2-10　安装 SQL Server 2000 组件

图 2-11　安装数据库服务器

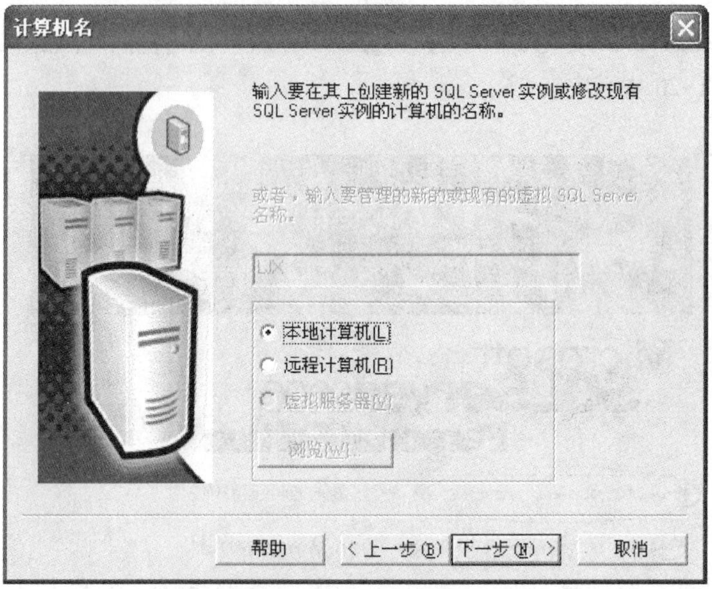

图 2-12　设置计算机名

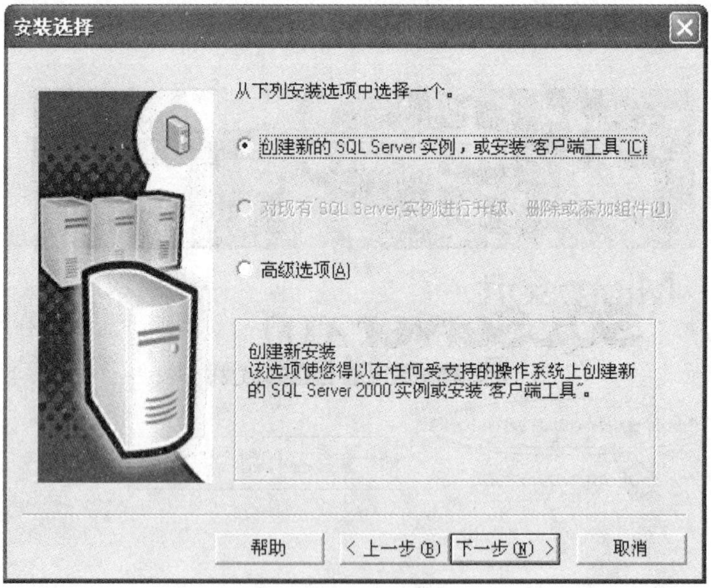

图 2-13　安装选择

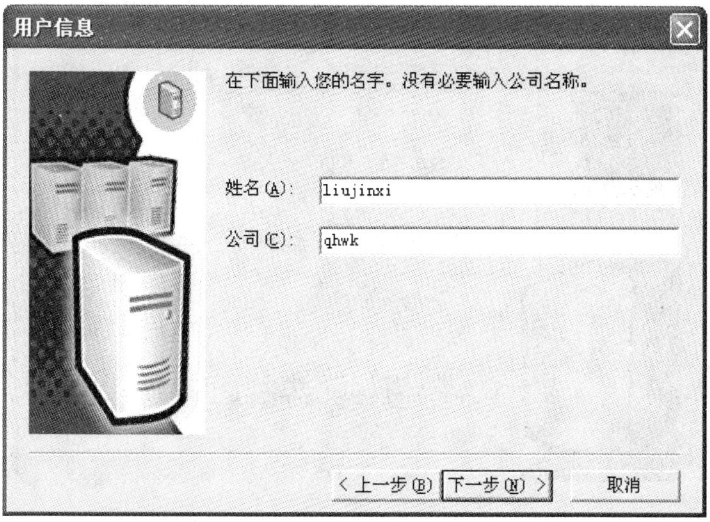

图 2-14　输入用户信息

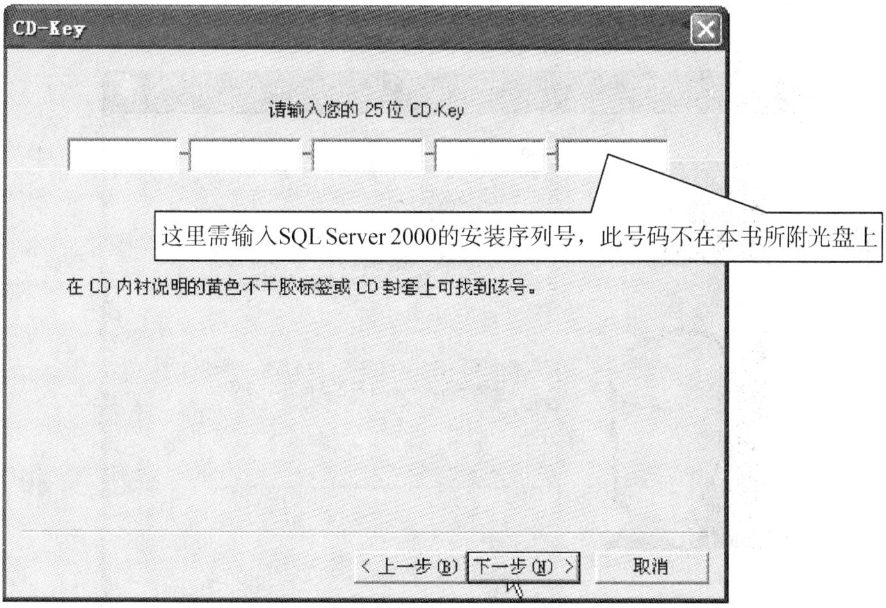

图 2-15　输入 CD-Key

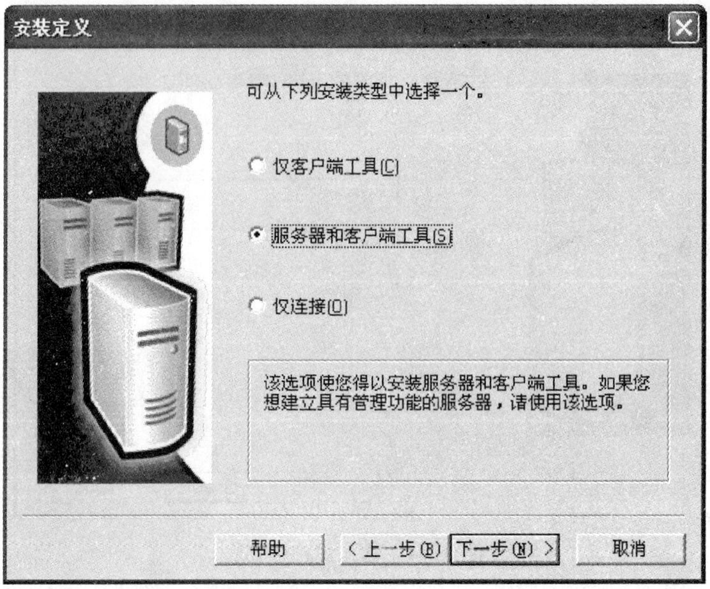

图 2-16　安装定义

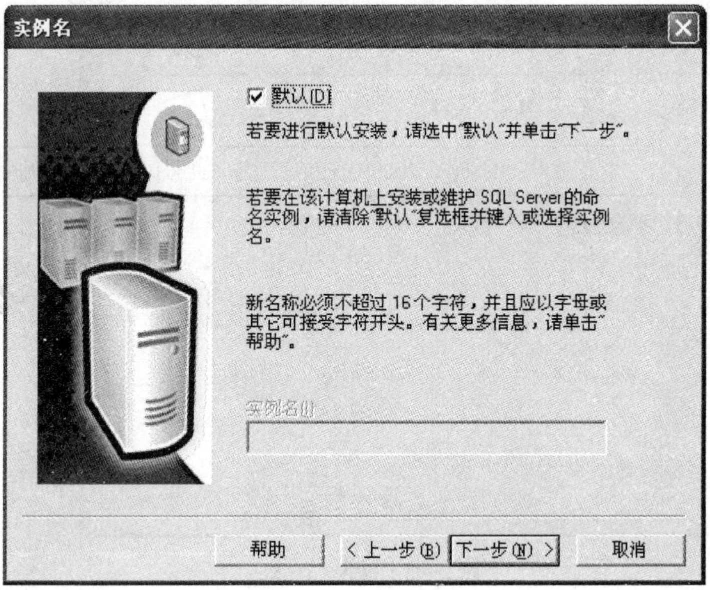

图 2-17　实例名

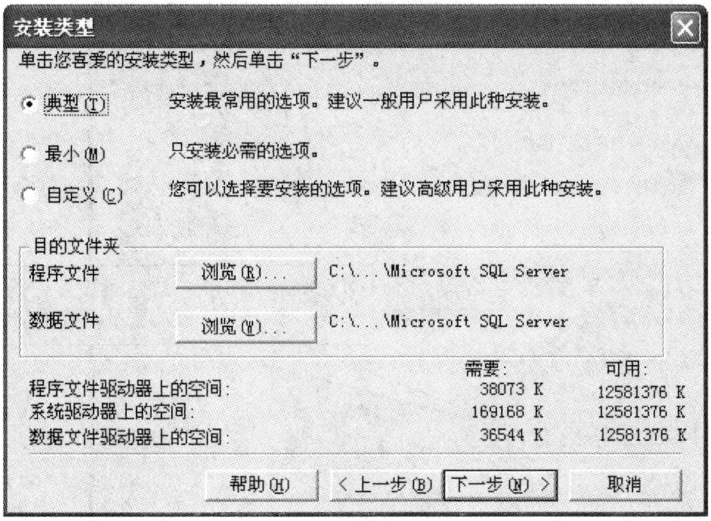

图 2-18　选择安装类型

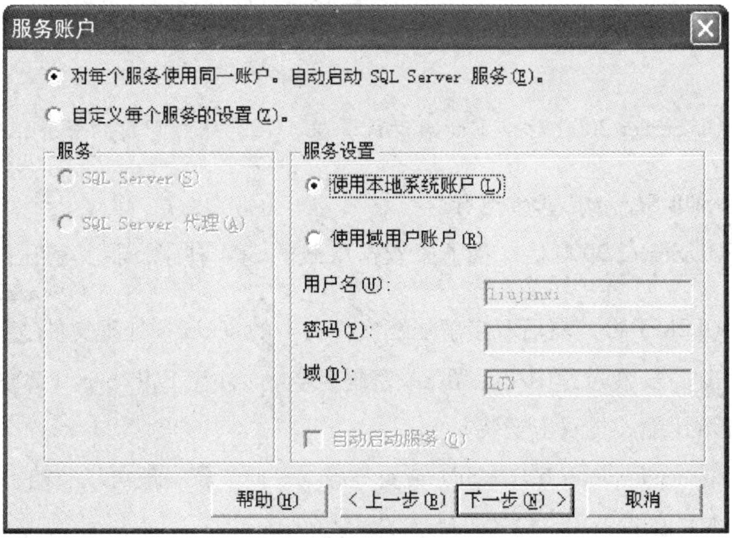

图 2-19　服务账户设置

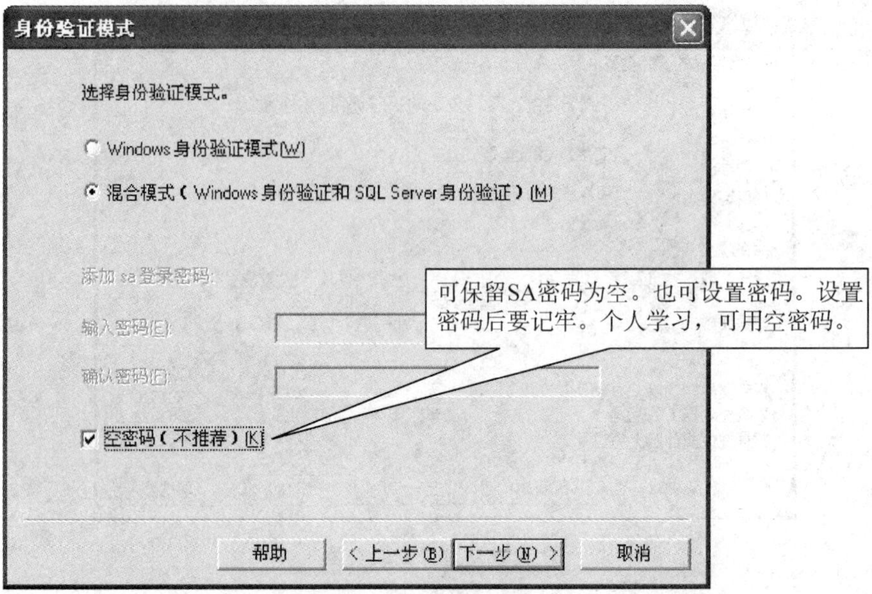

图 2-20　选择身份验证模式

提示：

正确安装 SQL Server 2000 后，重新启动计算机，在屏幕右下角的任务栏行会出现一个图标，表示 SQL Server 已正常运行。

安装完成 SQL Server 2000 后，接下来双击下载的 SP4 补丁，将其解压缩（默认解压缩目录为 C：\ SQL2KSP4），然后双击解压缩文件夹中的 setup 批处理文件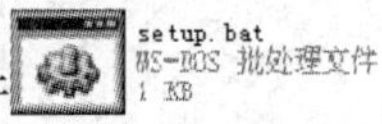

，安装 SP4 补丁程序。安装过程中可保留 SA 密码为空。（注意 SQL Server 2000 SP4 的安装过程分两步：先解压缩，再双击安装）

（5）安装 Internet Explorer 6.0 + SP1 或更高版本。此步骤一般可以省略，Windows XP+SP2（或更高版本）自带 Internet Explorer 6.0。

（下述组件环境的安装，也可在后续安装过程中通过“环境检测”的步骤进行。）

（6）安装.NET 运行环境：.NET Framework 2.0 Service Pack 1。安装文件位于光盘\用友 ERP-U8 V10.1 安装程序\3rdProgram\NetFx20SP1_x86.exe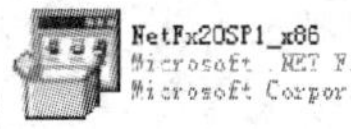

。

（7）安装.NET 3.5 运行环境：.NET Framework 3.5 Service Pack 1。安装文件位于光盘\用友 ERP-U8 V10.1 安装程序\3rdProgram\ dotnetfx35.exe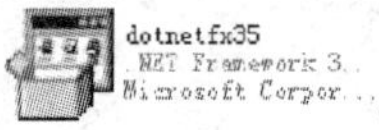

。

（8）安装 Silverlight。安装文件位于光盘\用友 ERP-U8 V10.1 安装程序\3rdProgram\Silverlight.exe 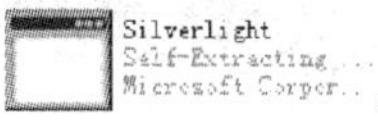

。

（9）安装 IE Web Control 组件，安装文件位于光盘\用友 ERP-U8 V10.1 安装程序\3rdProgram\ iewebcontrols.msi 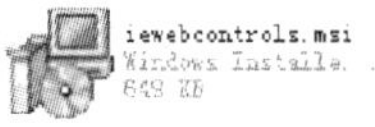

。

上述步骤完成后，接下来就可以安装用友 ERP-U8 V10.1 系统了。

二、操作指南

（一）安装环境检测

先进入“用友新道教育 U8AllinOne”目录（用友新道专版），选择 Setup.exe 安装程序，单击右键选择“以管理员方式运行”，然后单击“下一步”，在“许可证协议”窗口选择接受协议，然后单击“下一步”进入客户信息设置，输入公司名称，这里输入的公司名称对后面的实际应用没有影响，可自行输入。单击“下一步”后进入“选择目的地位置”，一般按照默认选择，也可以更改。如图 2-21 所示。

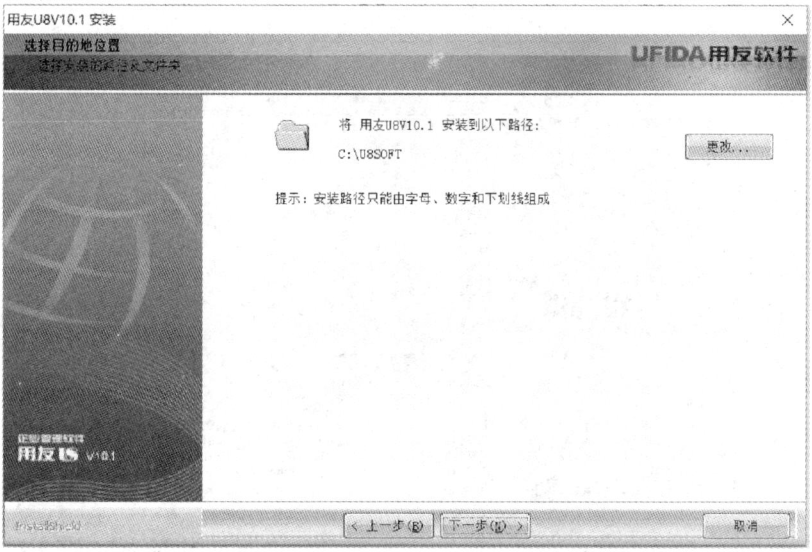

图 2-21　目的地位置

单击“下一步”，在安装类型窗口，选择“全产品”，就是全部组件在同一台机器安装。如图 2-22 所示。

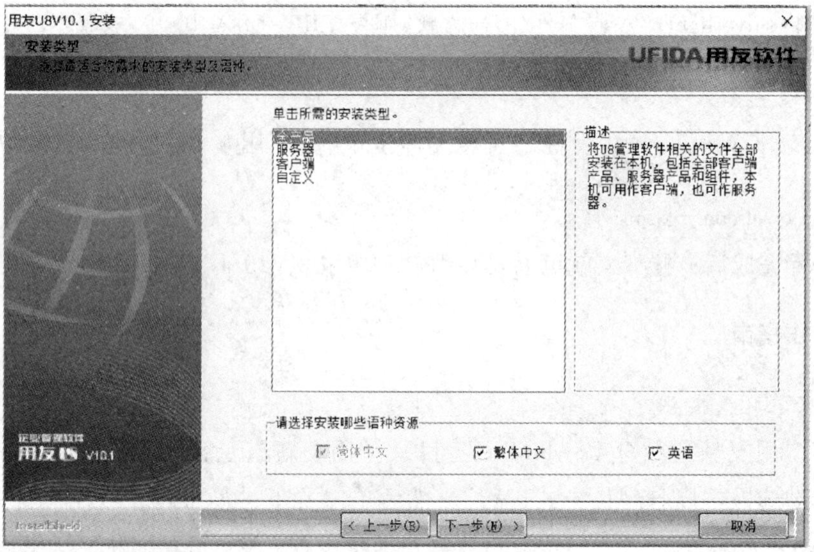

图 2-22　**安装类型选择**

可不选择“繁体中文”和“英语”，然后单击“下一步”，进入“环境检测”窗口，单击“检测”，如图 2-23 所示。

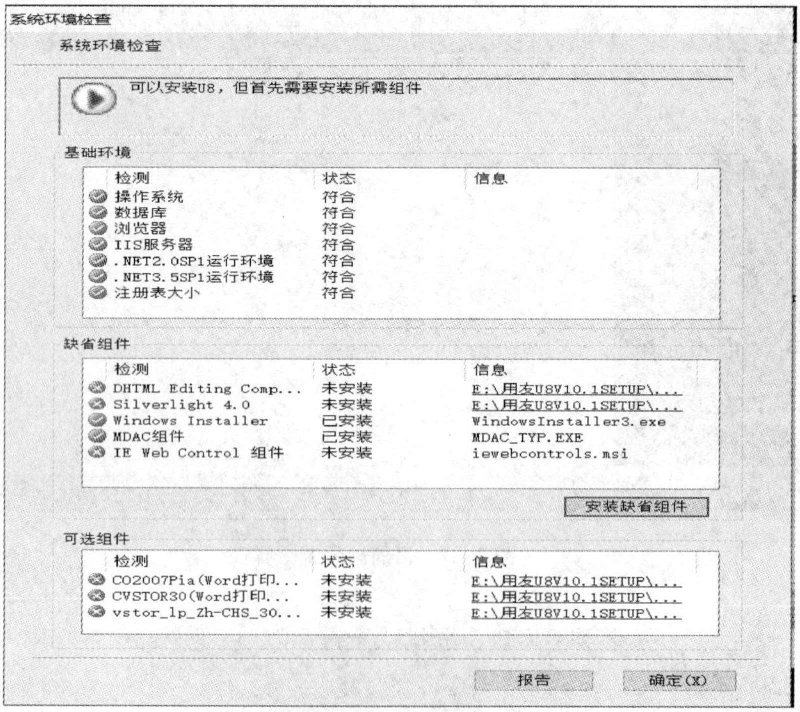

图 2-23　**系统环境检查**

单击“安装缺省组件”，完成相关缺省组件的安装。

安装后如图 2-24 所示。

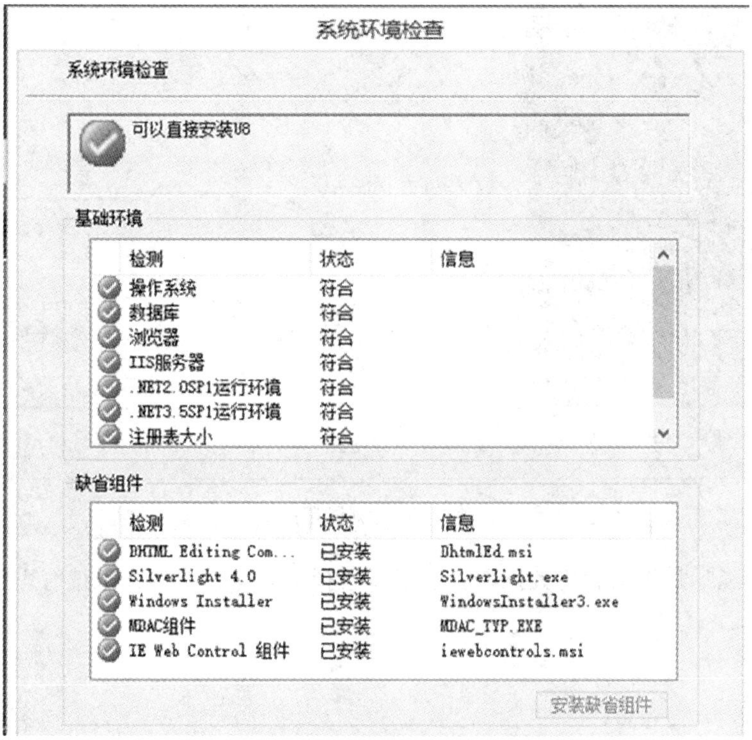

图 2-24　安装缺省组件后

如果显示出有缺的组件，要选择“安装缺省组件”，也可以直接单击相应程序进行安装。

（二）安装

系统环境检查通过后，单击“确定”，进入“可以安装程序了”窗口，选择“安装”进行具体的安装。

安装将持续较长时间，具体与所用机器性能有关。

安装完毕，需要重新启动计算机。

重新启动后系统提示进行数据源配置，在数据库处输入“bigchn”，在 SA 口令处输入“bigdata”。数据库名就是本机机器名，SA 的密码就是安装数据库时设置的密码，这需要根据自己的设置来输入。单击“测试连接”，应显示“测试成功”，不然说明数据库没有连接上，注意检查数据库名和密码，如图 2-25 所示。

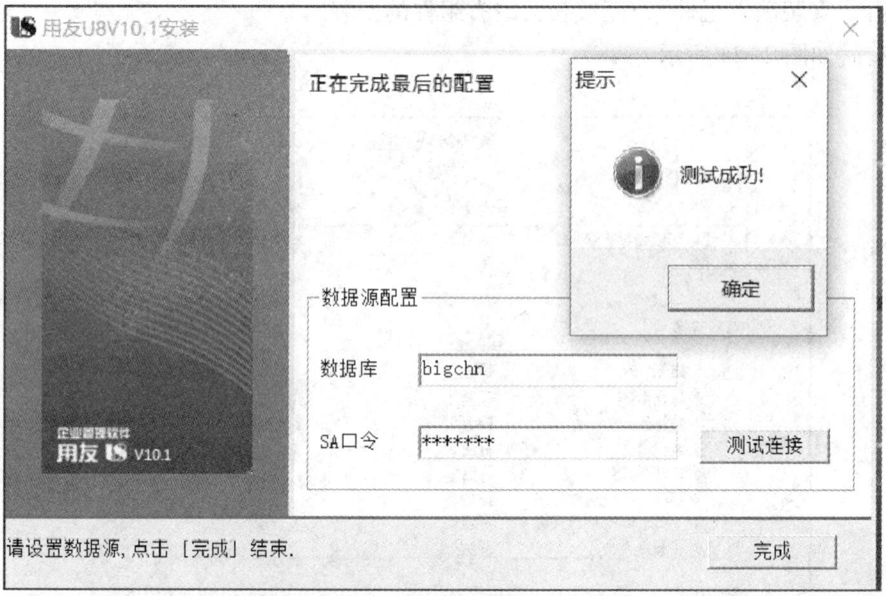

图 2-25　测试连接

之后还会提示是否初始化数据库。这里不选择初始化，留待在系统管理中来完成。

项目三　系统初始化

能力目标

能够利用用友U8软件的系统管理及企业应用平台常用模块建立会计信息化应用环境。

知识目标

了解系统初始化的内容与程序，掌握新建账套、操作员管理与授权的原理与方法，掌握系统公共基础档案、可选性账套参数、初始环境要素、账务处理及其他系统期初余额和单据的设置方法。

初始化实训资料总览

一、建立账套

（1）账套号：666；账套名称：广州东兴公司。
（2）单位名称：广州东兴公司。
（3）行业性质：2007年新会计制度科目。
（4）公司为商业企业。
（5）记账本位币：人民币。
（6）按行业性质预置科目。
（7）客户、供应商不分类，存货分类。
（8）科目级别：4222；其他编码：默认。
（9）会计年度与日历年度一致，会计期为1年。
（10）账套启用期：2017年10月1日。

（11）启用系统：总账系统、薪资管理系统、固定资产管理系统、应收管理系统、应付管理系统、采购系统、销售系统、库存系统、存货核算系统。

（12）用户及权限设置（见表 3-1）。

表 3-1　　用户及权限

编号	姓名	口令	用户类型	所属角色	权限
001	孙伟	无	普通用户	账套主管	账套主管
002	赵静	无	普通用户	普通员工	具有“公共目录设置”“总账-凭证-出纳签字、审核凭证、记账”“总账-出纳”的操作权限
003	李丽	无	普通用户	普通员工	账套主管

13. 设置备份计划，计划编号：666-1；计划名称：定期备份账套 666；发生频率为：每天；保留天数：7；备份路径：c：\ work，备份账套的账套号：666。

14. 备份账套到非系统盘，压缩后，复制到 U 盘上。

15. 将 U 盘压缩的账套文件解压到 D 盘上，引入账套。

二、公共基础档案

1. 人员档案（见表 3-2）

表 3-2　　人员档案

编号	姓名	性别	部门编号	部门	人员类别	人员类别编号
101	王刚	男	1	管理部	管理人员	1011
201	孙伟	男	2	财务部	管理人员	
202	赵静	女		财务部	管理人员	
203	李丽	女		财务部	管理人员	
401	李平	男	3	供应部	采购人员	1012
501	周平	女	4	销售部	销售人员	1013
601	王成	男	5	仓储部	管理人员	1011

注：以上人员都是业务员。

2. 客户、供应商档案（见表 3-3、表 3-4）

表 3-3　　客户档案

客户编号	客户简称	税号	开户行	账号	默认值
01	北京迅达公司	98457859	中行北京分行	73563664	是
02	南方友联公司	12345556	交行广州分行	56986666	是
03	北方宇能公司	12564563	招行天津分行	25987001	是

表 3-4　　供应商档案

供应商编号	供应商简称	税号	开户行	账号	属性
01	北大方正公司	89899945	中行	4568450501	货物
02	南方钢厂	12224556	中行	8944566450	货物
03	北方旭日公司	89901023	工行	8412053222	货物

3. 存货档案

（1）设置计量单位（见表 3-5）。

表 3-5　　存货档案

<table>
<tr><th>计量单位组类别</th><th>计量单位编码</th><th>计量单位名称</th><th>计量单位组编码</th><th>计量单位组名称</th></tr>
<tr><td>0101</td><td>件</td><td rowspan="4">01</td><td>数量单位</td><td>无换算率</td></tr>
<tr><td>0102</td><td>千克</td><td>数量单位</td><td>无换算率</td></tr>
<tr><td>0103</td><td>个</td><td>数量单位</td><td>无换算率</td></tr>
<tr><td>0104</td><td>次</td><td>数量单位</td><td>无换算率</td></tr>
</table>

（2）存货明细档案（见表 3-6、表 3-7）。

表 3-6　　存货分类档案

分类编码	分类名称
01	成品
02	材料
03	应税劳务

表 3-7　　存货明细档案

序号	存货编码	存货名称	税率%	启用日期	计量单位组名称	主计量单位名称	存货分类
1	01	8G 闪迪 U 盘	17	2017-10-1	数量单位	个	成品
2	02	16G 闪迪 U 盘	17	2017-10-1	数量单位	个	成品
3	03	运费	11	2017-10-1	数量单位	次	应税劳务

注：核算方法为先进先出法，一般存货都有外购、内销、外销属性；运费有外购、内销、外销、应税劳务属性。

4. 凭证类别：记账凭证

5. 设置会计科目（见表 3-8）

表 3-8　　　　会计科目

科目代码	科目名称	辅助账类型	方向	受控系统
1001	库存现金	现金	借	
1002	银行存款	银行存款	借	
100201	工行存款	银行存款	借	
1122	应收账款	客户往来	借	应收系统
1221	其他应收款	个人往来	借	
1405	库存商品		借	
140501	8G 闪迪 U 盘			
		个		
140502	16G 闪迪 U 盘			
		个		
1601	固定资产		借	
1602	累计折旧		贷	
以上为资产类				
2202	应付账款		贷	
220201	一般应付款	供应商往来	贷	应付系统
220202	暂估		贷	
2203	预收账款	客户往来	贷	应收系统
2211	应付职工薪酬		贷	
4001	实收资本		贷	
以上为权益类				

另设置指定会计科目，指定“现金总账科目 1001”“银行总账科目 1002”。

6. 项目目录

（1）项目大类定义（见表 3-9）。

表 3-9　　　　项目大类

项目大类名称	项目级次
商品核算	1

（2）核算科目定义（见表 3-10）。

表 3-10　　　　核算科目

项目科目定义	核算科目
商品核算	主营业务成本
	主营业务收入

（3）项目分类定义（见表 3-11）。

表 3-11　　　　项目分类

项目大类名称	分类编码	分类名称
商品核算	1	成品

（4）项目目录定义（见表 3-12）。

表 3-12　　　　项目目录

项目大类名称	项目编号	项目名称	是否结算	所属分类
商品核算	01	8G 闪迪 U 盘	否	1
	02	16G 闪迪 U 盘	否	1

7. 结算方式（见图 3-1）

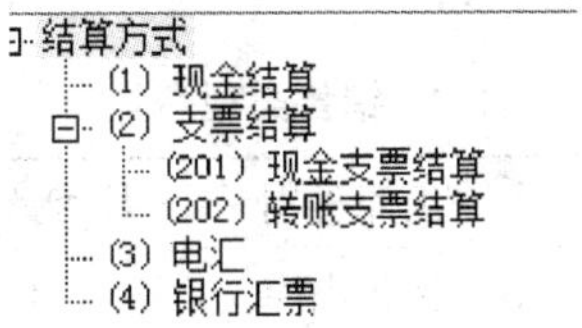

图 3-1　结算方式

8. 仓库设置（见表 3-13）

表 3-13　　　　仓库设置

仓库编码	仓库名称
01	成品仓
02	材料仓

注：以上仓库计价方法为先进先出法。

9. 收发类别设置（见表 3-14）

表 3-14　　　　收发类别

一级编码	一级类别名称	二级编码	二级类别名称
1	入库	11	采购入库
		12	盘盈入库

表3-14(续)

一级编码	一级类别名称	二级编码	二级类别名称
2	出库	21	领料出库
		22	销售出库
		23	盘亏出库
		24	其他出库

10. 设置采购类型（见表 3-15）

表 3-15 **采购类型**

采购类型编码	采购类型名称	入库类别	是否默认值	是否列入 MPS/MPR 计划
1	普通采购	采购入库	是	否

11. 设置销售类型（见表 3-16）

表 3-16 **销售类型**

销售类型编码	销售类型名称	出库类别	是否默认值	是否列入 MPS/MPR 计划
1	批发	销售出库	是	否
2	零售	销售出库	否	否
3	委托代销	其他出库	否	否

12. 设置费用项目分类（见表 3-17）

表 3-17 **费用项目分类**

费用项目分类编码	费用项目分类名称
1	业务费
2	管理费

13. 设置费用项目（见表 3-18）

表 3-18 **费用项目**

费用项目编码	费用项目名称	费用项目分类	销项税率（%）
01	运输费	1	11
02	安装费	1	11
03	差旅费	2	
04	招待费	2	6

14. 设置本单位的开户银行，信息见表 3-19

表 3-19　　银行开户信息

编码	银行账号	账户名称	所属银行编码	开户银行	客户编号	机构号	联行号
01	012345678912	广州东兴公司	03	建行从化支行	01	01	01

三、总账初始化

1. 录入期初余额（见表 3-20）

表 3-20　　期初余额

科目代码	科目名称	辅助账类型	方向	期初余额
1001	库存现金	现金	借	3 000. 00
1002	银行存款	银行存款	借	1 700 000. 00
100201	工行存款	银行存款	借	1 700 000. 00
1122	应收账款	客户往来	借	1 400 000. 00
1221	其他应收款	个人往来	借	7000. 00
1405	库存商品		借	1 560 000. 00
140501	8G 闪迪 U 盘			425 000. 00
		个		42 500
140502	16G 闪迪 U 盘			1 135 000. 00
		个		56 750
1601	固定资产		借	15 218 000. 00
1602	累计折旧		贷	2 294 540. 00
资　产　合　计				17 593 460. 00
220201	应付账款	一般应付账(供应商往来核算)	贷	1 218 460. 00
220202	应付账款	暂估	贷	2 000. 00
2211	应付职工薪酬		贷	50 000. 00
4001	实收资本		贷	16 323 000. 00
权　益　合　计				17 593 460. 00

（1）客户往来期初余额。

应收账款　北京迅达公司　9 月 30 日销售商品，尚未收到货款 1 200 000 元

　　　　　南方友联公司　9 月 30 日销售商品，尚未收到货款 200 000 元

（2）供应商往来期初余额。

应付账款　南方钢厂　　　9 月 30 日购入商品，尚未付货款 1 118 460 元

　　　　　北方旭日公司　5 月 20 日购入商品，尚未付货款 100 000 元

（3）个人往来期初余额。

其他应收款—私人借款 9 月 20 日管理部王刚广州出差借款 5 000 元

9 月 26 日供应部李平到黑龙江出差借款 2 000 元

（4）银行对账期初录入。

2. 会计科目设置

（1）增加会计科目。

科目代码	科目名称
222101	应交增值税
22210101	进项税额
22210102	销项税额
22210103	转出未交
222102	未交增值税
222103	应交城建税
222104	应交教育费附加
222105	应交所得税

（2）将“预付账款”科目加供应商往来核算，且受应付系统控制。

（3）将“营业税金及附加”改为“税金及附加”。

四、应收系统初始化

1. 初始设置（见图 3-2）（包括坏账处理方式：应收款余额百分比法）

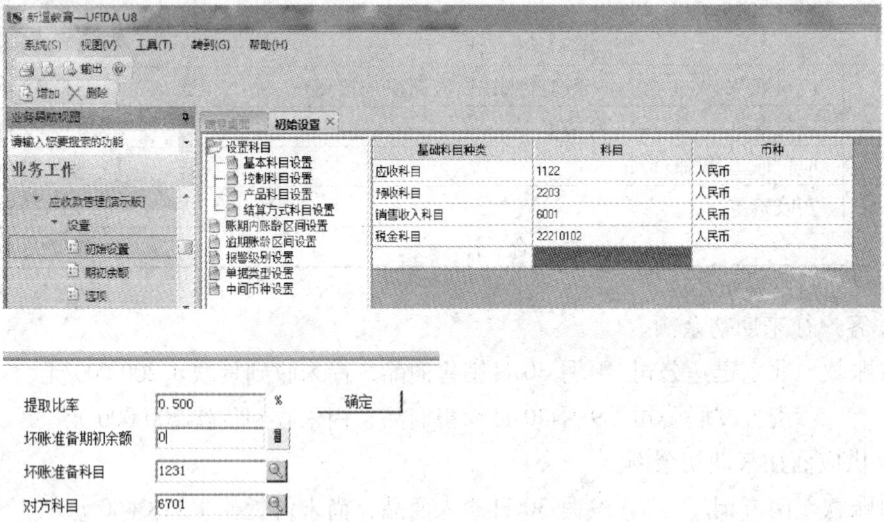

图 3-2 应收系统初始设置

2. 客户往来期初余额录入并对账

应收账款　北京迅达公司　9 月 30 日销售商品，尚未收到货款 1 200 000 元

　　　　　南方友联公司　9 月 30 日销售商品，尚未收到货款 200 000 元

五、应付系统初始化

1. 初始设置（见图 3-3）

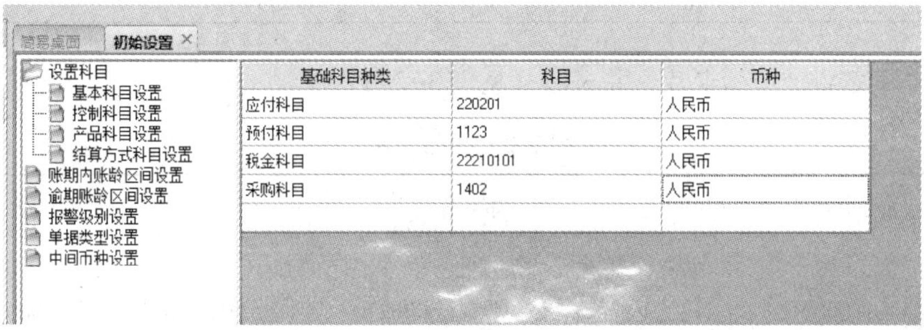

图 3-3　应付系统初始设置

2. 供应商往来期初余额录入并对账

应付账款　南方钢厂　　　9 月 30 日购入商品，尚未付货款 1 118 460 元

　　　　　北方旭日公司　5 月 20 日购入商品，尚未付货款 100 000 元

六、固定资产初始化

1. 设置企业固定资产控制参数（见表 3-21）

表 3-21　企业固定资产控制参数

控制参数	参数设置
约定与说明	我同意
启用月份	2017 年 10 月
折旧信息	本账套计提折旧主要方法：平均年限法二 折旧汇总分配周期：1 个月
编码方式	资产类别编码方式：2-1-1-2 固定资产编码方式：手工输入
财务接口	与账务系统进行对账科目： 固定资产对账科目：1601，固定资产 累计折旧对账科目：1602，累计折旧
补充参数	固定资产缺省入账科目：1601，固定资产 累计折旧缺省入账科目：1602，累计折旧 减值准备缺省入账科目：1603，固定资产减值准备 增值税进项税额缺省入账科目：22210101，进项税额 固定资产清理缺省入账科目：1606，固定资产清理

2. 设置资产类别（见表3-22）

表3-22 资产类别

类别编码	类别名称
01	共用固定资产
02	销售用固定资产
03	管理用固定资产

3. 录入固定资产原始卡片，并对账（见表3-23）

表3-23 固定资产原始卡片

固定资产1	固定资产2	固定资产3
基本入账信息： 固定资产编号：00001 名称：办公楼 类别：共用固定资产 月折旧率：0.25% 净残值率：4% 使用部门：各部门 使用情况：使用中 入账日期：2012.10.20 增加方式：投资投入 原值：15 000 000.00元 净残值：600 000.00元 月折旧：37 500.00元 已提月份：59 折旧信息： 折旧方法：平均年限法二 预计使用期间数：384（32年） 累计折旧：2 212 500.00元 折旧费用在各部门平均分配	基本入账信息： 固定资产编号：00002 名称：小车 类别：销售用固定资产 月折旧率：1% 净残值率：4% 使用部门：销售部 使用情况：使用中 入账日期：2014.07.20 增加方式：直接购入 原值：210 000.00元 净残值：8 400.00元 月折旧：2 100.00元 已提月份：38 折旧信息： 折旧方法：平均年限法二 预计使用期间数：96（8年） 累计折旧：79 800.00元	基本入账信息： 固定资产编号：00003 名称：计算机 类别：管理用固定资产 月折旧率：1% 净残值率：4% 使用部门：财务部 使用情况：使用中 入账日期：2015.05.20 增加方式：直接购入 原值：8 000.00元 净残值：320.00元 月折旧：80.00元 已提月份：28 折旧信息： 折旧方法：平均年限法二 预计使用期间数：96（8年） 累计折旧：2 240.00元

七、薪资管理初始化

1. 设置单个工资类别，从工资中代扣个人所得税，其余工资账套系统参数默认。
2. 按表3-24设置工资项目及人员档案、工资数据。

表 3-24　　人员档案及工资

编号	姓名	部门	人员类别	应发合计	基本工资	岗位工资	奖金	岗位津贴	副食补贴
101	王刚	管理部	管理人员	4 850	3 000	800	1000		50
201	孙伟	财务部	管理人员	3 750	2 500	500	700		50
202	赵静	财务部	管理人员	2 950	2 000	400	500		50
203	李丽	财务部	管理人员	2 750	1 800	400	500		50
401	李平	供应部	采购人员	3 650	2 200	500	900		50
501	周平	销售部	销售人员	3 650	2 200	500	900		50
601	王成	仓储部	管理人员	2 750	1 800	400	500		50

注：个人所得税扣除标准为 5 000 元，按 14%计提福利费

3. 增设“计划年终奖”工资项目，其具有“其他”属性，属于假设性预算项目，与“应发合计”“实发合计”无关，请设置以下公式：

计划年终奖 = iff（部门 = “管理部” or 部门 = “财务部”，2 000，1 000 ）

八、采购系统初始化

1. 设置采购专用发票、采购普通发票编号方式为完全手工输入。
2. 录入期初采购入库单（见表 3-25）。

表 3-25　　期初采购入库单

日期	供应商	品名	数量(个)	本币单价(不含税)	金额	仓库
9 月 20 日	南方钢厂	16G 闪迪 U 盘	100	20	2000	成品仓

3. 执行采购期初记账。

九、销售系统初始化

1. 设置销售专用发票、销售普通发票编号方式为完全手工输入。
2. 其他选项默认。

十、库存系统初始化

录入期初结存，并审核，见表 3-26。

表 3-26　　期初结存

科目代码	科目名称	辅助账类型	方向	期初余额
1405	库存商品		借	1 560 000.00
140501	8G 闪迪 U 盘			425 000.00
		个		42 500
140502	16G 闪迪 U 盘			1 135 000.00
		个		56 750

十一、存货核算系统初始化

1. 选项设置

（1）暂估方式为月初回冲。

（2）销售成本核算方式为销售发票。

（3）核算方式为按仓库核算。

（4）其他选项默认。

2. 存货科目设置（见图 3-4）

存货科目

仓库编码	仓库名称	存货分类编码	存货分类名称	存货编码	存货名称	存货科目编码	存货科目名称	差异科目编码	差异科
01	成品仓			01	8G闪迪U盘	140501	8G闪迪U盘		
01	成品仓			02	16G闪迪U盘	140502	16G闪迪U盘		

图 3-4　存货科目设置

3. 设置期初余额并记账，数据与库存系统期初结存数相符（见表 3-27）

表 3-27　　期初结存

科目代码	科目名称	辅助账类型	方向	期初余额
1405	库存商品		借	1 560 000.00
140501	8G 闪迪 U 盘			425 000.00
		个		42 500
140502	16G 闪迪 U 盘			1 135 000.00
		个		56 750

任务一　系统管理

一、知识要点

系统管理是用友 ERP-U8 管理软件中一个非常特殊的组成部分。它的主要功能是对用友 ERP-U8 管理软件的各个产品进行统一的操作管理和数据维护，具体包括账套管理、年度账管理、操作员及权限的集中管理、系统数据及运行安全的管理等方面。

（1）账套管理

账套指的是一组相互关联的数据。一般来说，可以为企业中每一个独立核算的单位建立一个账套。换句话说，在系统中，可以为多个企业（或企业内多个独立核算的部门）分别建账。账套管理功能一般包括账套的建立、修改、删除、引入和输出等。

（2）年度账管理

年度账与账套是两个不同的概念，一个账套中包含了企业所有的数据。把企业数据按年度划分，称为年度账。用户不仅可以建立多个账套，而且每个账套中还可存放不同年度的年度账。这样，对不同核算单位、不同时期的数据，就可以方便地进行操作。年度账管理包括年度账的建立、清空、引入、输出和结转上年数据等。

（3）操作员及其权限管理

为了保证系统及数据的安全与保密，系统提供了操作员及操作权限的集中管理功能。通过对系统操作分工和权限的管理，一方面可以避免与业务无关的人员进入系统，另一方面可以对系统所含的各个模块的操作进行协调，以保证各负其责，流程顺畅。操作员管理包括操作员的增加、修改、删除等操作。操作员权限的管理包括操作员权限的增加、修改、删除等操作。

（4）系统运行安全的统一管理

系统管理员要对系统运行安全负责，在系统管理中，可以对整个系统的运行过程进行监控、清除系统运行过程中的异常任务、设置系统自动备份计划等。

二、实例应用

（一）建立账套

【操作资料】

（1）账套号：666；账套名称：广州东兴公司。

（2）单位名称：广州东兴公司。

（3）行业性质：2007 年新会计制度科目。

（4）公司为商业企业。

（5）记账本位币：人民币。

（6）按行业性质预置科目。

（7）客户、供应商不分类，存货分类。

（8）科目级别：4222；其他编码：默认。

（9）会计年度与日历年度一致，会计期为 1 年。

（10）账套启用期：2017 年 10 月 1 日。

（11）启用系统：总账系统、薪资管理系统、固定资产管理系统、应收管理系统、应付管理系统、采购系统、销售系统、库存系统、存货核算系统。

【操作提示】

1. 注册登录系统管理

（1）双击桌面上的“系统管理”图标或执行“开始”—“所有程序”—“用友 U8V10. 1”—“系统服务”—“系统管理”，弹出“系统管理”窗口，如图 3-5 所示。

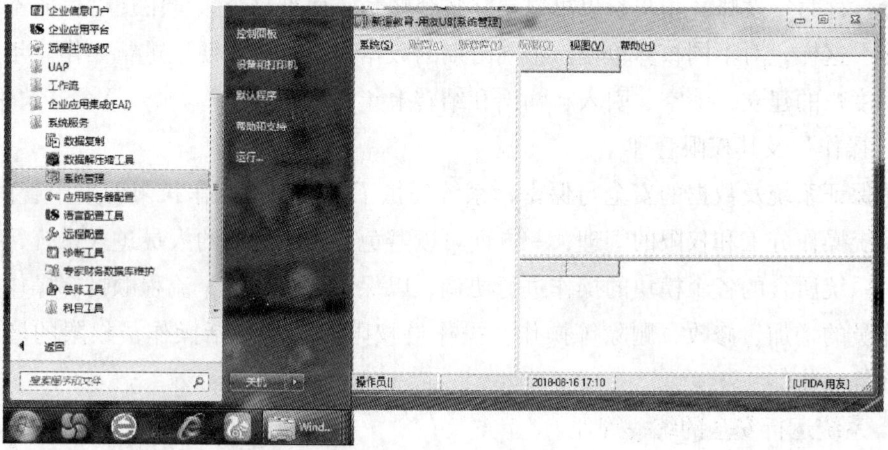

图 3-5　系统管理窗口

（2）在“系统管理”窗口中，点击“系统”—“注册”，弹出“登录”窗口，如图 3-6 所示。

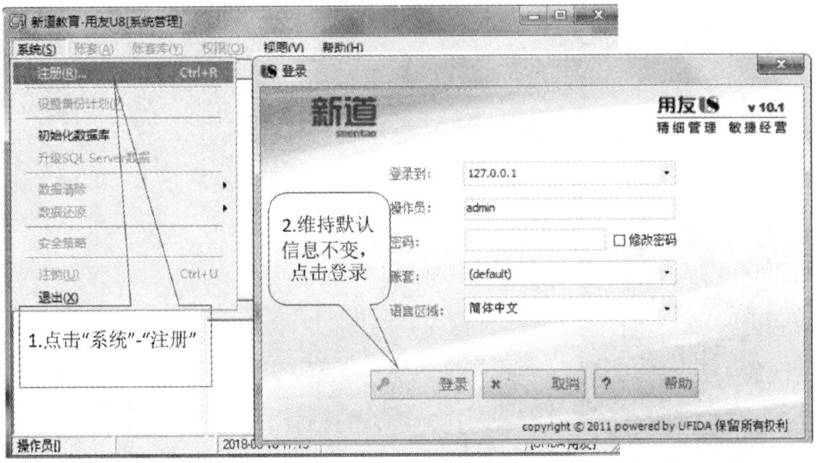

图 3-6　注册登录系统管理

(3) 选择系统默认的操作员“admin”、密码（空）、账套“（default）”、语言区域“简体中文”，点击“登录”按钮，弹出新的“系统管理”窗口。

2. 建立账套

(1) 在“系统管理”窗口中，点击“账套”—“建立”，弹出“创建账套”窗口，如图 3-7 所示。

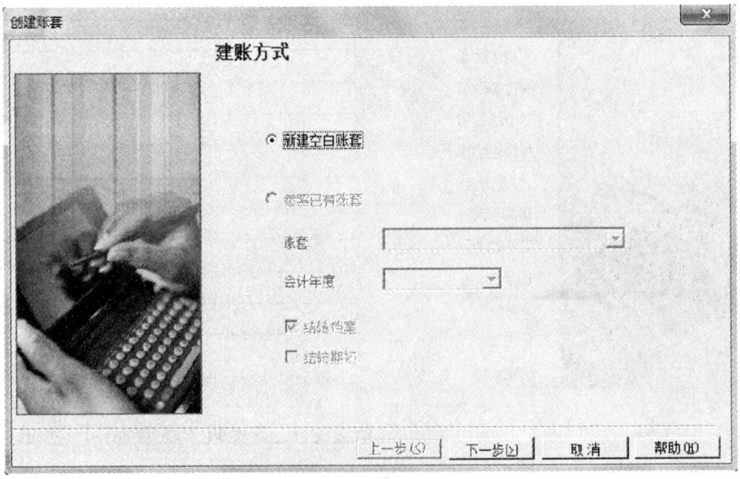

图 3-7　设置建账方式

(2) 点击“下一步”，弹出“账套信息”窗口，设置账套信息（见图 3-8）：

①账套号：666。

②账套名称：广州东兴公司。

③启用会计期：2017 年 10 月。

④其余项目按系统默认设置。

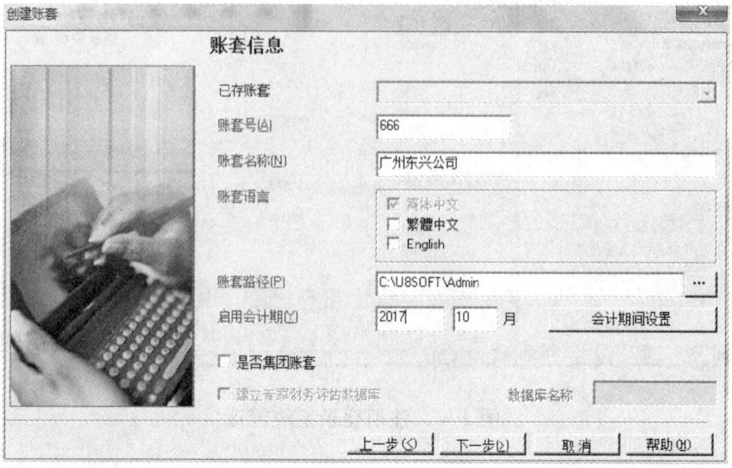

图 3-8 设置账套信息

（3）点击“下一步”，在弹出的“单位信息”窗口里“单位名称”栏录入“广州东兴公司”，如图 3-9 所示。

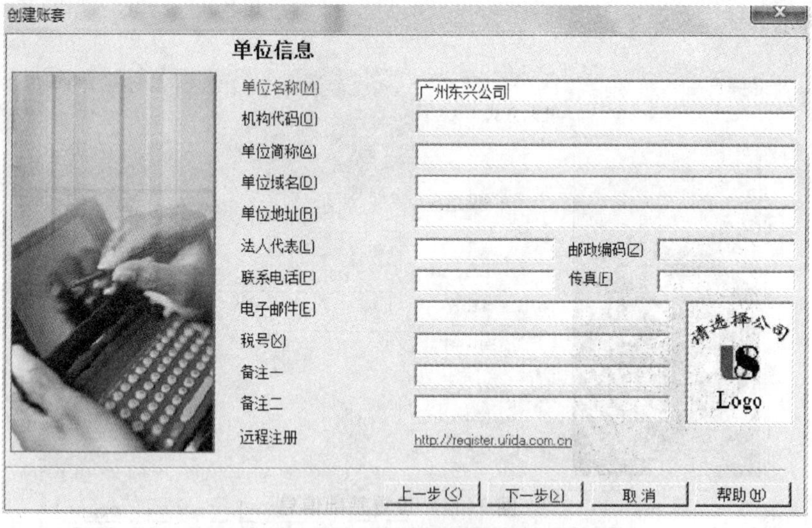

图 3-9 录入单位信息

（4）点击“下一步”，在弹出的“核算类型”窗口里的“本币代码”“本币名称”“企业类型”“行业性质”栏分别选定“RMB”“人民币”“商业”“2007 年新会计制度科目”，其余栏按系统默认设置，选择按行业性质预置科目，如图 3-10 所示。

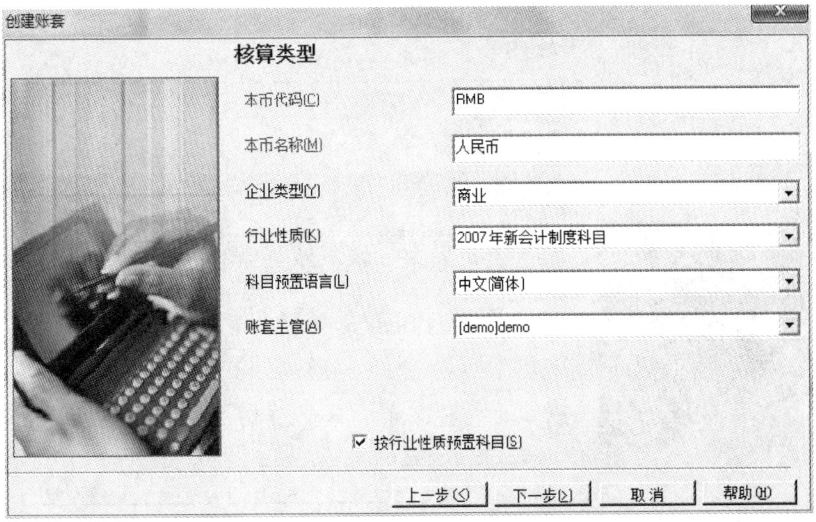

图 3-10　录入核算类型

（5）点击“下一步”，在弹出的“基础信息”窗口里“客户是否分类”“供应商是否分类”的复选框中全部去掉“√”，其他复选框按系统默认不变，如图 3-11 所示。

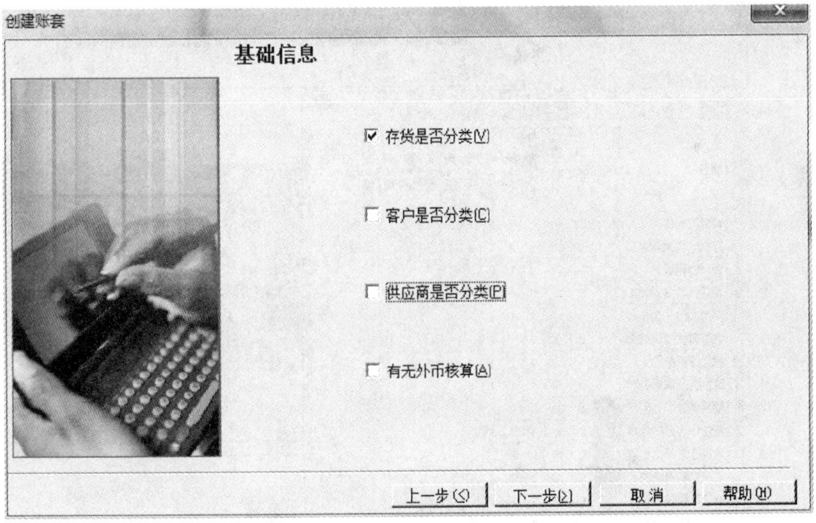

图 3-11　设置基础信息

（6）点击“下一步”— 弹出的“开始”窗口里的“完成”，系统提示：“可以创建账套了么?”如图 3-12 所示。

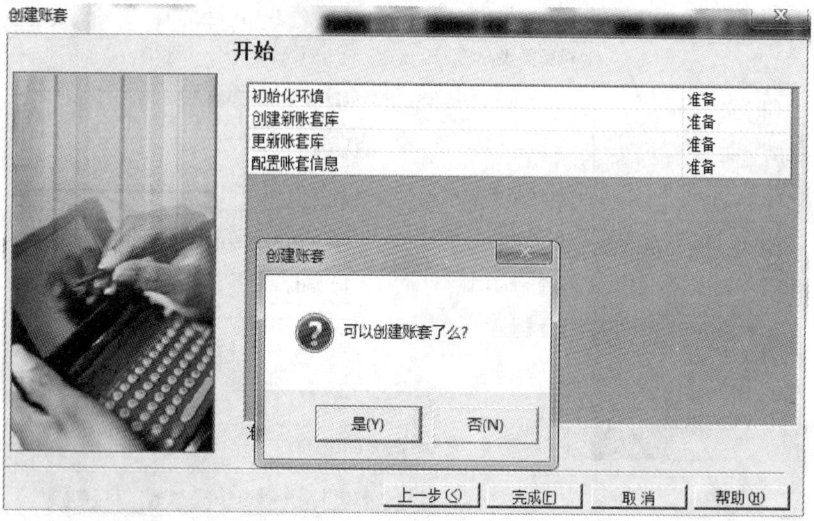

图 3-12　创建账套

（7）点击“是（Y）”，系统开始建立账套，几分钟后，在弹出的“编码方案”窗口，将科目编码级次设为 4-2-2-2，如图 3-13 所示。

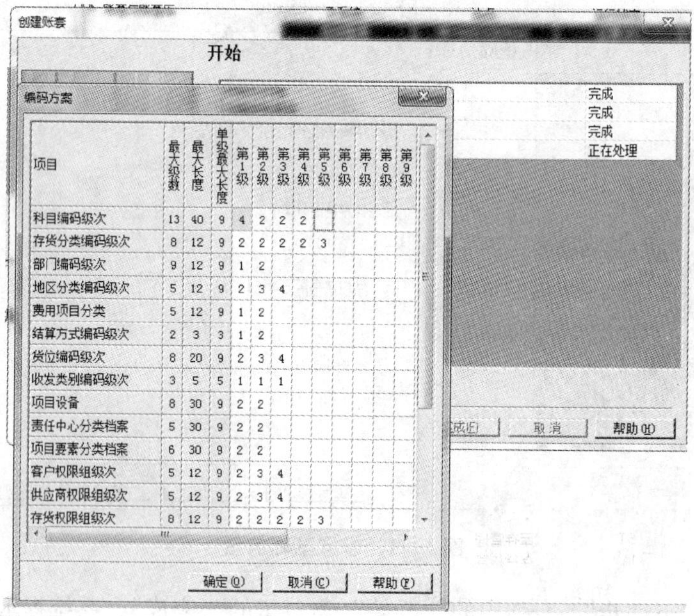

图 3-13　设置编码方案

（8）点击“确定”—“取消”—弹出的“数据精度”窗口里“取消”，系统提示：“……建账成功……现在进行系统启用的设置?”如图 3-14 所示。

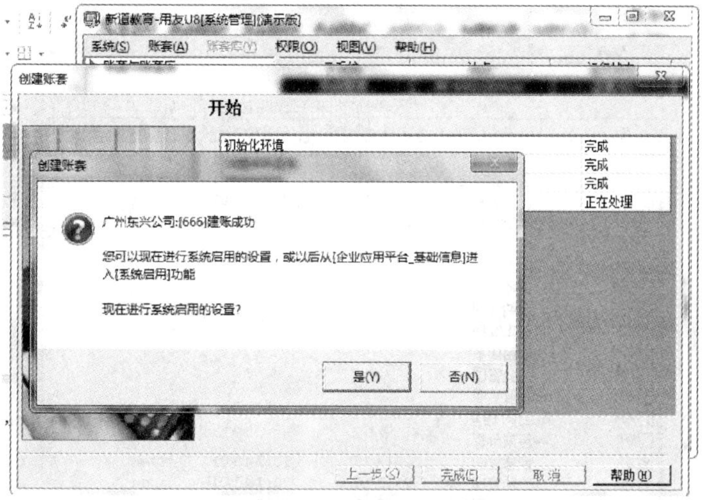

图 3-14　系统启用设置

(9) 点击“是（Y）”，在弹出的“系统启用”窗口里“总账”的系统编码“GL”复选框中打“√”，在弹出的“日历”窗口中，设置日期为“2017-10-01”，如图 3-15 所示。

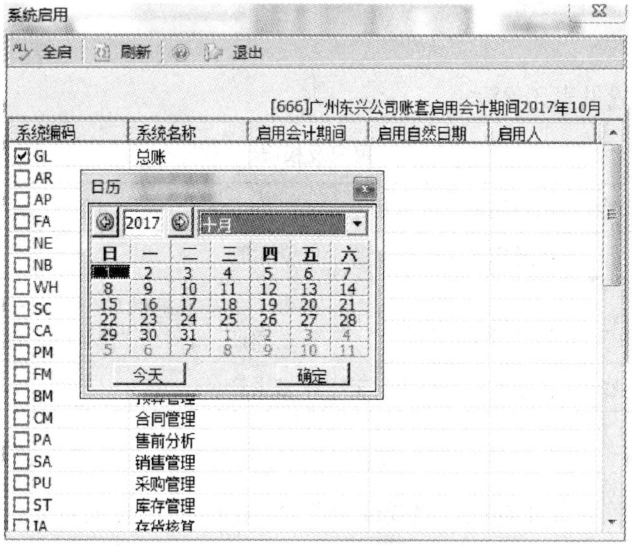

图 3-15　设置日期

(10) 点击“确定”，系统提示：“确实要启用当前系统吗?”点击“是（Y）”，请按同样的方法启用“应收款管理”“应付款管理”“固定资产”“销售管理”“采购管理”“库存管理”“存货核算”“薪资管理”子系统，如图 3-16 所示。

图 3-16　系统启用

（11）退出“系统启用”窗口，系统提示：“请进入企业应用平台进行业务操作！”点击“确定”，退出“创建账套”窗口。

（二）操作员及权限设置

【操作资料】

用户及权限设置见表 3-28。

表 3-28　用户及权限

编号	姓名	口令	用户类型	所属角色	权　限
001	孙伟	无	普通用户	账套主管	账套主管
002	赵静	无	普通用户	普通员工	具有“公共目录设置”“总账—凭证—出纳签字、审核凭证、记账”“总账—出纳”的操作权限
003	李丽	无	普通用户	普通员工	账套主管

【知识链接】

（1）只有系统管理员才有权设置或取消账套主管。而账套主管有权对所管辖账套进行各子系统的权限设置。

（2）一个账套可以有多个账套主管，一个角色可以拥有多个用户，一个用户也可以分属于多个不同的角色。

（3）如果角色管理或用户管理中已将“用户”归属于“账套主管”角色，则该操作员即已定义为系统内所有账套的账套主管。

【操作提示】

1. 增加操作员

（1）以“admin”的身份（口令为无）注册“系统管理”模块，点击“权限”—“用户”—弹出的“用户管理”窗口里工具栏的“增加”，在弹出的“操作员详细情况”窗口的“编号”“姓名”“用户类型”“口令”“确认口令”栏分别输入或选择“001”“孙伟”“普通用户”、空、空，在“账套主管”的“角色编码”栏复选框中打“√”，如图 3-17 所示。

图 3-17　录入操作员详细情况

（2）点击“增加”，请采用相同方法设置“002”“003”操作员。

2. 权限设置

（1）在“系统管理”窗口，点击“权限”—“权限”，在弹出的“操作员权限”窗口，选定“666”账套，点击“孙伟”，可以看到系统自动在“账套主管”复选框中打上灰色“√”，如图 3-18 所示，表明孙伟已拥有账套主管的权限，且在此处不可更改，因为此操作员被归属于账套主管的角色，即已定义为系统内所有账套的账套主管。

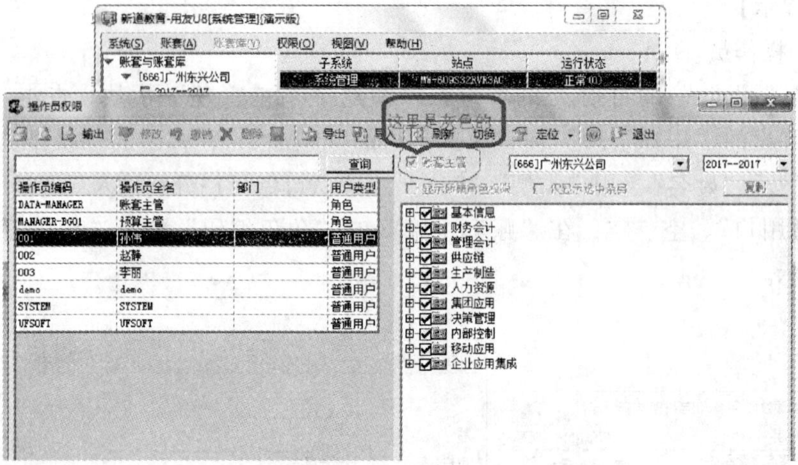

图 3-18　操作员权限设置

（2）在“操作员权限”窗口，选定“666”账套，点击“赵静”—工具栏的“修改”，再在右下角的大白框内，依次勾选“公用目录设置”“出纳签字”“审核凭证”“记账”“出纳”前的复选框，如图 3-19 所示，点击工具栏的“保存”按钮。

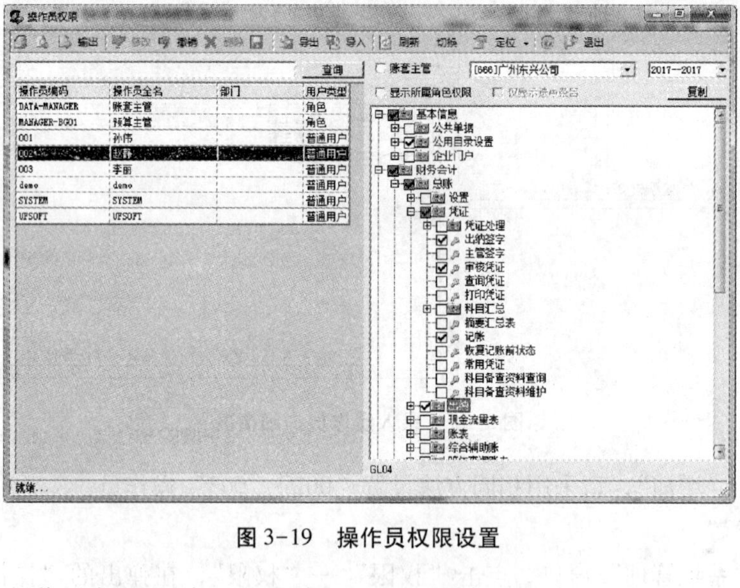

图 3-19　操作员权限设置

（3）在“操作员权限”窗口，选定“666”账套，点击“李丽”—工具栏的“修改”，在“账套主管”的复选框中打“√”，系统提示：“设置普通用户：［003］账套主管权限吗？”如图 3-20 所示。

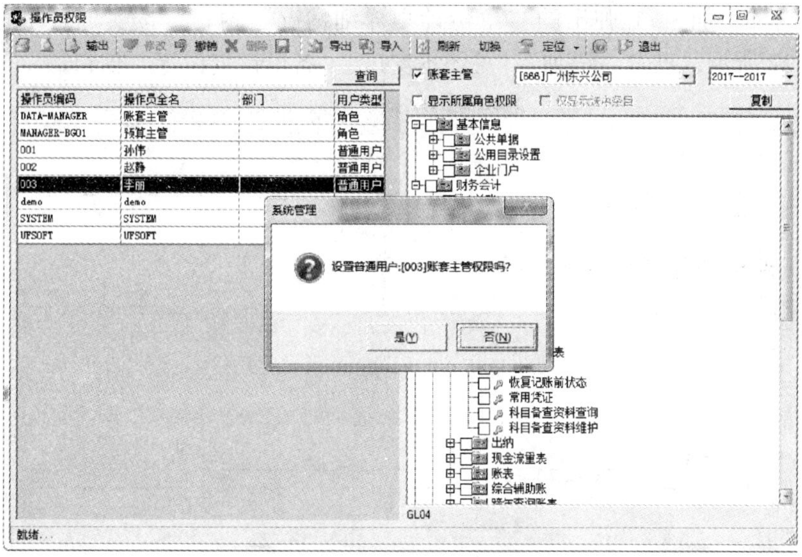

图 3-20　操作员权限设置

（4）点击“是（Y）”，退出“操作员权限”窗口。

（三）备份计划设置

【操作资料】

设置备份计划，计划编号：666-1；计划名称：定期备份账套 666；发生频率为：每天；保留天数：7；备份路径：c：\ work，备份账套的账套号：666。

【操作提示】

（1）在“系统管理”窗口，点击“系统”—“设置备份计划”，弹出“备份计划设置”窗口，如图 3-21 所示。

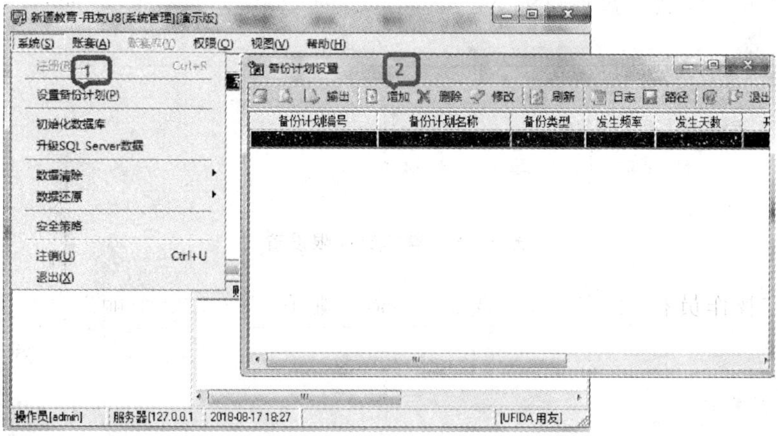

图 3-21　备份计划设置

（2）点击“增加”，在弹出的“备份计划详细情况”窗口，按实训要求输入相关信息，如图 3-22 所示，点击“增加”，关闭本窗口、“备份计划设置”窗口。

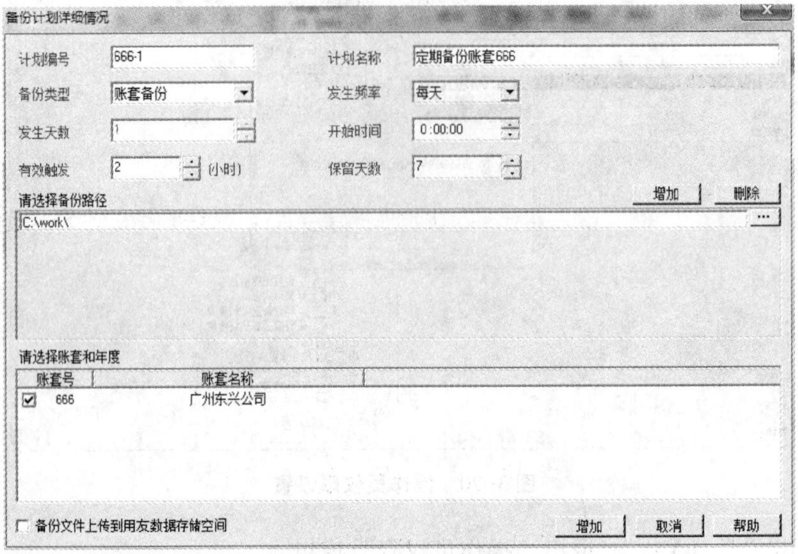

图 3-22　备份计划详细情况

（四）备份及恢复账套

【操作资料】

（1）备份账套到非系统盘 D 盘，压缩后，复制到 U 盘上。

（2）将 U 盘压缩的账套文件解压到 D 盘上，引入账套。

【操作提示】

1. 备份账套

（1）先在非系统盘 D 盘根目录下建好空白文件“666”，如图 3-23 所示。

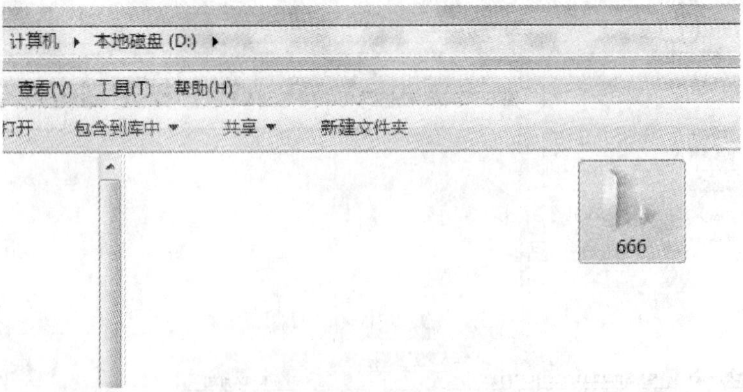

图 3-23　创建空白文件夹

（2）以“admin”的身份注册系统管理模块，点击“账套”—“输出”，在弹出的“账套输出”窗口里“账套号”“输出文件位置”栏分别选择“［666］广州东兴公司”“D：\ 666 \ ”，如图 3-24 所示。

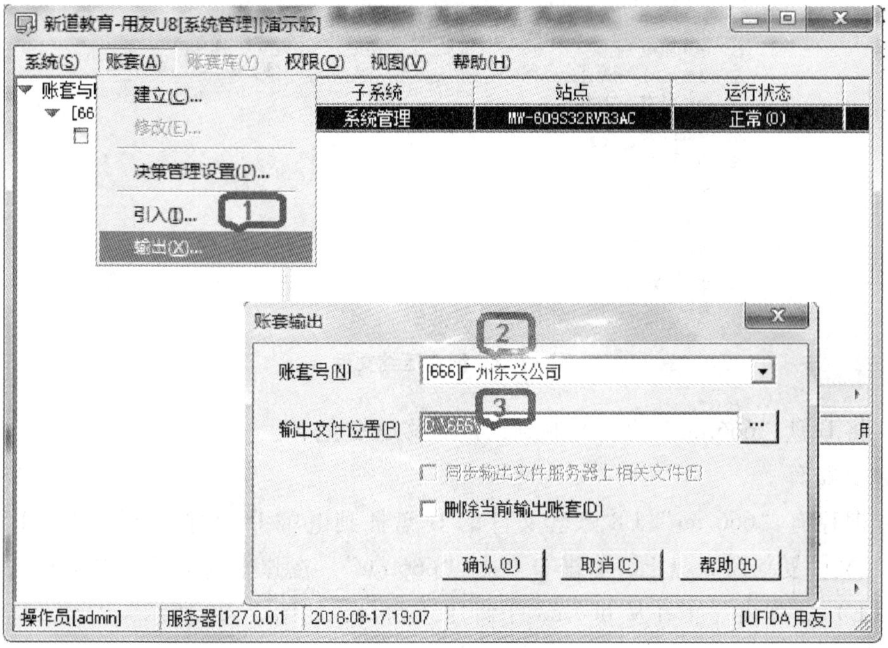

图 3-24　账套输出

（3）点击“确认”，2 分钟后，系统提示：“输出成功”，点击“确定”。

（4）在 D 盘，右击“666”文件夹，在弹出的下拉菜单中点击“添加到‘666.rar’”，弹出“正在创建压缩文件 666.rar”窗口，如图 3-25 所示，大约 1 分钟后，完成创建。

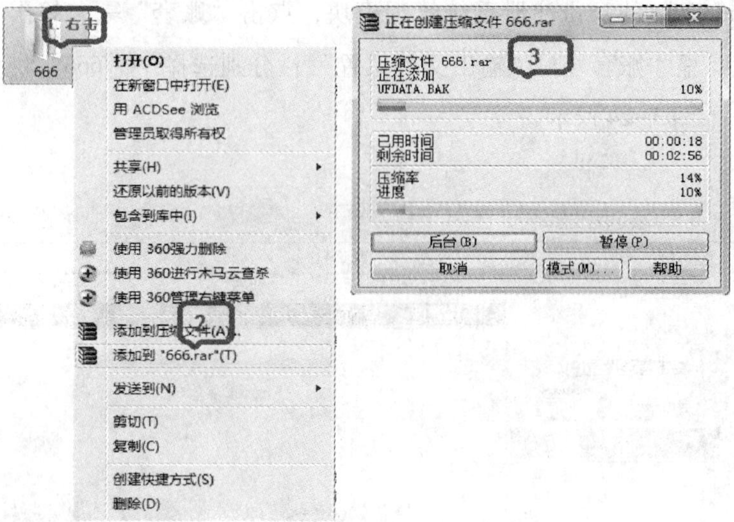

图 3-25　创建压缩文件

（5）将 D 盘“666.rar”文件复制到指定的移动 U 盘上。

2. 恢复账套

（1）把存有“666.rar”U8 账套文件的 U 盘插到电脑 U 盘接口上，打开 U 盘，把“666.rar”文件复制到 D 盘上，右击 D 盘上“666.rar”，在弹出的下拉菜单中点击“解压到 666\（E）”，弹出“正在从 666.rar 中解压”窗口，如图 3-26 所示，大约 30 秒钟后，完成解压。

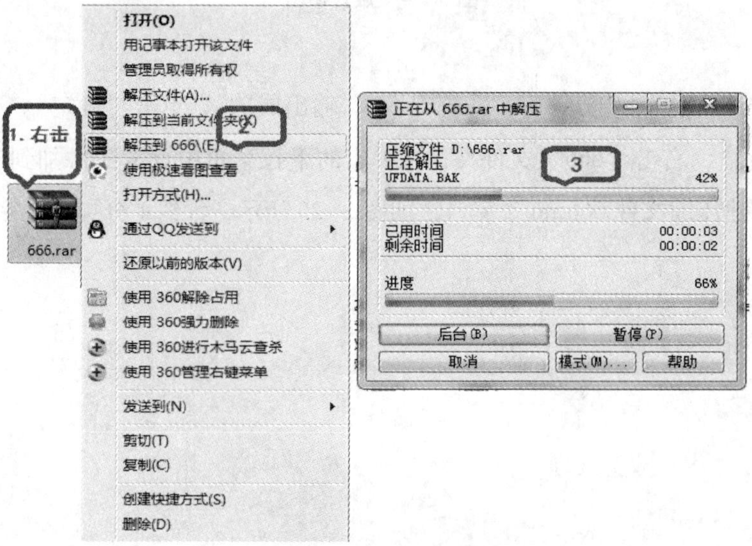

图 3-26　解压账套

（2）以“admin”的身份注册系统管理模块，点击“账套”—“引入”，在弹出的“请选择账套备份文件”窗口，选择路径：“D:\ 666 \ 666 \ UfErpAct. Lst”，如图 3-27 所示，点击“确定”，接着，每当系统提示时，直接点击“确定”或“是（Y）”，几分钟后，系统提示：“账套［666］引入成功！……”点击“确定”按钮。

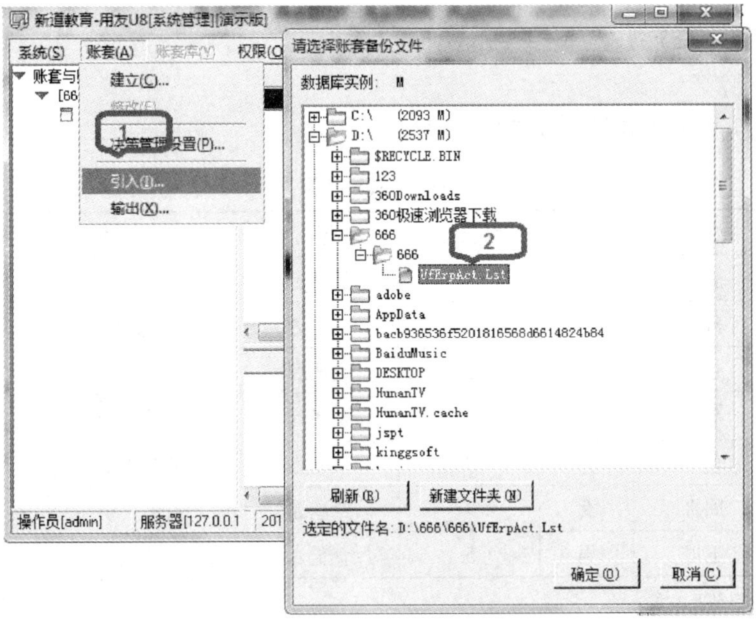

图 3-27　引入账套

任务二　公共基础档案设置

一、知识要点

用友核算软件是由若干个子系统构成的，子系统共享公用的基础信息，这些基础信息是整个系统运行的基石，因此在进行日常账务处理之前，需要做好各种基础信息的设置，如公共基础档案、账务基础档案、业务基础档案设置。

需设置的公共基础档案很多，一般包括企业基本管理信息，如部门档案、人员档案等；与往来单位相关的信息，如客户分类、客户档案、供应商分类、供应商档案等；基本核算信息，如结算方式、银行账号等。

公共基础档案中的信息可以集中设置，也可以分散设置，这些基础档案可以随业务的发展不断增加或修改，但已经使用过的基础档案不能删除。

设置公共基础档案属于系统级初始化的一部分，其特点是数据整理的工作量大，但相对来说操作比较简单。在设置基础档案之前应确定基础档案的各级类别编码方案，基础档案的设置必须遵循类别编码方案中的级次和各级编码长度的设定。

二、实例应用

（一）机构、人员设置

【操作资料】

机构、人员设置资料见表 3-29。

表 3-29　　　　机构及人员档案

<table>
<tr><th>编号</th><th>姓名</th><th>性别</th><th>部门编号</th><th>部门</th><th>人员类别</th><th>人员类别编号</th></tr>
<tr><td>101</td><td>王刚</td><td>男</td><td>1</td><td>管理部</td><td>管理人员</td><td rowspan="4">1011</td></tr>
<tr><td>201</td><td>孙伟</td><td>男</td><td rowspan="3">2</td><td>财务部</td><td>管理人员</td></tr>
<tr><td>202</td><td>赵静</td><td>女</td><td>财务部</td><td>管理人员</td></tr>
<tr><td>203</td><td>李丽</td><td>女</td><td>财务部</td><td>管理人员</td></tr>
<tr><td>401</td><td>李平</td><td>男</td><td>3</td><td>供应部</td><td>采购人员</td><td>1012</td></tr>
<tr><td>501</td><td>周平</td><td>女</td><td>4</td><td>销售部</td><td>销售人员</td><td>1013</td></tr>
<tr><td>601</td><td>王成</td><td>男</td><td>5</td><td>仓储部</td><td>管理人员</td><td>1011</td></tr>
</table>

注：以上人员都是业务员。

【操作提示】

需按照“部门”“人员类别”“人员档案”顺序设置，操作如下：

1. 设置部门档案

以“001”的身份在 2017 年 10 月 1 日注册企业应用平台，单击“基础设置”—“基础档案”—“机构人员”—“部门档案”—“增加”，进行信息的录入，如图 3-28 所示，点击“保存”。同理完成其他部门设置。

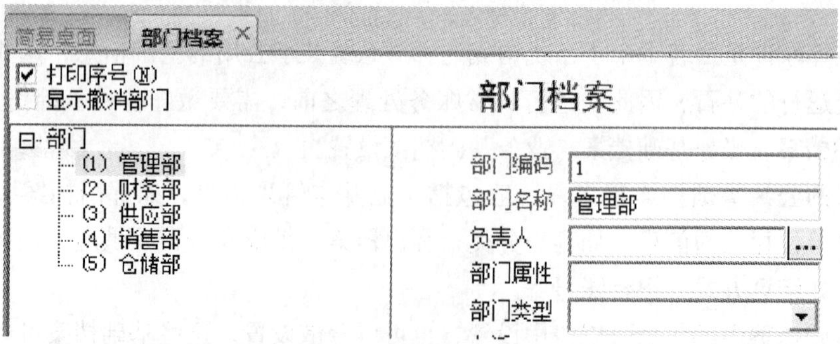

图 3-28　设置部门档案

2. 设置人员类别

点击“基础设置”—“基础档案”—“机构人员”—“人员类别”—弹出的“人员类别”窗口里一级类别名“正式工”—工具栏的“增加”，在弹出的“增加档案项”窗口，录入人员类别信息，如图 3-29 所示，点击“保存”。同理完成其他人员类别的设置。

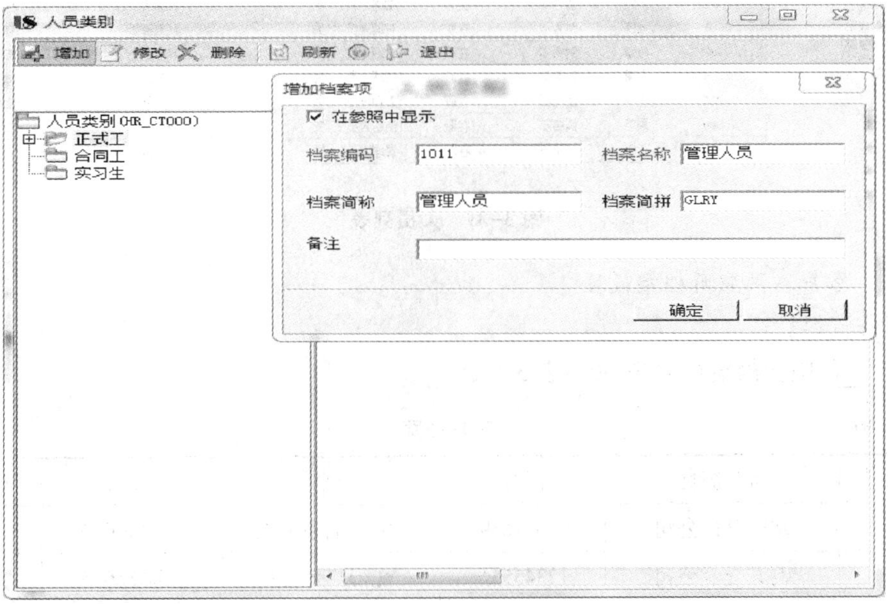

图 3-29　设置人员类别

3. 设置人员档案

单击“基础设置”—“基础档案”—“人员档案”—“增加”，进行信息的录入，如图 3-30 所示。

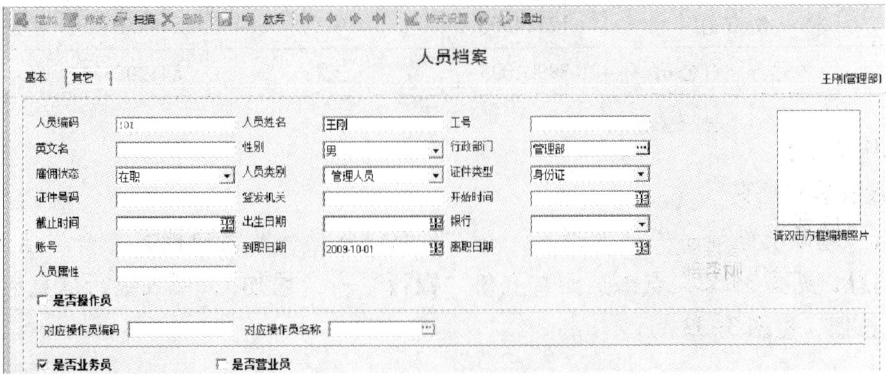

图 3-30　设置人员档案

录入完成，点击“保存”。按相同方法完成所有人员档案信息的录入，如图 3-31 所示。

选择	人员编码	姓名	行政部门名称	雇佣状态	人员类别	性别	出生日期	业务或费用部门名称	审核标志
	101	王刚	管理部	在职	管理人员	男		管理部	未处理
	201	孙伟	财务部	在职	管理人员	男		财务部	未处理
	202	赵静	财务部	在职	管理人员	女		财务部	未处理
	203	李丽	财务部	在职	管理人员	女		财务部	未处理
	401	李平	供应部	在职	采购人员	男		供应部	未处理
	501	周平	销售部	在职	销售人员	女		销售部	未处理
	601	王成	仓储部	在职	管理人员	男		仓储部	未处理

图 3-31　人员列表

（二）客户、供应商档案设置

【操作资料】

客户、供应商档案见表 3-30、表 3-31。

表 3-30　客户档案

客户编号	客户简称	税号	开户行	账号	默认值
01	北京迅达公司	98457859	中行北京分行	73563664	是
02	南方友联公司	12345556	交行广州分行	56986666	是
03	北方宇能公司	12564563	招行天津分行	25987001	是

表 3-31　供应商档案

供应商编号	供应商简称	税号	开户行	账号	属性
01	北大方正公司	89899945	中行	4568450501	货物
02	南方钢厂	12224556	中行	8944566450	货物
03	北方旭日公司	89901023	工行	8412053222	货物

【操作提示】

1. 设置客户档案

单击“基础设置”—“基础档案”—“客商信息”—“客户档案”—“增加”，录入相关信息，见图 3-32，点击页面左上角“银行”—“增加”，录入银行信息后，点击“保存”按钮，见图 3-33。

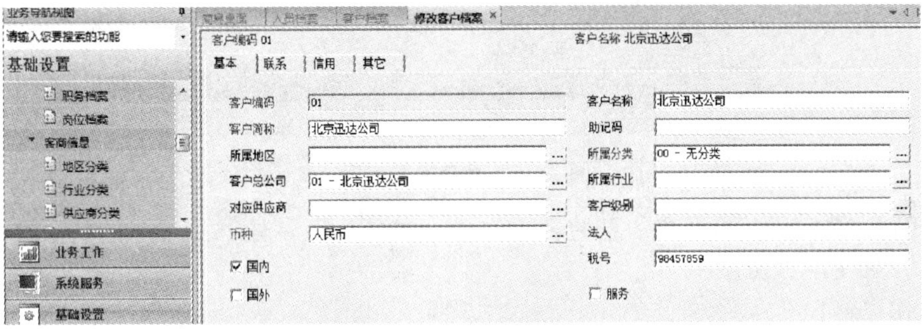

图 3-32　设置客户档案

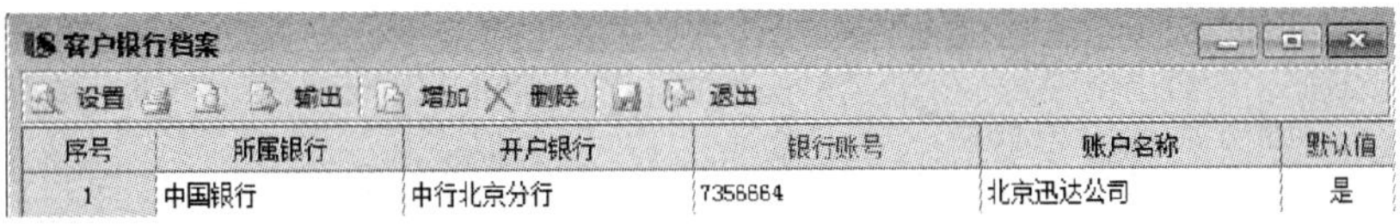

图 3-33　录入客户银行档案

同理，完成其他客户信息的录入。

2. 设置供应商档案

点击“基础设置”—“基础档案”—“客商信息”—“供应商档案”—“增加”，录入相关信息，点击左上角“银行”—“增加”，录入银行信息，完成后，点击“保存”按钮，如图 3-34、图 3-35、图 3-36 所示。

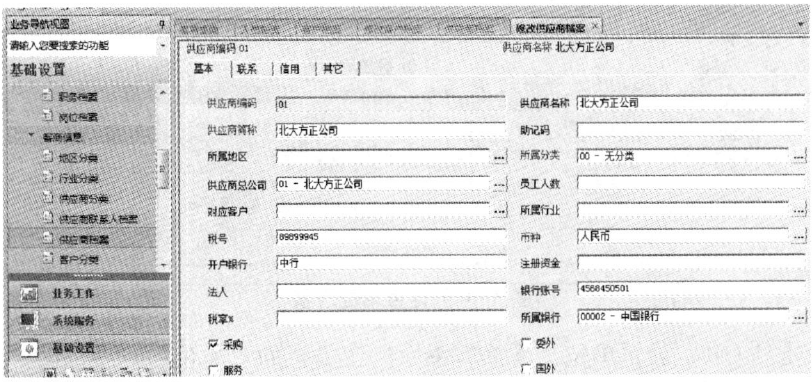

图 3-34　设置供应商档案

图 3-35　录入供应商银行档案

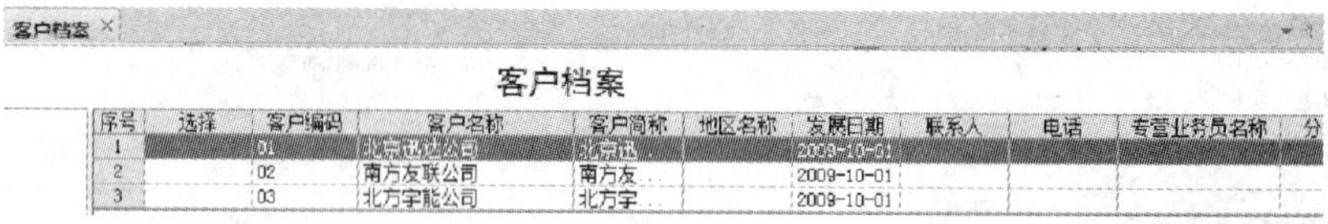

图 3-36　客户档案列表

按相同方法完成其他客户信息的录入。

（三）计量单位设置

【操作资料】

计量单位设置资料见表 3-32。

表 3-32　　**计量单位表**

计量单位组类别	计量单位编码	计量单位名称	计量单位组编码	计量单位组名称
0101	件	01	数量单位	无换算率
0102	千克		数量单位	无换算率
0103	个		数量单位	无换算率
0104	次		数量单位	无换算率

【操作提示】

（1）单击“基础设置”—“基础档案”—“存货”—“计量单位”—“分组”—“增加”，录入相关信息，点击“保存”按钮，如图 3-37 所示，退出“计量单位组”窗口。

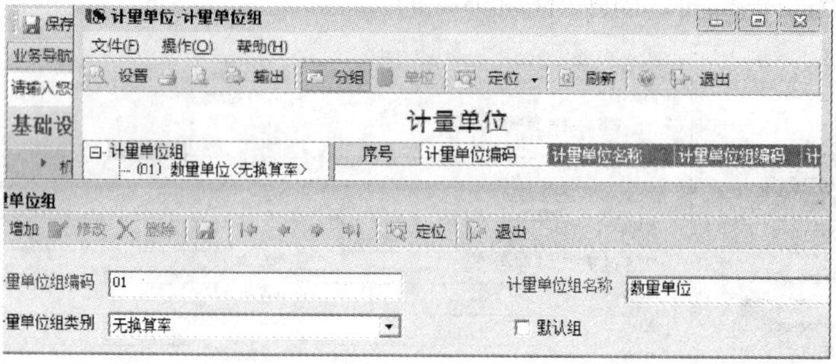

图 3-37　计量单位设置

（2）点击“（01）数量单位〈无换算率〉”工具栏的“单位”—弹出的“计量单位”窗口里工具栏的“增加”，录入相关信息，点击“保存”按钮，如图 3-38 所示，退出当前窗口。

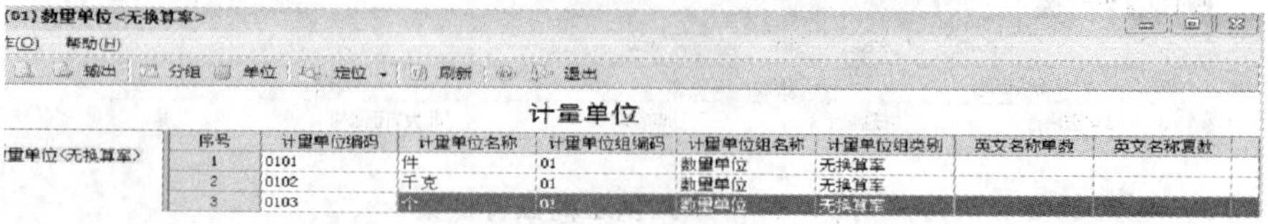

图 3-38　录入计量单位

(四) 存货分类、档案设置

【操作资料】

存货分类表见表 3-33、存货档案表见表 3-34。

表 3-33　　存货分类表

分类编码	分类名称
01	成品
02	材料
03	应税劳务

表 3-34　　存货档案表

序号	存货编码	存货名称	税率(%)	启用日期	计量单位组名称	主计量单位名称	存货分类
1	01	8G 闪迪 U 盘	17	2017-10-1	数量单位	个	成品
2	02	16G 闪迪 U 盘	17	2017-10-1	数量单位	个	成品
3	03	运费	11	2017-10-1	数量单位	次	应税劳务

注：核算方法为先进先出法，一般存货都有外购、内销、外销；运费有外购、内销、外销、应税劳务属性。

【操作提示】

1. 设置存货分类

单击“基础档案”—“存货”—“存货分类”—“增加”录入相关信息，点击“保存”按钮，如图 3-39 所示。

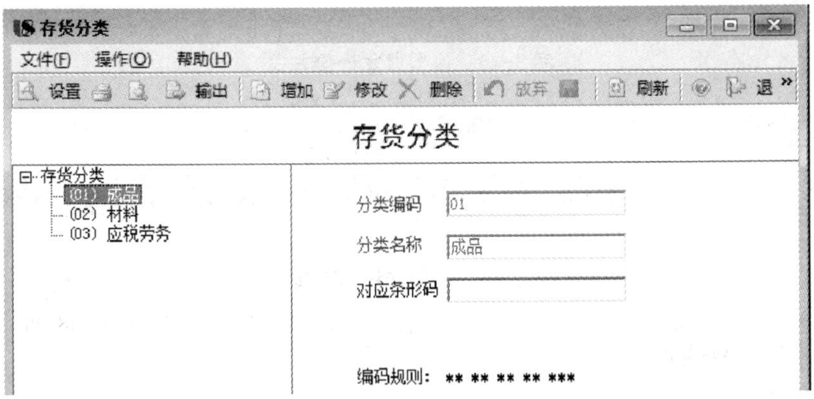

图 3-39　存货分类

按相同方法完成其他分类信息的录入，如录入错误可点击“修改”按钮进行修改。

2. 设置存货档案

点击“基础设置”—“基础档案”—“存货”—“存货档案”工具栏的“增加”，

录入相关信息，同时勾选“外购”“内销”“外销”，点击“保存”按钮，见图 3-40；点击“成本”选项卡，在“计价方法”栏选“先进先出法”，点击“保存”，见图 3-41。同理完成其他存货档案的设置，见图 3-42。

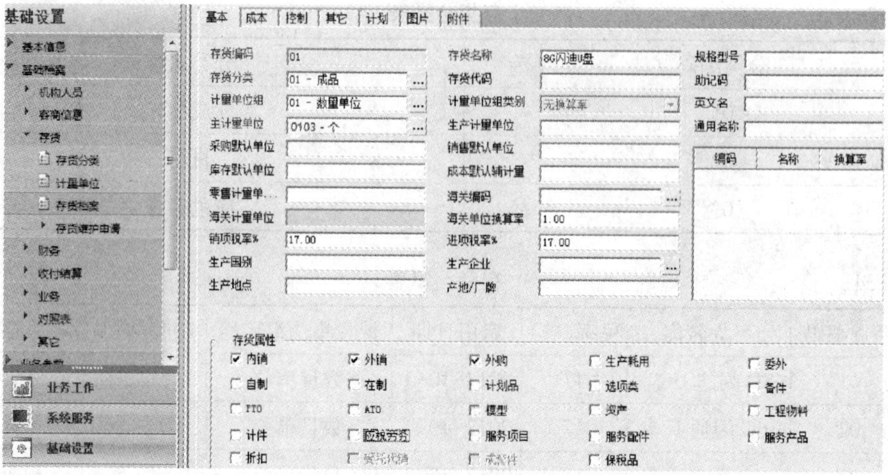

图 3-40 设置存货档案

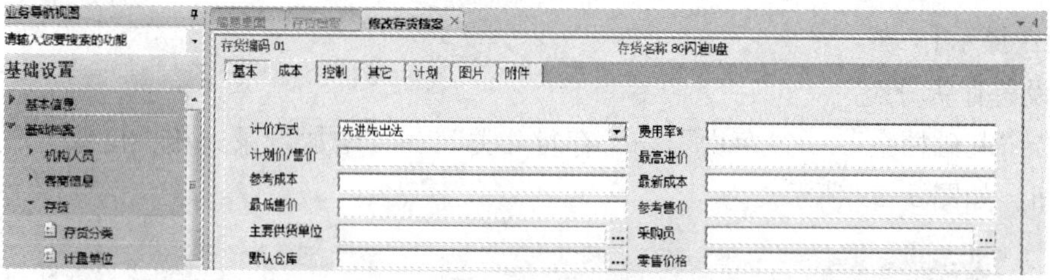

图 3-41 设置成本计价方式

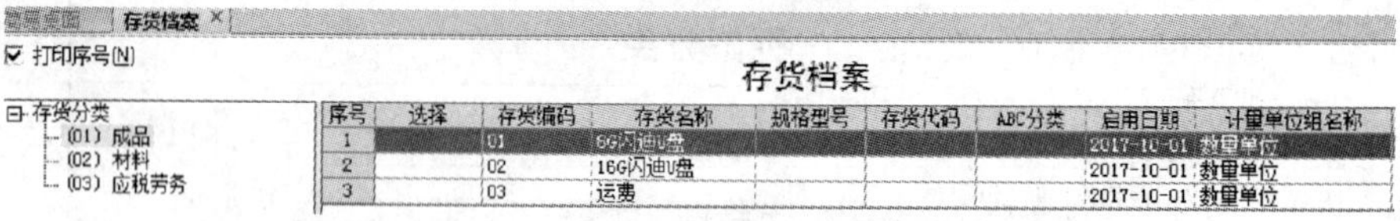

图 3-42 存货档案列表

（五）凭证类别设置

【操作资料】

凭证类别：记账凭证。

【操作提示】

单击“基础设置”—“基础档案”—“财务”—“凭证类别”—弹出的“凭证类别预置”窗口里“记账凭证”—“确定”，见图 3-43，点击“退出”。

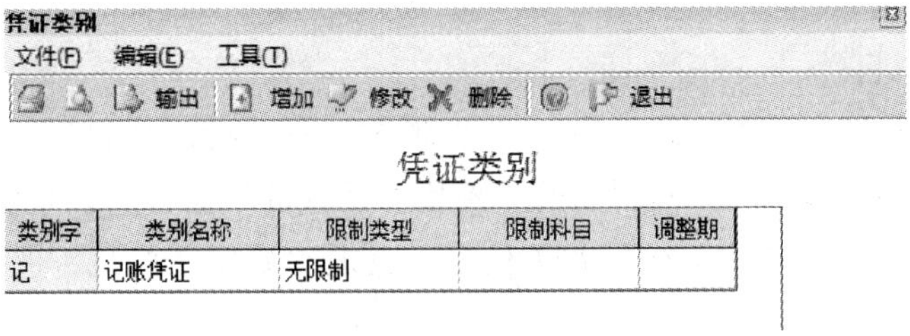

图 3-43　凭证类别设置

（六）会计科目设置

【操作资料】

会计科目资料见表 3-35。

表 3-35　会计科目表

科目代码	科目名称	辅助账类型	方向	受控系统
1001	库存现金	现金	借	
1002	银行存款	银行存款	借	
100201	工行存款	银行存款	借	
1122	应收账款	客户往来	借	应收系统
1221	其他应收款	个人往来	借	
1405	库存商品		借	
140501	8G 闪迪 U 盘			
		个		
140502	16G 闪迪 U 盘			
		个		
1601	固定资产		借	
1602	累计折旧		贷	
以上为资产类				
2202	应付账款		贷	
220201	一般应付款	供应商往来	贷	应付系统
220202	暂估		贷	
2203	预收账款	客户往来	贷	应收系统
2211	应付职工薪酬		贷	
4001	实收资本		贷	
以上为权益类				

另设置指定会计科目，指定“现金总账科目 1001”“银行总账科目 1002”。

【操作提示】

1. 增加会计科目

单击“基础设置”—“基础档案”—“财务”—“会计科目”—弹出的“会计科目”窗口里工具栏中“增加”，在弹出的“新增会计科目”窗口增设系统中没有的会计科目，设置“辅助核算”“受控系统”相关信息，点击“确定”按钮，进行下一科目设置，见图 3-44。

级次	科目编码	科目名称	外币币种	辅助核算	银行科目	现金科目	计量单位	余额方向	受控系统	是否封存	银行账	日记账	自定义类型
1	1001	库存现金				Y		借				Y	
1	1002	银行存款			Y			借			Y	Y	
2	100201	工行存款			Y			借			Y	Y	
1	1003	存放中央银行款项						借					
1	1011	存放同业						借					
1	1012	其他货币资金						借					
1	1021	结算备付金						借					
1	1031	存出保证金						借					
1	1101	交易性金融资产						借					
1	1111	买入返售金融资产						借					
1	1121	应收票据						借					
1	1122	应收账款		客户往来				借	应收系统				
1	1123	预付账款		供应商往来				借	应付系统				
1	1131	应收股利						借					
1	1132	应收利息						借					
1	1201	应收代位追偿款						借					
1	1211	应收分保账款						借					
1	1212	应收分保合同准备金						借					
1	1221	其他应收款		个人往来				借					
1	2202	应付账款						贷					
2	220201	一般应付款		供应商往来				贷	应付系统				
2	220202	暂估						贷					
1	2203	预收账款		客户往来				贷	应收系统				
1	2211	应付职工薪酬						贷					
1	2221	应交税费						贷					
2	222101	应交增值税						贷					
3	22210101	进项税额						贷					
3	22210102	销项税额						贷					
3	22210103	转出未交增值税						贷					
2	222102	未交增值税						贷					
2	222103	应交城建税						贷					
2	222104	应交教育费附加						贷					
2	222105	应交所得税						贷					
1	1403	原材料						借					
1	1404	材料成本差异						借					
1	1405	库存商品						借					
2	140501	8G闪迪U盘					个	借					
2	140502	16G闪迪U盘					个	借					
1	1406	发出商品						借					

图 3-44　增加会计科目

2. 修改会计科目

单击“基础设置”—“基础档案”—“财务”—“会计科目”，在弹出的“会计科目”窗口双击待修改的会计科目，再在弹出的“会计科目_修改”窗口，修改该科目相关信息，点击“确定”按钮。

3. 指定会计科目

单击“基础设置”—“基础档案”—“财务”—“会计科目”，在弹出的“会计科目”窗口，找到菜单栏，单击“编辑”—“指定科目”，在弹出的“指定科目”窗口，点击“现金科目”，再点击“待选科目”栏中的“库存现金”科目—中间的“>”，将“库存现金”从“待选科目”栏移动到“已选科目”栏中，见图 3-45。同理完成银行科目设置见图 3-46。

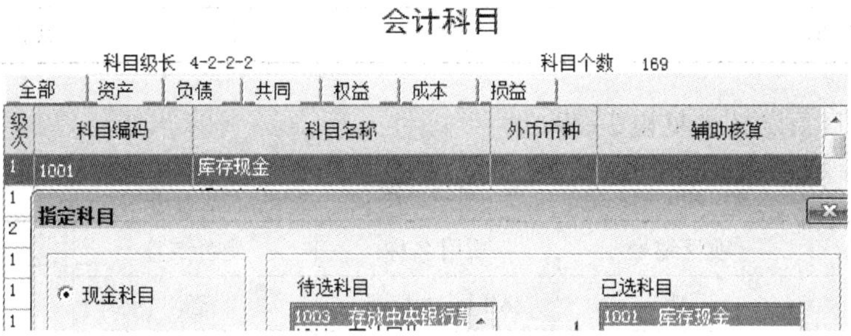

图 3-45　现金科目设置

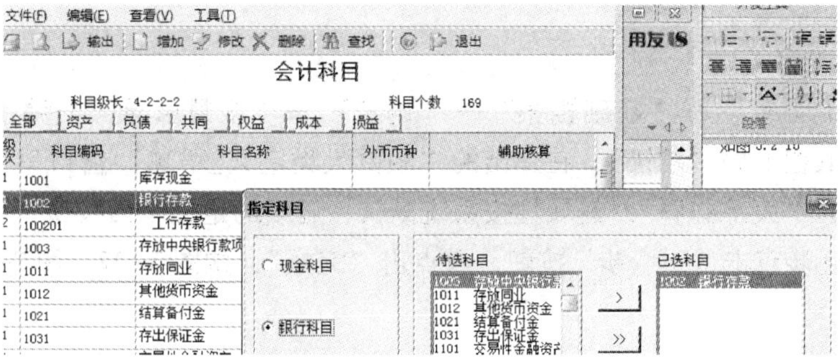

图 3-46　银行科目设置

（七）项目目录设置

【操作资料】

（1）项目大类定义（见表 3-36）。

表 3-36　**项目大类**

项目大类名称	项目级次
商品核算	1

（2）核算科目定义（见表 3-3．7）。

表 3-37　**核算科目**

项目科目定义	核算科目
商品核算	主营业务成本
	主营业务收入

（3）项目分类定义（见表3-38）。

表3-38　　　　项目分类

项目大类名称	分类编码	分类名称
商品核算	1	成品

（4）项目目录定义（见表3-39）。

表3-39　　　　项目目录

项目大类名称	项目编号	项目名称	是否结算	所属分类
商品核算	01	8G闪迪U盘	否	1
	02	16G闪迪U盘	否	1

【操作提示】

1. 项目大类定义

点击“基础设置”—“基础档案”—“财务”—“项目目录”—弹出的“项目档案”窗口里工具栏中的“增加”，在弹出的“项目大类定义_增加”窗口里“新项目大类名称”栏中录入“商品核算”，其属性按系统默认，后续的定义项目级次、定义项目栏均按系统默认，逐步点击“下一步”按钮，再点击“完成”，如图3-47、图3-48、图3-49所示。

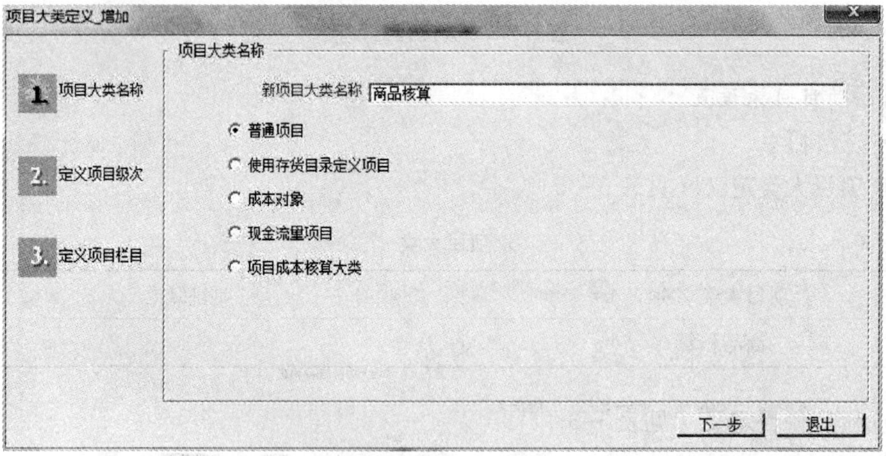

图3-47　项目大类名称

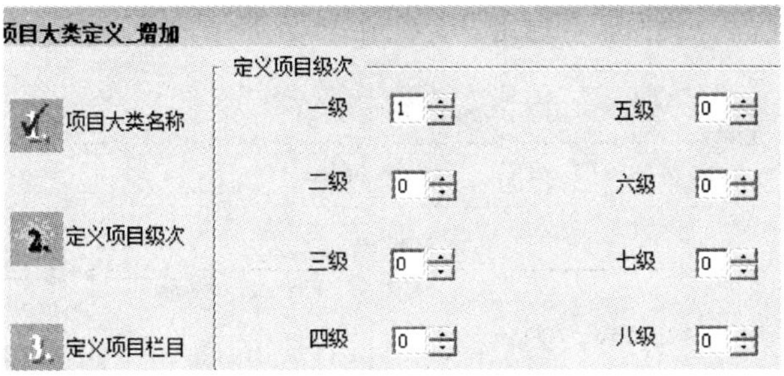

图 3-48　**定义项目级次**

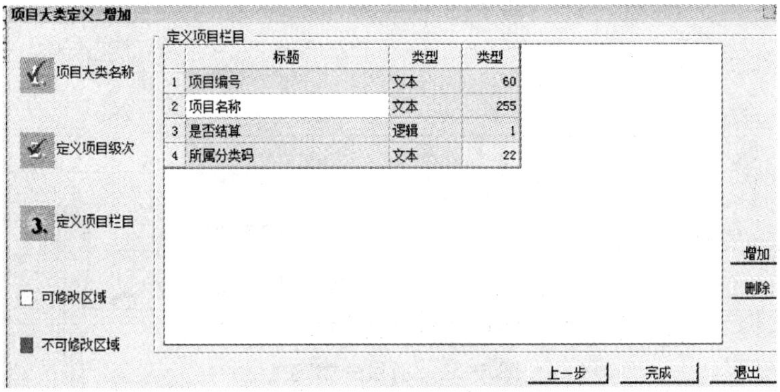

图 3-49　**定义项目栏目**

2. 核算科目定义

“主营业务成本”“主营业务收入”科目加上“项目核算”，此前已述，现讲述选定科目。

在“项目档案”窗口的“项目大类”栏，选定“商品核算”，再点击“核算科目”选项卡，单击中间的“>>”，将“待选科目”栏中的“主营业务成本”“主营业务收入”科目全移至“已选科目”栏中，点击“确定”，如图 3-50 所示。

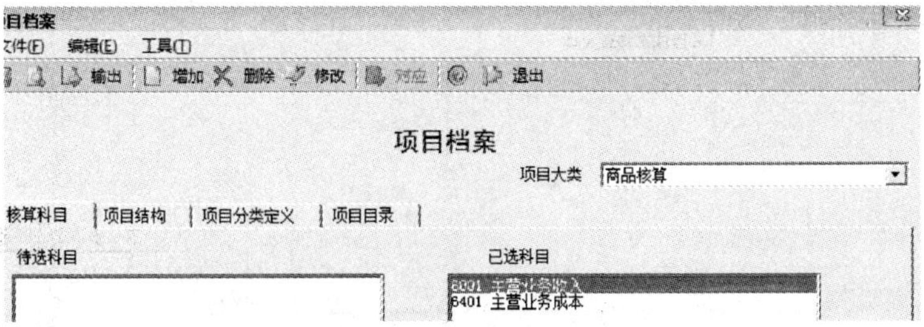

图 3-50　**核算科目定义**

3. 项目分类定义

在“项目档案”窗口，点击“项目分类定义”选项卡，分别在“分类编码”“分类名称”栏录入“1”“成品”，点击“确定”，如图 3-51 所示。

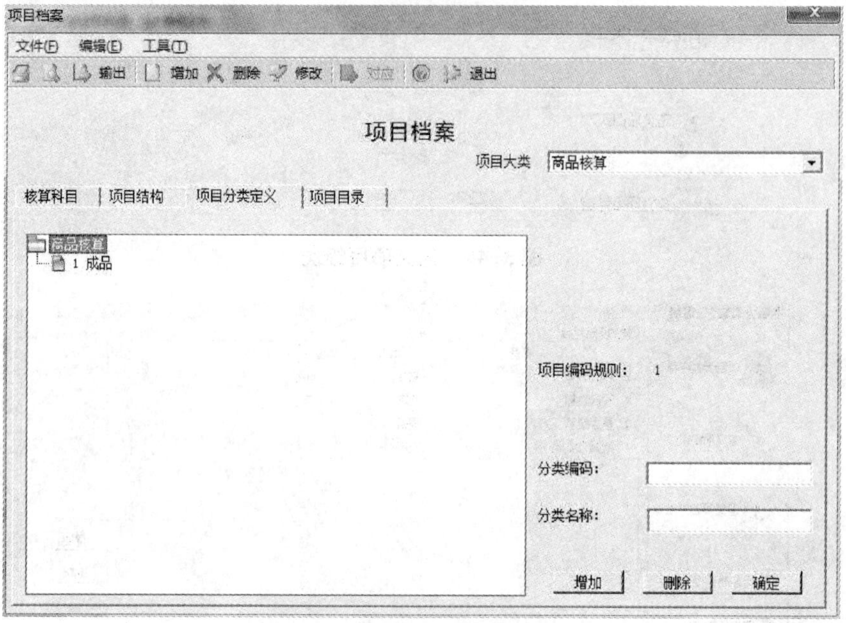

图 3-51 项目分类定义

4. 项目目录定义

在“项目档案”窗口点击“项目目录”选项卡，点击“维护”—弹出的窗口里工具栏的“增加”，录入相关信息，点击“退出”，如图 3-52、图 3-53 所示。

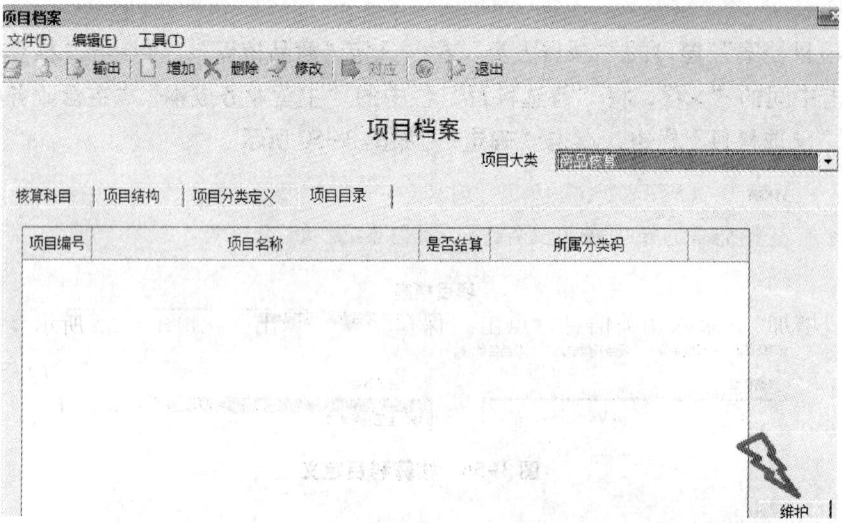

图 3-52 项目目录定义

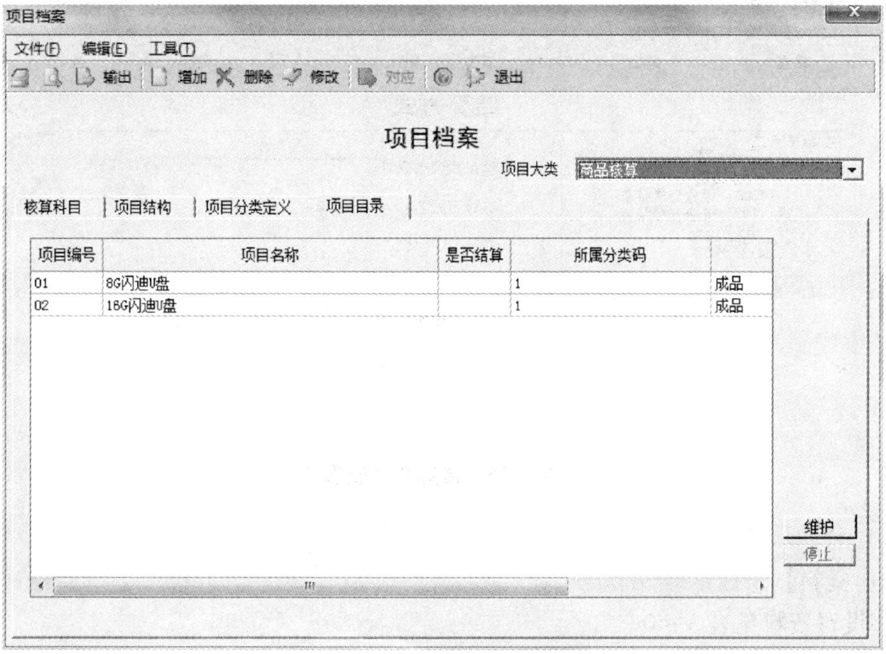

图 3-53　**项目目录列表**

（八）结算方式设置

【操作资料】

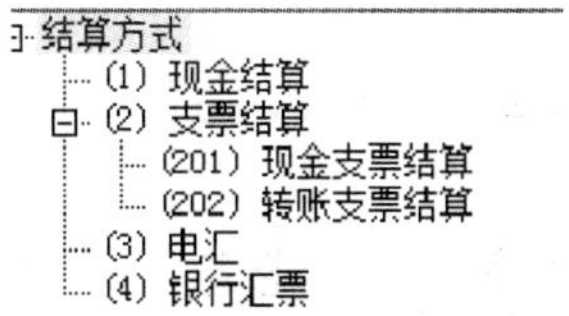

图 3-54　**结算方式**

【操作提示】

结算方式主要是指通过何种方式结算，可以设置为现金结算、银行结算等。

单击“基础设置”—“基础档案”—“收付结算”—“结算方式”—弹出的窗口里工具栏的“增加”，录入相关信息，点击“保存”—“退出”，如图 3-55 所示。

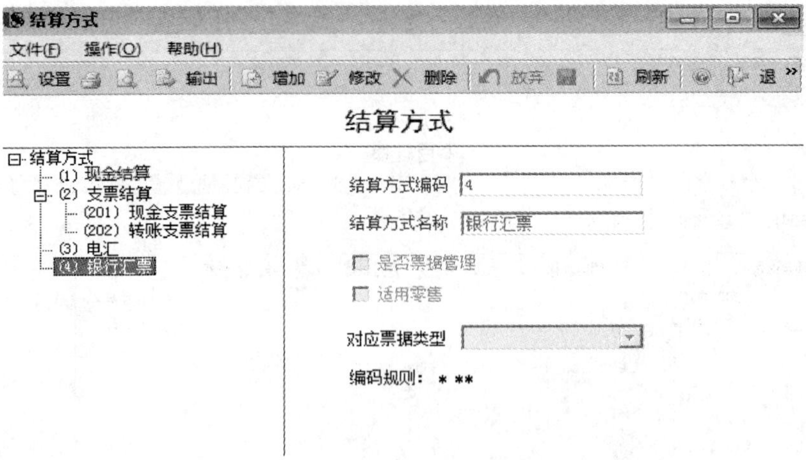

图 3-55　结算方式设置

（九）仓库设置

【操作资料】

仓库设置资料见表 3-40。

表 3-40　仓库档案

仓库编码	仓库名称
01	成品仓
02	材料仓

以上仓库计价方法为先进先出法。

【操作提示】

单击“基础设置”—“基础档案”—“业务”—“仓库档案”—工具栏的“增加”，录入相关信息，点击“保存”如图 3-56、图 3-57 所示。

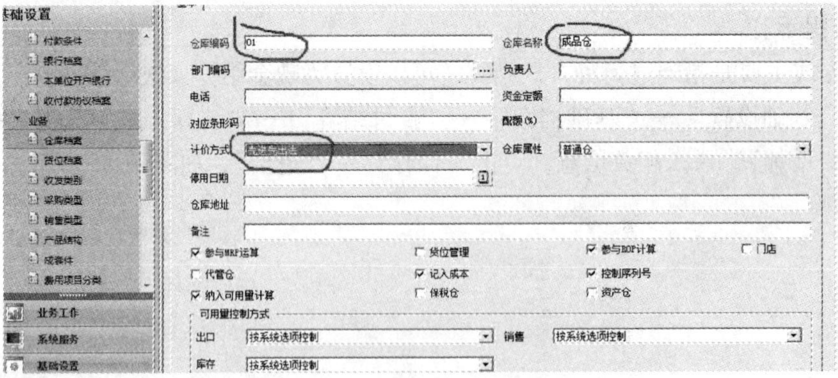

图 3-56　仓库设置

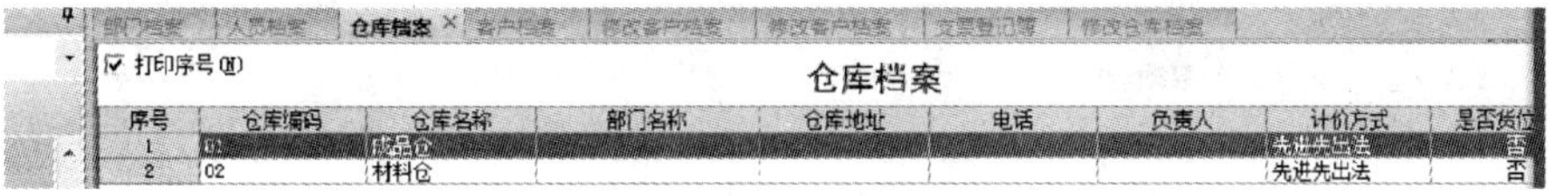

图 3-57　仓库档案

（十）收发类别设置

【操作资料】

收货类别设置资料见表 3-41。

表 3-41　　收发类别

<table>
<tr><th>一级编码</th><th>一级类别名称</th><th>二级编码</th><th>二级类别名称</th></tr>
<tr><td rowspan="2">1</td><td rowspan="2">入库</td><td>11</td><td>采购入库</td></tr>
<tr><td>12</td><td>盘盈入库</td></tr>
<tr><td rowspan="4">2</td><td rowspan="4">出库</td><td>21</td><td>领料出库</td></tr>
<tr><td>22</td><td>销售出库</td></tr>
<tr><td>23</td><td>盘亏出库</td></tr>
<tr><td>24</td><td>其他出库</td></tr>
</table>

【操作提示】

点击“基础设置”—“基础档案”—“业务”—“收发类别”—弹出的窗口里工具栏的“增加”，录入相关信息，点击“保存”，如图 3-58 和图 3-59 所示。

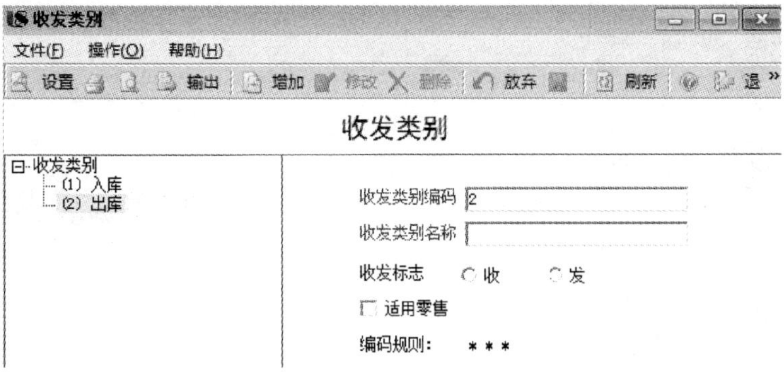

图 3-58　收发类别设置

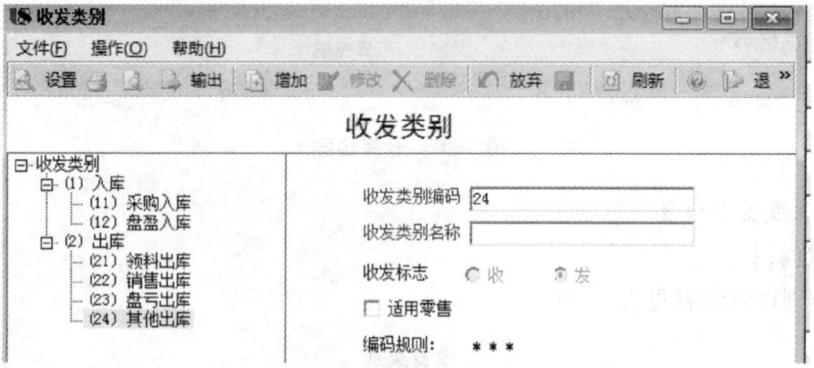

图 3-59 收发类别设置

（十一）采购类型设置

【操作资料】

采购类型设置资料见表 3-42。

表 3-42 采购类型

采购类型编码	采购类型名称	入库类别	是否默认值	是否列入 MPS/MPR 计划
1	普通采购	采购入库	是	否

【操作提示】

单击“基础设置”—“基础档案”—“业务”—“采购类型”—弹出的窗口里工具栏的“增加”，录入相关信息，点击“保存”，如图 3-60 所示。

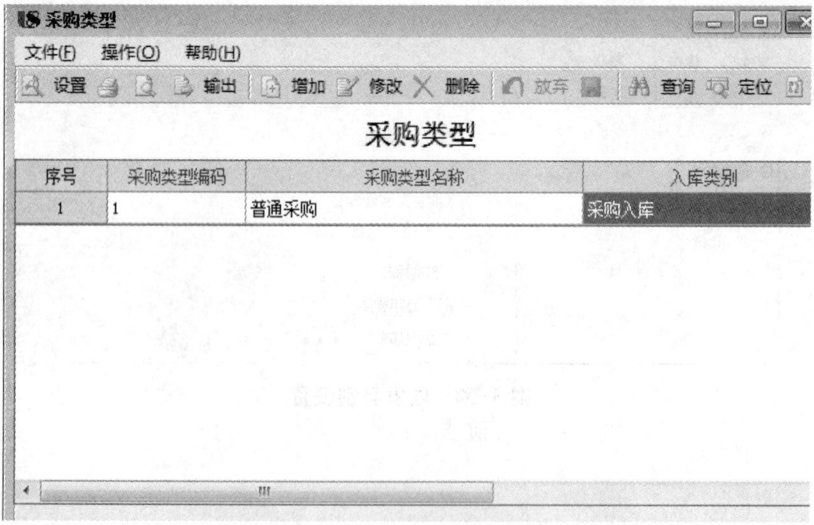

图 3-60 采购类型设置

（十二）销售类型设置

【操作资料】

销售类型资料见表 3-43。

表 3-43 **销售类型**

销售类型编码	销售类型名称	出库类别	是否默认值	是否列入 MPS/MPR 计划
1	批发	销售出库	是	否
2	零售	销售出库	否	否
3	委托代销	其他出库	否	否

【操作提示】

点击“基础设置”—“基础档案”—“业务”—“销售类型”—弹出的窗口里工具栏的“增加”，录入相关信息，点击“保存”，如图 3-61 所示，按相同方法完成其他销售类型的设置。

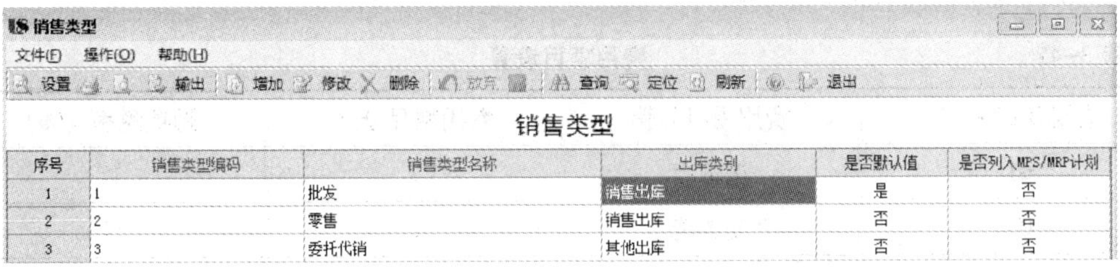

图 3-61 **销售类型设置**

（十三）费用项目分类

【操作资料】

费用项目分类资料见表 3-44。

表 3-44 **费用项目分类**

费用项目分类编码	费用项目分类名称
1	业务费
2	管理费

【操作提示】

单击“基础设置”—“基础档案”—“业务”—“费用项目分类”—弹出的窗口里工具栏的“增加”，录入相关信息，点击“保存”，如图 3-62 所示，按相同方法完成其他费用项目类别的设置。

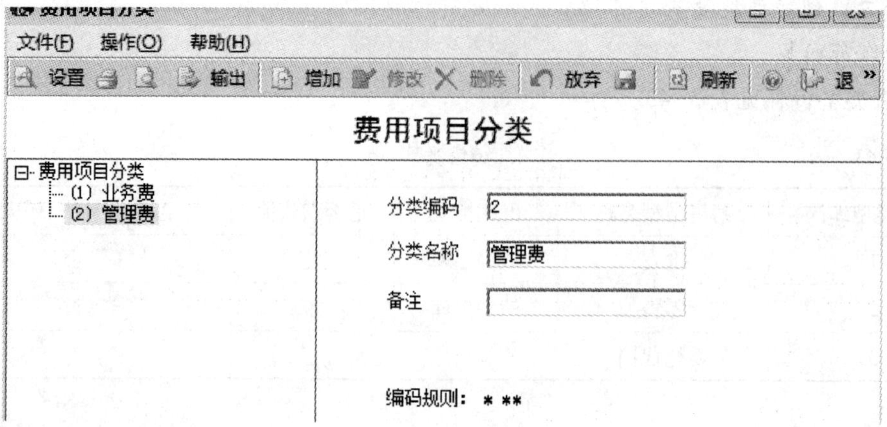

图 3-62 费用项目分类设置

（十四）费用项目设置

【操作资料】

费用项目设置资料见表 3-45。

表 3-45 费用项目设置

费用项目编码	费用项目名称	费用项目分类	销项税率（%）
01	运输费	1	11
02	安装费	1	11
03	差旅费	2	
04	招待费	2	6

【操作提示】

单击“基础设置”—“基础档案”—“业务”—“费用项目”—弹出的窗口里工具栏的“增加”，录入相关信息，点击“保存”，如图 3-63 所示，按相同方法完成其他费用项目的设置。

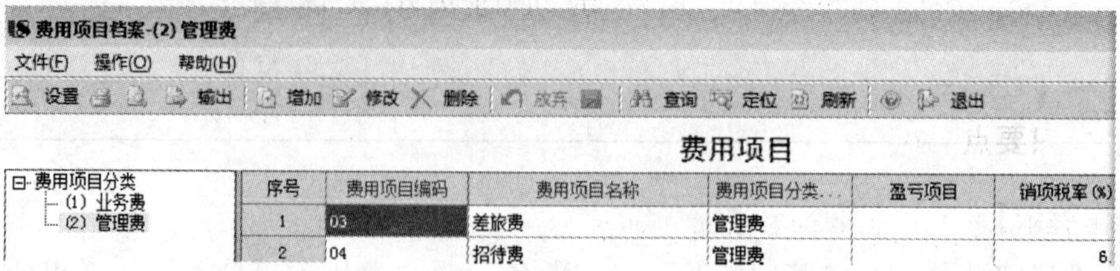

图 3-63 费用项目

（十五）本单位开户银行设置

【操作资料】

单位开启银行资料见表 3-46。

表 3-46　　本单位的开户银行信息表

编码	银行账号	账户名称	所属银行编码	开户银行	客户编号	机构号	联行号
01	012345678912	广州东兴公司	03	建行从化支行	01	01	01

【操作提示】

单击“基础设置”—“基础档案”—“收付结算”—“本单位开户银行”—弹出的窗口里工具栏的“增加”，录入相关信息，点击“保存”，如图 3-64 所示。

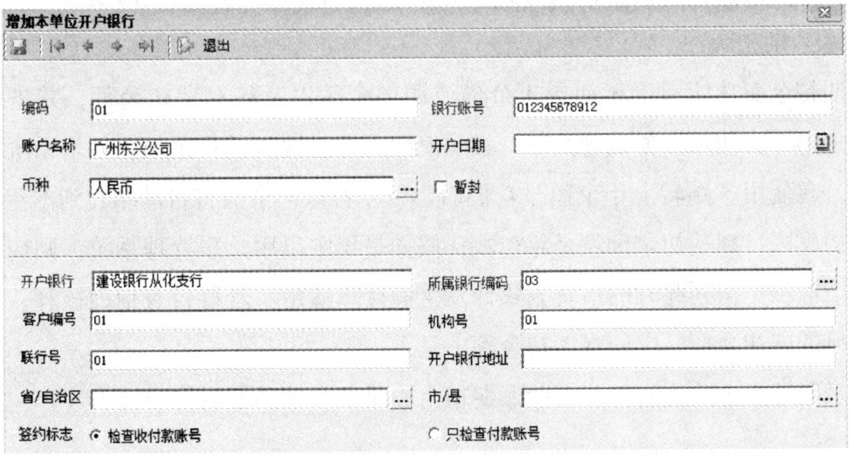

图 3-64　开启银行信息

任务三　总账系统的初始化设置

一、知识要点

总账初始化是为总账管理系统日常业务处理工作所做的准备，由用户根据本企业的需要建立账务应用环境，包括设置控制参数、会计科目体系、期初余额等。

（1）设置控制参数。

设置控制参数是对总账管理系统的一些系统选项进行设置，以便为总账管理系统配置相应的功能或设置相应的控制。

（2）设置会计科目体系。

建立会计科目是会计核算方法之一，财务软件一般都提供了符合国家会计制度规定的一级会计科目，明细科目要根据各企业情况自行确定。

①增加会计科目。企业会计核算执行国家统一的会计制度，因而在建立核算账套时可以根据单位的实际情况，选择预置相应行业的会计科目。企业根据管理需要，可以在预置的会计科目外增设明细科目。

②修改会计科目。修改会计科目主要用于两个方面：一是修改系统预置科目的某些栏目，如辅助账类的设置与调整；二是更正增加会计科目时出现的输入错误。

（3）录入期初余额。

录入期初余额功能用于年初录入余额或调整余额以及核对期初余额，并进行试算平衡。如果是第一次使用账务处理系统，必须使用此功能输入科目余额。如果系统中已有上年的数据，在使用“结转上年余额”功能后，上年各账户余额将自动结转到本年。假如企业是在年初建账，则期初余额就是年初数；假如是年中启用总账管理系统，则应先将各账户此时的余额和年初到此时的借贷方累计发生额计算清楚。若科目有辅助核算，还应整理各辅助项目的期初余额，以便在期初余额中录入。

期初余额的录入分为两部分：总账期初余额录入和辅助账期初余额录入。

二、实例应用

（一）选项设置

【操作资料】

按默认设置，基本不变。

【操作提示】

单击“业务工作”—“财务会计”—“总账”—“设置”—“选项”—弹出的窗口里的“编辑”—“确定”，如图 3-65 所示，按系统默认设置。

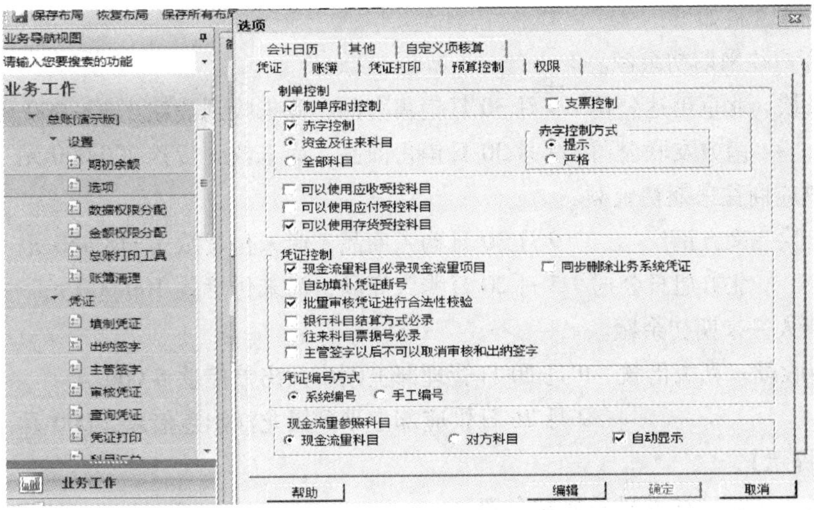

图 3-65　选项设置

（二）总账期初余额录入及试算平衡

【操作资料】

期初余额表见表 3-47。

表 3-47　**期初余额表**

科目代码	科目名称	辅助账类型	方向	期初余额
1001	库存现金	现金	借	3 000.00
1002	银行存款	银行存款	借	1 700 000.00
100201	工行存款	银行存款	借	1 700 000.00
1122	应收账款	客户往来	借	1 400 000.00
1221	其他应收款	个人往来	借	7000.00
1405	库存商品		借	1 560 000.00
140501	8G 闪迪 U 盘			425 000.00
		个		42 500
140502	16G 闪迪 U 盘			1 135 000.00
		个		56 750
1601	固定资产		借	15 218 000.00
1602	累计折旧		贷	2 294 540.00
资　产　合　计				17 593 460.00
220201	应付账款	一般应付账（供应商往来核算）	贷	1 218 460.00
220202	应付账款	暂估	贷	2 000.00
2211	应付职工薪酬		贷	50 000.00
4001	实收资本		贷	16 323 000.00
权　益　合　计				17 593 460.00

辅助核算资料如下：

（1）客户往来期初余额。

应收账款　北京迅达公司　9月30日销售商品，尚未收到货款1 200 000元

　　　　　南方友联公司　9月30日销售商品，尚未收到货款200 000元

（2）供应商往来期初余额。

应付账款　南方钢厂　　　9月30日购入商品，尚未付货款1 118 460元

　　　　　北方旭日公司　5月20日购入商品，尚未付货款100 000元

（3）个人往来期初余额。

其他应收款—私人借款　9月20日管理部王刚广州出差借款5 000元

　　　　　　　　　　　9月26日供应部李平到黑龙江出差借款2 000元

【操作提示】

（1）录入无辅助核算科目期初余额。

单击“业务工作”—“财务会计”—“总账”—“设置”—“期初余额”，在弹出的“期初余额录入”窗口里录入相应会计科目期初余额。如果一级科目有明细科目，如100201“工行存款”，则只能录入明细科目余额。如图3-66所示，按相同方法完成其他同类科目的设置。

图3-66　期初余额

（2）录入应收账款期初余额。

在“期初余额录入”窗口，双击“应收账款”期初余额框—弹出的“辅助期初余额”窗口里工具栏的“往来明细”—弹出的“期初往来明细”窗口里工具栏的“增行”，录入明细信息，录完全部客户往来账户余额信息后，点击工具栏的“汇总”，弹出“完成了……汇总！”窗口，如图3-67所示，点击“确定”，退出本科目余额录入窗口。

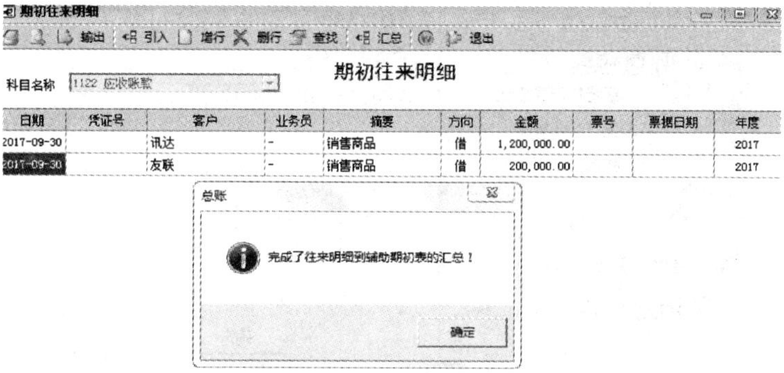

图 3-67　期初往来明细

（3）按同样方法录入其他应收款、应付账款期初余额（略）。

（4）点击“期初余额录入”窗口里工具栏的“试算”，系统弹出“期初试算平衡表”窗口，如图 3-68 所示，点击“确定”，退出本窗口。

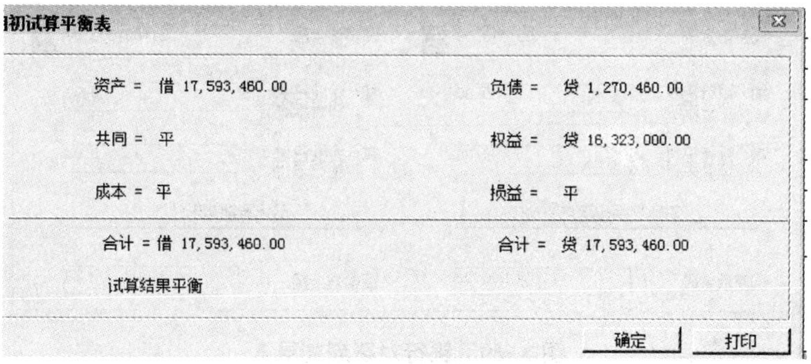

图 3-68　期初试算平衡表

（三）银行对账期初录入

【操作资料】

银行对账期初资料见表 3-48。

表 3-48　银行对账期初余额

科目代码	科目名称	辅助账类型	方向	期初余额
1002	银行存款	银行存款	借	1 700 000.00
100201	工行存款	银行存款	借	1 700 000.00

【操作提示】

单击“业务工作”—“财务会计”—“总账”—“出纳”—“银行对账”—“银行对账期初录入”，在弹出的“银行科目选择”窗口选择“工行存款”科目，点击“确定”，在弹出的“银行对账期初”窗口里“单位日记账”“银行对账单”的调整前余额栏分别都录入“1 700 000”，如图 3-69 所示，点击“退出”。

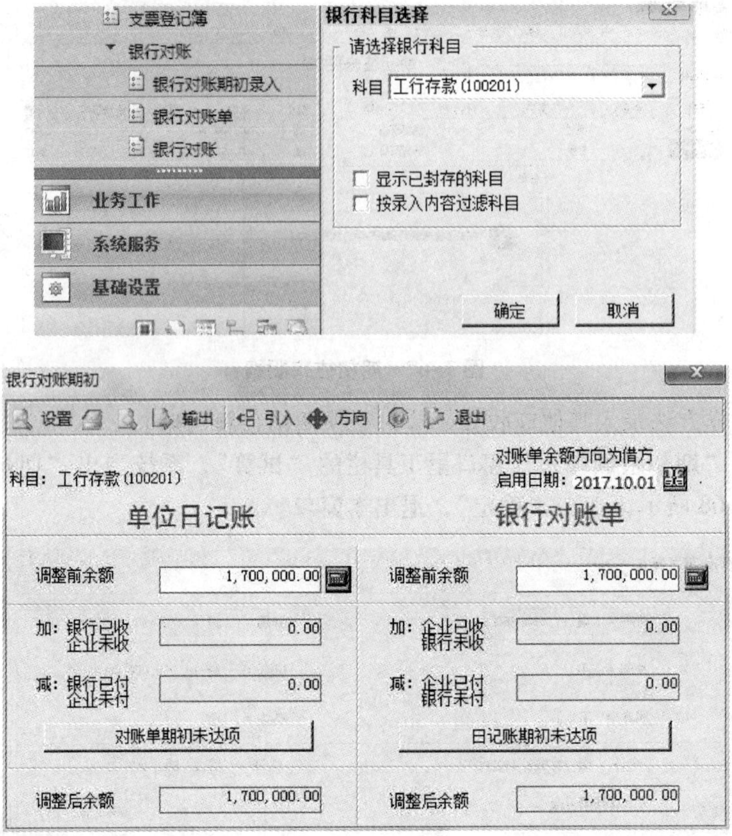

图 3-69　银行对账期初录入

（四）会计科目补充设置

【操作资料】

（1）增加会计科目，见表 3-49。

表 3-49　会计科目

科目代码	科目名称
222101	应交增值税
22210101	进项税额
22210102	销项税额
22210103	转出未交
222102	未交增值税
222103	应交城建税
222104	应交教育费附加
222105	应交所得税

（2）将“预付账款”科目加供应商往来核算，且受应付系统控制。
（3）将“营业税金及附加”改为“税金及附加”。
【操作提示】
参看“会计科目设置”操作即可，如图 3-70、图 3-71、图 3-72 所示。

2	222101	应交增值税		
3	22210101	进项税额		
3	22210102	销项税额		
3	22210103	转出未交增值税		
2	222102	未交增值税		
2	222103	应交城建税		
2	222104	应交教育费附加		
2	222105	应交所得税		

图 3-70　增加会计科目

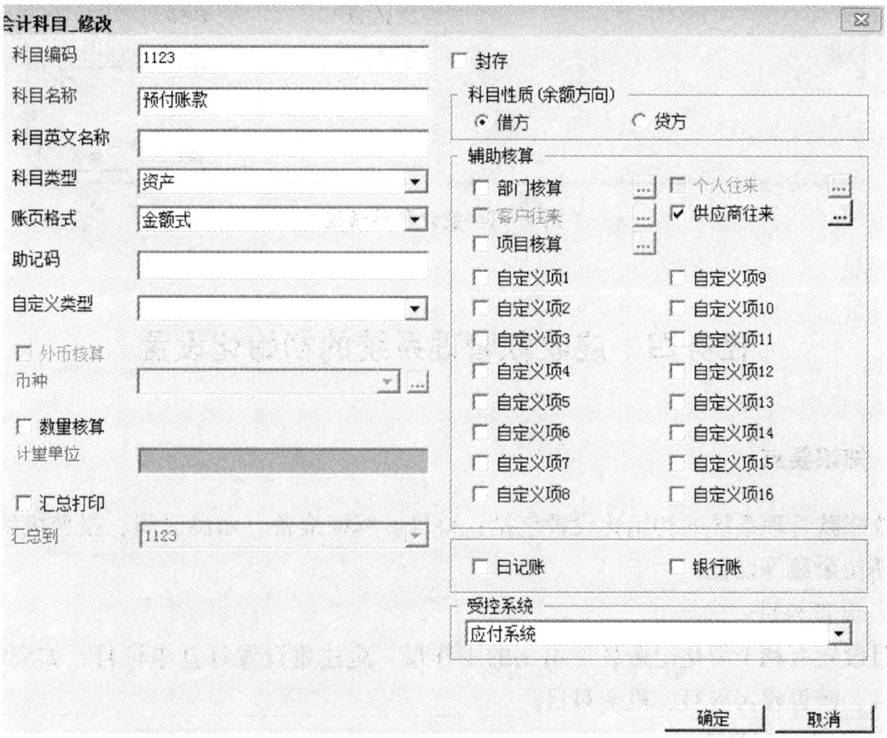

图 3-71　预付账款修改

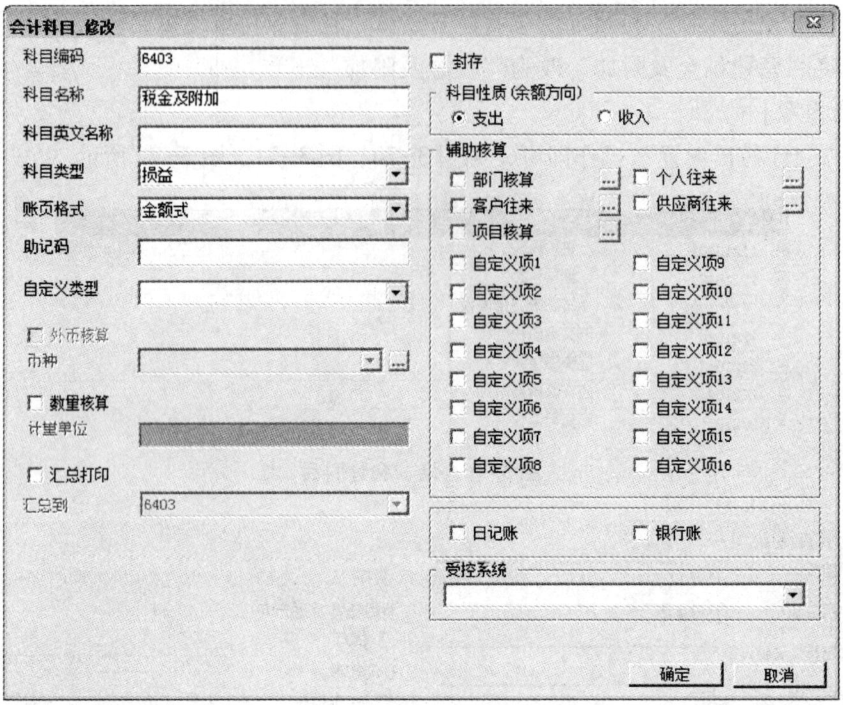

图 3-72　会计科目修改

任务四　应收款管理系统的初始化设置

一、知识要点

应收账款管理系统的初始化设置包括：科目、坏账准备、账龄区间、报警级别、单据类型、期初余额等设置。

（1）设置科目。

科目设置有利于简化记账凭证编制的工作量，应注重设置好基本科目，如应收科目、预收科目、销售收入科目、税金科目。

（2）设置坏账准备。

应收账款管理系统可以根据发生的应收业务情况，自动计提坏账准备，计提坏账的处理方式包括应收余额百分比法、销售余额百分比法、账龄分析法等。

（3）设置账龄区间。

为了对应收账款进行账龄分析，评估客户信誉，并按一定比例估计坏账损失，应首先在此设置账龄区间。

（4）设置报警级别。

通过报警级别的设置，将客户按照欠款余额与其授信额度的比例分为不同的类型，以便掌握各个客户的信用情况。

（5）设置单据类型。

系统提供了发票和应收单两大类型的单据设置。

（6）设置期初余额。

为保持账务完整性、连续性，做到账证、账账相符，必须输入期初余额。

二、实例应用

【操作资料】

（1）坏账处理方式为应收款余额百分比法。

（2）初始设置如图 3-73 所示。

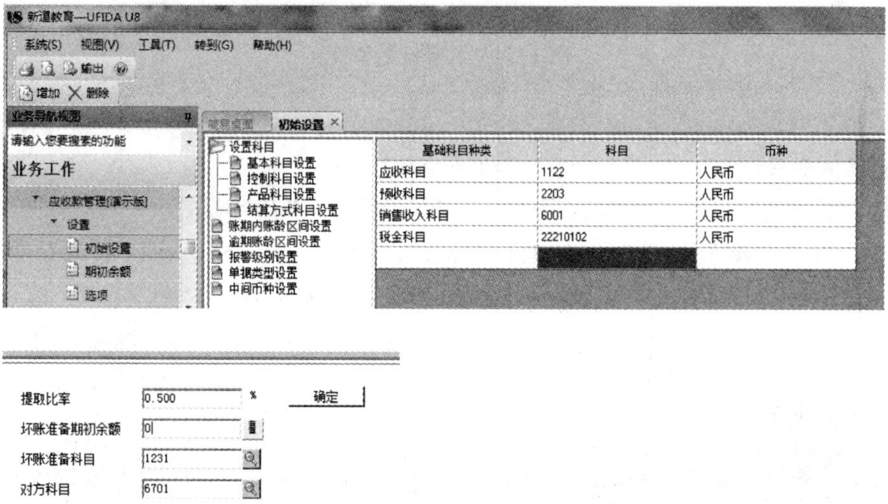

图 3-73　应收款管理系统初始设置

（3）客户往来期初余额录入并对账。

应收账款　北京迅达公司　9 月 30 日销售商品，尚未收到货款 1 200 000 元

　　　　　南方友联公司　9 月 30 日销售商品，尚未收到货款 200 000 元

【操作提示】

（1）坏账处理方式设置。

单击“财务会计”—“应收款管理”—“设置”—“选项”，在弹出的“账套参数设置”窗口，点击“编辑”，在“坏账处理方式”栏选择“应收余额百分比法”，如图 3-74 所示，点击“确定”。

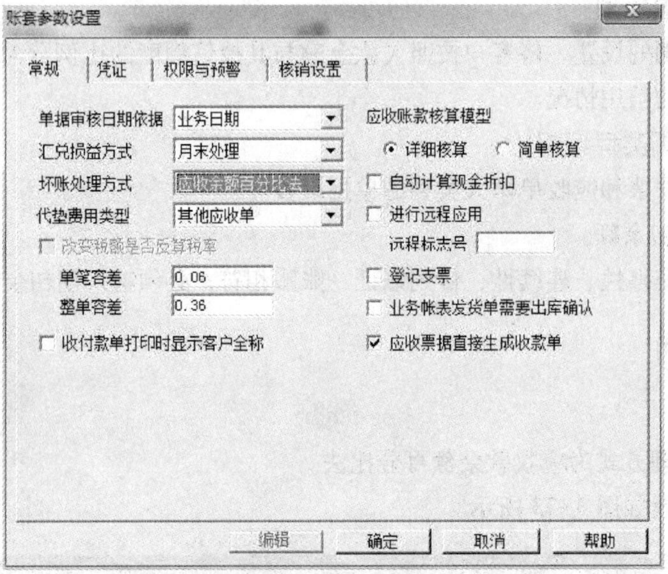

图 3-74　账套参数设置

（2）初始设置。

①设置基本科目。

点击“财务会计”—“应收款管理”—“设置”—“初始设置”—弹出的“初始设置”窗口里的“基本科目设置”—工具栏的“增加”，录入或选择“1122”　“2203”“6001”“22210102”科目及其他数据，如图 3-75 所示。

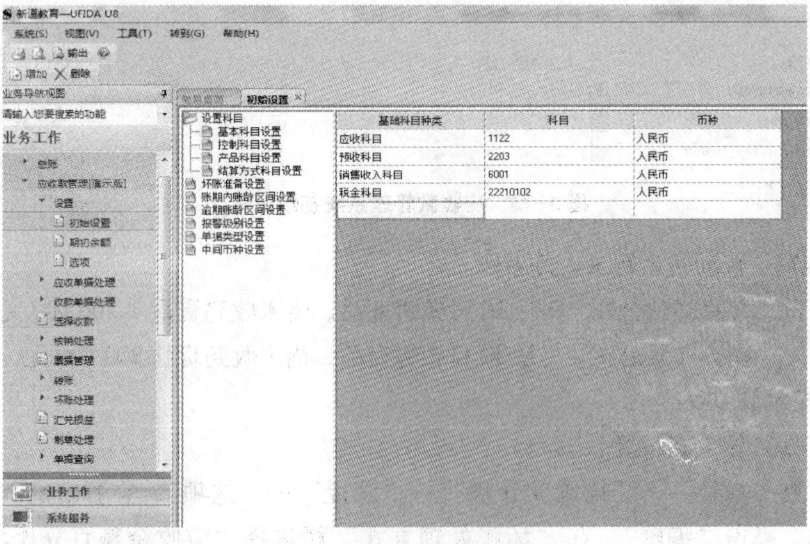

图 3-75　基本科目设置

②设置坏账准备。

单击“财务会计”—“应收款管理”—“设置”—“初始设置”—“初始设置”窗口里“坏账准备设置”，录入相关数据如图3-76所示，点击“确定”。

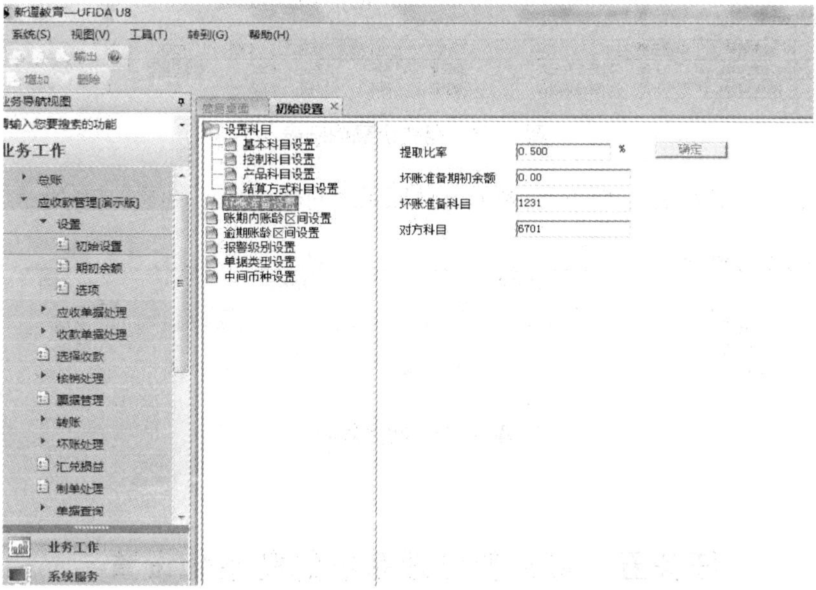

图3-76 设置坏账准备

（3）期初余额录入。

点击“财务会计”—“应收款管理”—“设置”—“期初余额”—弹出的“期初余额_查询”窗口里的“确定”—工具栏的“增加”，在弹出的“单据类别”窗口里“单据名称”“单据类型”“方向”栏分别选择“应收单”“其他应收单”“正向”，点击“确定”—工具栏的“增加”，在“应收单”窗口里输入相关信息，如图3-77所示，点击“保存”。

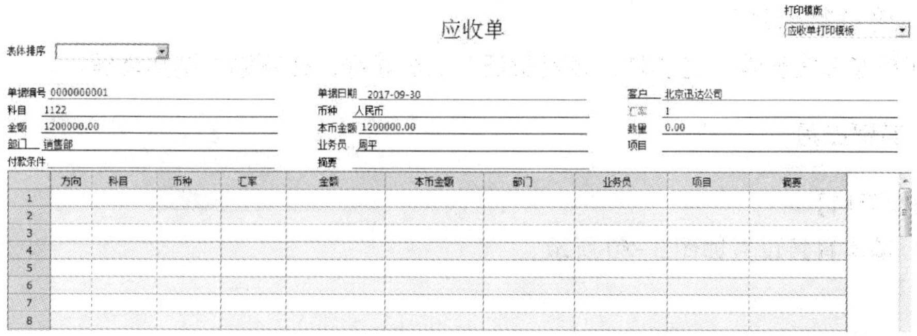

图3-77 期初余额录入

采用相同方法输入其他应收单，点击“保存”，并关闭“应收单”窗口，点击工具栏的“刷新”后，如图 3-78 所示。

期初余额明细表

本币合计借 1,400,000.00

单据类型	单据编号	单据日期	客户	部门	业务员	币种	科目	方向	原币金额	原币余额
其他应收单	0000000002	2017-09-30	南方友联公司	销售部	周平	人民币	1122	借	200,000.00	200,000.00
其他应收单	0000000001	2017-09-30	北京迅达公司	销售部	周平	人民币	1122	借	1,200,000.00	1,200,000.00

图 3-78　期初余额明细表

之后，点击工具栏的“对账”，弹出与总账系统对账窗口，如图 3-79 所示。

简易桌面　期初余额　期初对账

科目		应收期初		总账期初		差额	
编号	名称	原币	本币	原币	本币	原币	本币
1122	应收账款	1,400,000.00	1,400,000.00	1,400,000.00	1,400,000.00	0.00	0.00
2203	预收账款	0.00	0.00	0.00	0.00	0.00	0.00
	合计		1,400,000.00		1,400,000.00		0.00

图 3-79　期初对账

任务五　应付款管理系统的初始化设置

一、知识要点

本子系统的初始化设置与应收款管理系统的初始化设置内容、结构基本相似，主要包括两项设置：

（1）基本科目设置。

科目设置有利于简化记账凭证编制的工作量，应注重设置好基本科目，如应付科目、预付科目、采购科目、税金科目。

（2）期初余额设置。

为保持账务完整性、连续性，做到账证、账账相符，必须输入期初余额。

二、实例应用

【操作资料】

（1）基本科目设置如图 3-80 所示。

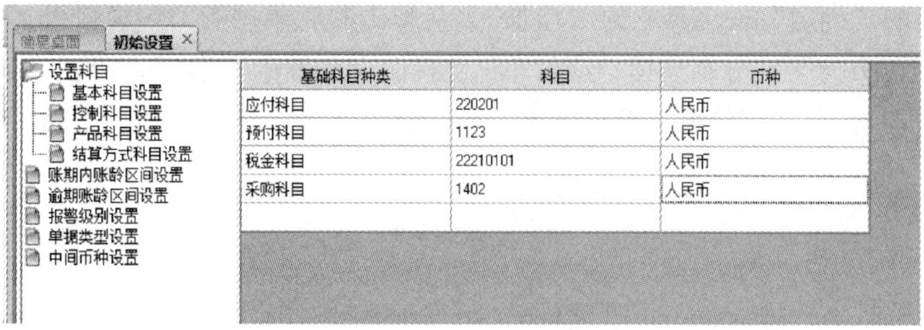

图 3-80　基本科目设置

（2）供应商往来期初余额录入并对账。

应付账款　南方钢厂　　　9 月 30 日购入商品，尚未付货款 1 118 460 元

　　　　　北方旭日公司　5 月 20 日购入商品，尚未付货款 100 000 元

【操作提示】

（1）基本科目设置。

单击“应付款管理”—“设置”—“初始设置”—“初始设置”窗口里“基本科目设置”—工具栏的“增加”，录入“220201”“1123”“22210101”“1402”科目，如图 3-81 所示。

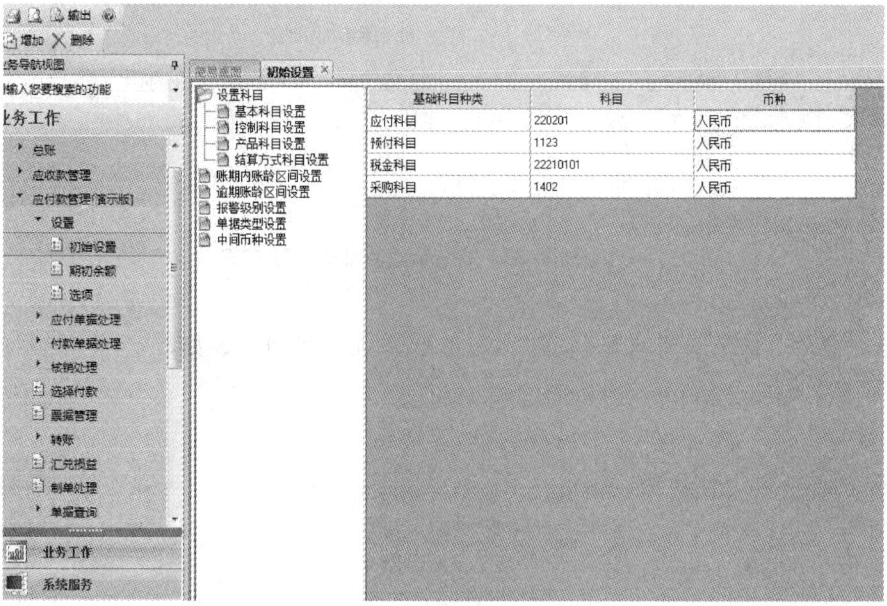

图 3-81　增加基本科目

（2）供应商往来期初余额录入及对账。

单（或双）击“应付款管理”—“设置”—“期初余额”—弹出的“期初余额_查

询”窗口里的“确定”—工具栏的“增加”，在弹出的“单据类别”窗口里“单据名称”“单据类型”“方向”栏分别选择“应付单”“其他应付单”“正向”，点击“确定”—工具栏的“增加”，在“应付单”窗口里输入相关信息，如图 3-82 所示，点击“保存”。

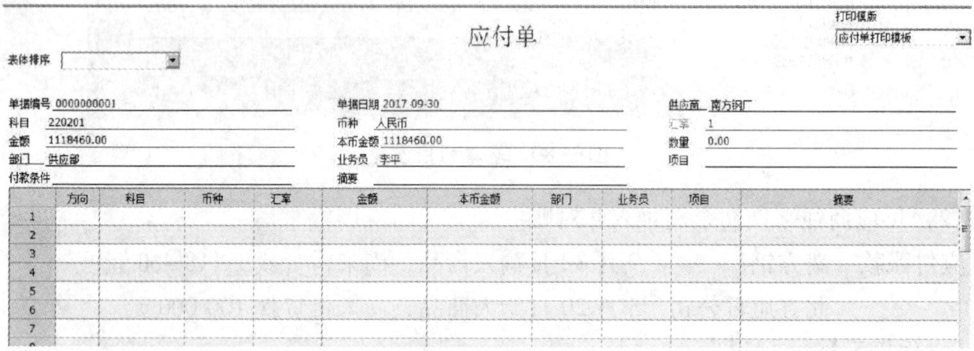

图 3-82　供应商往来期初余额录入

采用相同方法输入其他应收单，点击“保存”，并关闭“应付单”窗口，点击工具栏的“刷新”后，如图 3-83 所示。

期初余额明细表

本币合计 贷 1,218,460.00

单据类型	单据编号	单据日期	供应商	部门	业务员	币种	科目	方向	原币金额	原币余额
其他应付单	0000000001	2017-09-30	南方钢厂	供应部	李平	人民币	220201	贷	1,118,460.00	1,118,460.00
其他应付单	0000000002	2017-05-20	北方旭日公司	供应部	李平	人民币	220201	贷	100,000.00	100,000.00

图 3-83　期初余额明细表

之后，点击工具栏的“对账”，弹出与总账系统对账窗口，如图 3-84 所示，最后，关闭窗口。

简易桌面　初始设置　期初余额　期初对账

科目		应付期初		总账期初		差额	
编号	名称	原币	本币	原币	本币	原币	本币
1123	预付账款	0.00	0.00	0.00	0.00	0.00	0.00
220201	一般应付款	1,218,460.00	1,218,460.00	1,218,460.00	1,218,460.00	0.00	0.00
	合计		1,218,460.00		1,218,460.00		0.00

图 3-84　期初对账

任务六　固定资产管理系统的初始化设置

一、知识要点

固定资产管理系统初始化是根据用户单位的具体情况，建立一个适合的固定资产子账套的过程。初始化主要包括设置控制参数、设置基础数据、输入期初固定资产卡片。

（1）设置控制参数。

设置控制参数包括约定与说明、启用月份、折旧信息、编码方式以及财务接口等。这些参数在初次启动固定资产管理系统时设置，其他参数可以在“选项”中补充。

（2）设置基础数据。

①资产类别设置。

固定资产的种类繁多，规格不一，要强化固定资产管理，及时、准确地做好固定资产核算，必须科学地设置固定资产的种类，为核算和统计管理提供依据。

②部门设置。

在部门设置中，可对单位的各部门进行设置，以便确定资产的归属。在企业应用平台的“基础设置”中的“部门设置”是共享的。

③部门对应折旧科目设置。

对应折旧科目是指折旧费用的入账科目。资产计提折旧后必须把折旧归入成本或费用，根据不同企业的具体情况，有按部门归集的，也有按类别归集的。部门对应折旧科目的设置就是给每个部门选择一个折旧科目，这样在输入卡片时，该科目自动填入卡片中，不必一个一个输入。

如果对某一上级部门设置了对应的折旧科目，下级部门就会继承上级部门的设置。

④增减方式设置。

增减方式包括增加方式和减少方式两类。系统内置的增加方式有直接购买、投资者投入、捐赠、盘盈、在建工程转入、融资租入六种。系统内置的减少方式有出售、盘亏、投资转出、捐赠转出、报废、毁损、融资租出七种。用友软件系统固定资产的增减方式可以设置两级，也可以根据需要自行增加。

⑤折旧方法设置。

折旧方法设置是系统自动计算折旧的基础。系统提供了常用的六种折旧方法：不提折旧、工作量法、年数总和法、双倍余额递减法、平均年限法（一）和平均年限法（二），并列出了它们的折旧计算公式。这几种方法是系统默认的折旧方法，只能选用，不能删除和修改。另外可能由于各种原因，这几种方法不能满足需要，系统提供了折旧方法的自定义功能。

（3）输入期初固定资产卡片。

固定资产卡片是固定资产核算和管理的基础，为保持历史资料的连续性，必须将建账日期以前的数据输入到系统中，固定资产原始卡片的输入并非必须都在第一个期间结账前，任何时候都可以输入固定资产原始卡片。

二、实例应用

（一）固定资产控制参数设置

【操作资料】

企业固定资产控制参数见表3-50。

表3-50　企业固定资产控制参数

控制参数	参数设置
约定与说明	我同意
启用月份	2017年10月
折旧信息	本账套计提折旧主要方法：平均年限法二 折旧汇总分配周期：1个月
编码方式	资产类别编码方式：2-1-1-2 固定资产编码方式：手工输入
财务接口	与账务系统进行对账科目： 固定资产对账科目：1601，固定资产 累计折旧对账科目：1602，累计折旧
补充参数	固定资产缺省入账科目：1601，固定资产 累计折旧缺省入账科目：1602，累计折旧 减值准备缺省入账科目：1603，固定资产减值准备 增值税进项税额缺省入账科目：22210101，进项税额 固定资产清理缺省入账科目：1606，固定资产清理

【操作提示】

（1）单（或双）击“业务工作”—“财务会计”—“固定资产”—弹出的“是否进行初始化”对话框里的“是”，如图3-85所示。

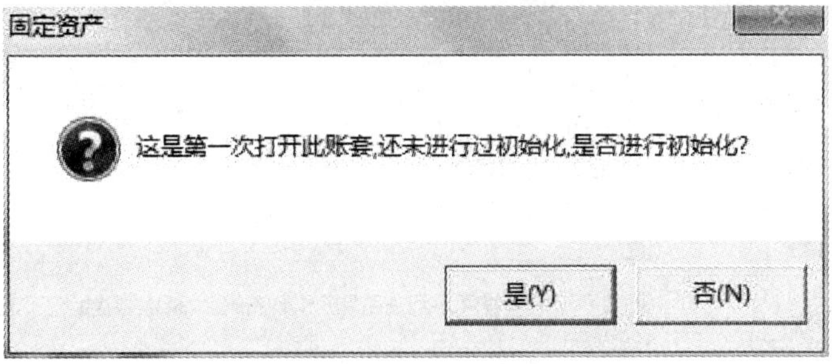

图 3-85　固定资产初始化

（2）接着弹出的“固定资产初始化账套向导”窗口如图 3-86 所示。

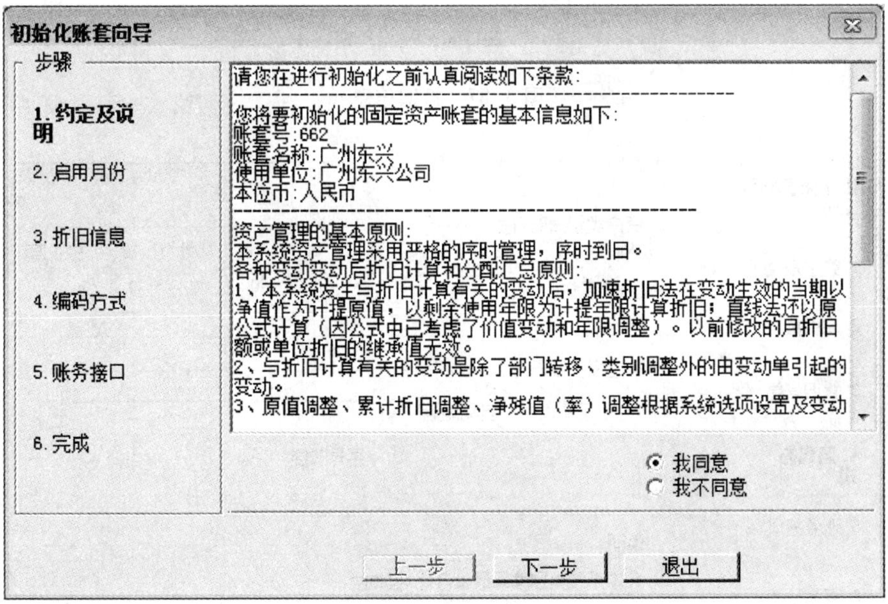

图 3-86　约定与说明

（3）点击“我同意”—“下一步”，按实训要求设置好后，逐步点击“下一步”，如图 3-87、图 3-88、图 3-89、图 3-90 所示。

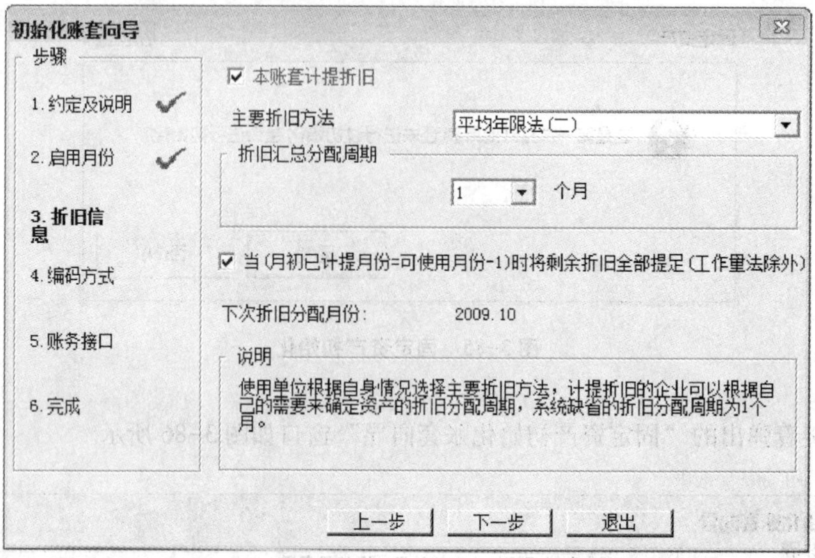

图 3-87　折旧信息

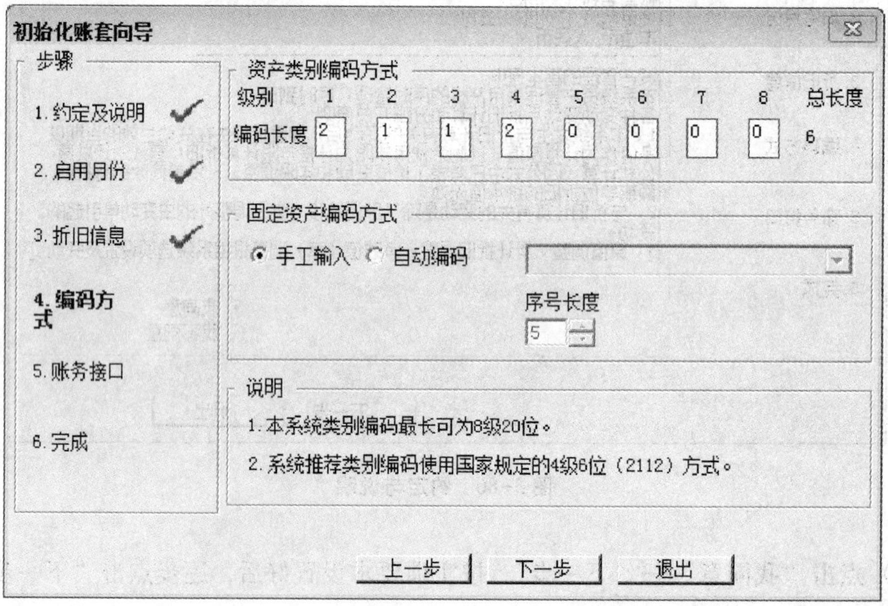

图 3-88　编码方式

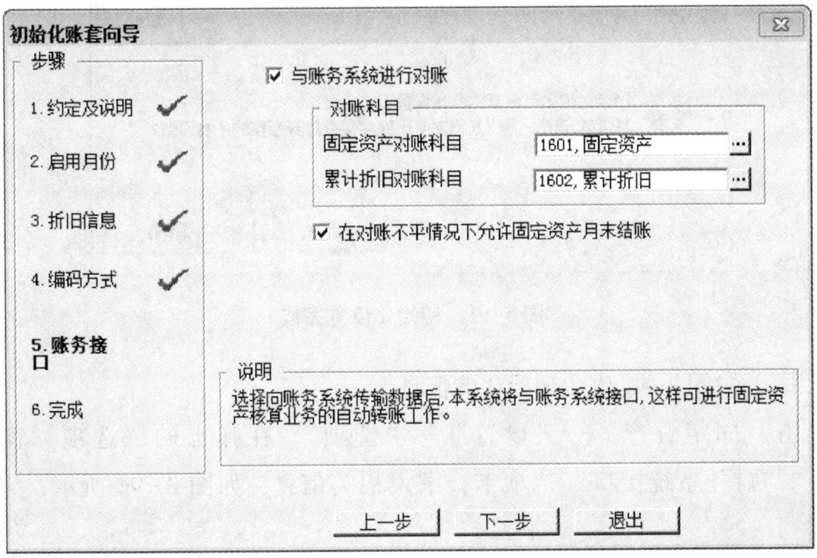

图 3-89　账务接口

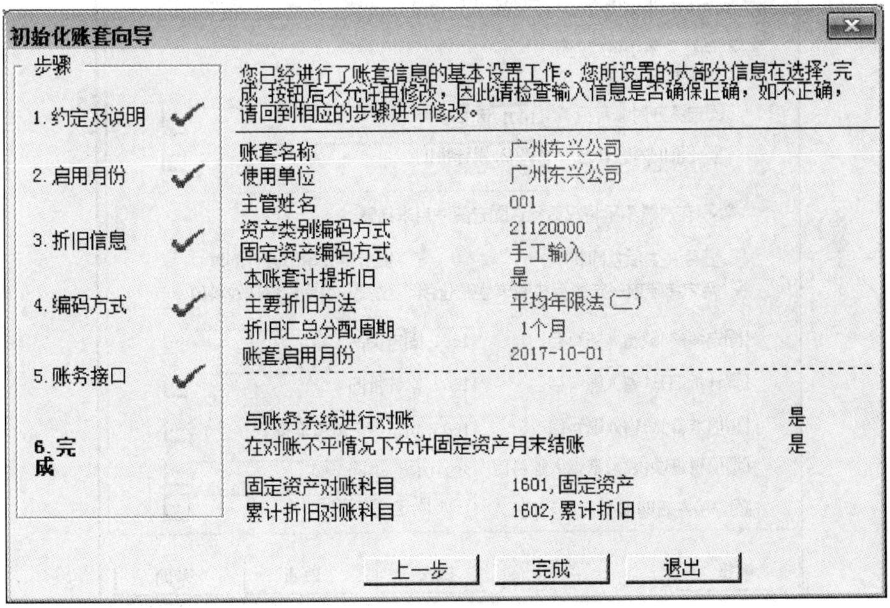

图 3-90　完成

(4) 最后点击“完成”—弹出对话框里的“是(Y)”,如图 3-91 所示。

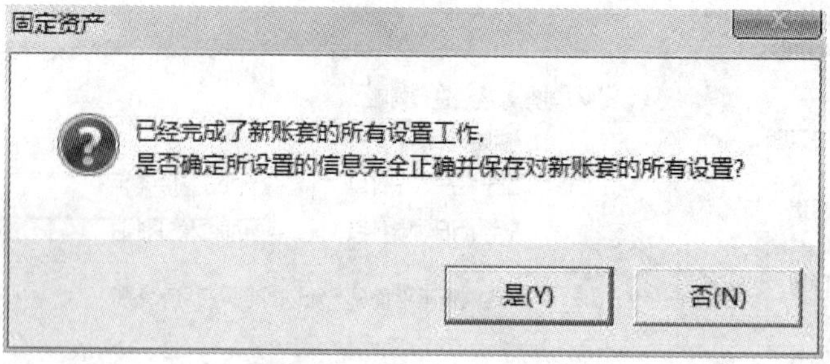

图 3-91　初始化设置完成

（5）之后，系统显示已成功初始化的信息。

（6）单击“固定资产”—“设置”—“选项”，在弹出的“选项”窗口，点击“编辑”—“与财务系统接口”选项卡，录入相关信息，如图 3-92 所示，完成后点击“确定”。

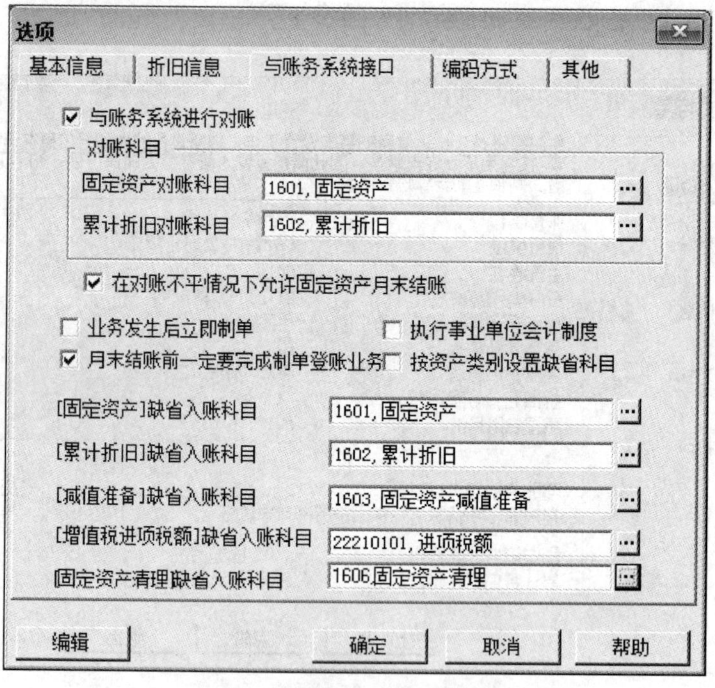

图 3-92　与账务系统接口信息录入

（二）资产类别设置

【操作资料】

资产类别资料见表 3-51。

表 3-51　　资产类别表

类别编码	类别名称
01	共用固定资产
02	销售用固定资产
03	管理用固定资产

【操作提示】

（1）点击“财务会计”—“固定资产”—“设置”—“资产类别”—工具栏的“增加”，录入固定资产类别信息，如图 3-93 所示，完成后点击“保存”。

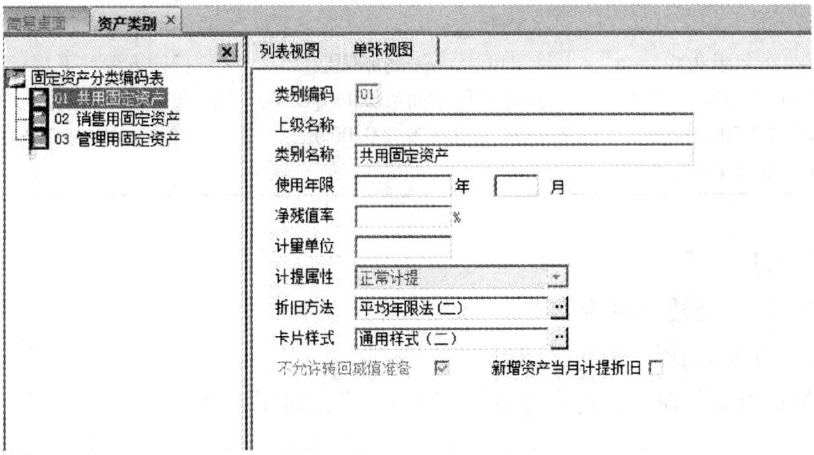

图 3-93　资产类别设置

（2）采用同样方法，录入其他资产类别。

（三）固定资产原始卡片录入及对账

【操作资料】

录入固定资产原始卡片并对账，如表 3-52 所示。

表 3-52　　　　固定资产原始卡片信息表

固定资产 1	固定资产 2	固定资产 3
基本入账信息： 固定资产编号：00001 名称：办公楼 类别：共用固定资产 月折旧率：0.25% 净残值率：4% 使用部门：各部门 使用情况：使用中 入账日期：2012.10.20 增加方式：投资投入 原值：15 000 000.00 元 净残值：600 000.00 元 月折旧：37 500.00 元 已提月份：59 折旧信息： 折旧方法：平均年限法二 预计使用期间数：384（32 年） 累计折旧：2 212 500.00 元 折旧费用在各部门平均分配	基本入账信息： 固定资产编号：00002 名称：小车 类别：销售用固定资产 月折旧率：1% 净残值率：4% 使用部门：销售部 使用情况：使用中 入账日期：2014.07.20 增加方式：直接购入 原值：210 000.00 元 净残值：8 400.00 元 月折旧：2 100.00 元 已提月份：38 折旧信息： 折旧方法：平均年限法二 预计使用期间数：96（8 年） 累计折旧：79 800.00 元	基本入账信息： 固定资产编号：00003 名称：计算机 类别：管理用固定资产 月折旧率：1% 净残值率：4% 使用部门：财务部 使用情况：使用中 入账日期：2015.05.20 增加方式：直接购入 原值：8 000.00 元 净残值：320.00 元 月折旧：80.00 元 已提月份：28 折旧信息： 折旧方法：平均年限法二 预计使用期间数：96（8 年） 累计折旧：2 240.00 元

【操作提示】

（1）录入“办公楼”原始卡片。

①点击“财务会计”—“固定资产”—“卡片”—“录入原始卡片”，在弹出的“固定资产类别档案”窗口，选择“共用固定资产”，如图 3-94 所示。

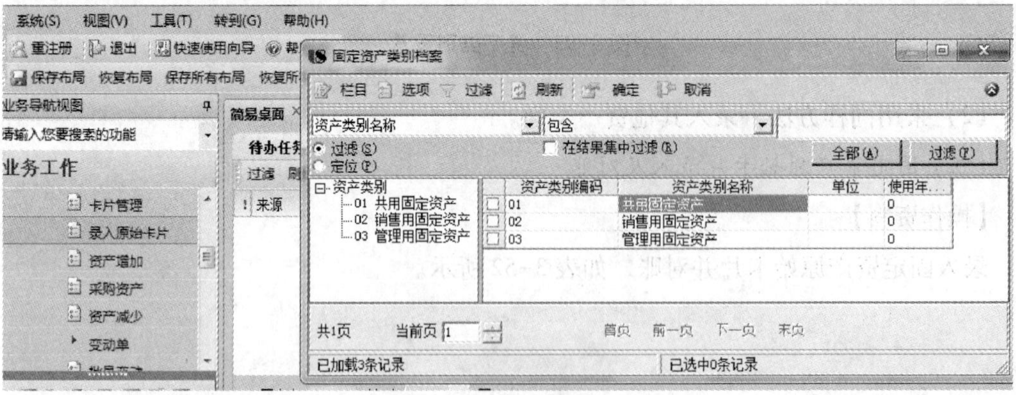

图 3-94　录入固定资产类别档案

②点击工具栏的“确定”，在弹出的“固定资产卡片”窗口里“固定资产编号”“固定资产名称”栏分别输入“00001”“办公楼”，点击“使用部门”栏的“使用部门”按钮—弹出的“固定资产”小窗口里的“多部门使用”，如图 3-95 所示。

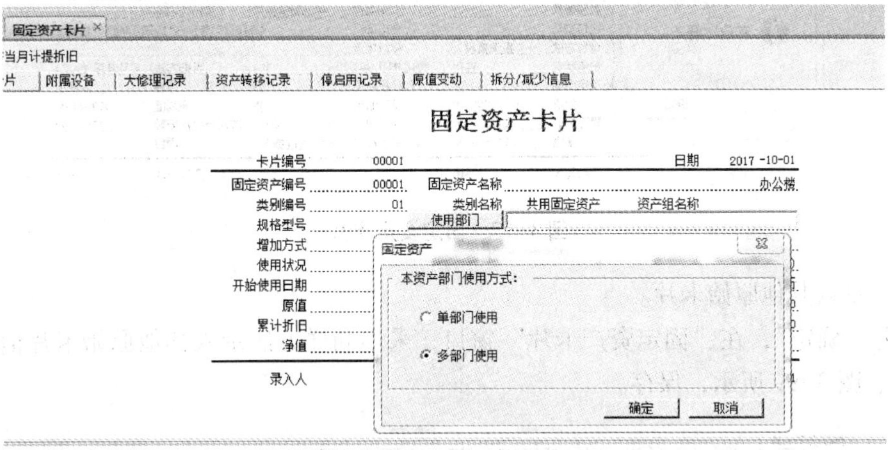

图 3-95　录入固定资产卡片

③点击“确定”，在弹出的“使用部门”窗口，点击“增加”，录入第一行数据，再依次点击“增加”，录入其他 4 行数据，如图 3-96 所示。

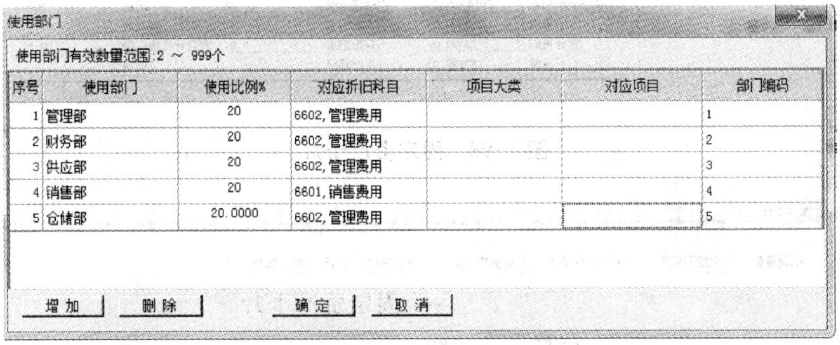
使用部门
使用部门有效数量范围:2 ～ 999个
序号 使用部门 使用比例% 对应折旧科目 项目大类 对应项目 部门编码
1 管理部 20 6602,管理费用 1
2 财务部 20 6602,管理费用 2
3 供应部 20 6602,管理费用 3
4 销售部 20 6601,销售费用 4
5 仓储部 20.0000 6602,管理费用 5
增加
删除
确定
取消

图 3-96　固定资产明细表

④点击“确定”，录入本卡片其他数据后，点击工具栏的“保存”，系统提示：“数据成功保存！”如图 3-97 所示。

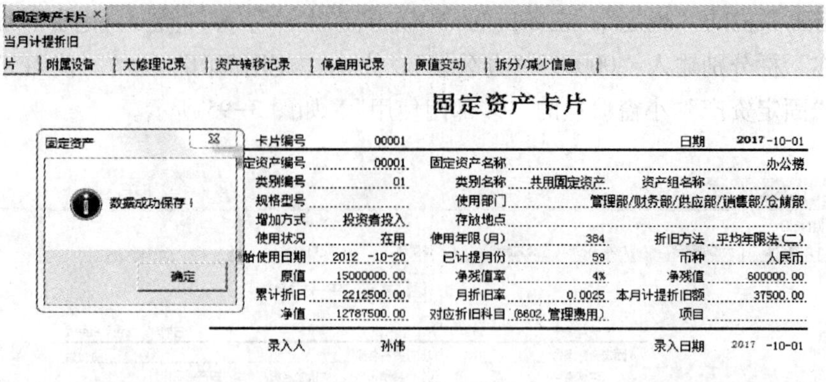

图 3-97　固定资产卡片

（2）录入其他原始卡片。

点击“确定”，在“固定资产卡片”窗口，采用同样方法录入其他原始卡片信息，如图 3-98、图 3-99 所示，保存。

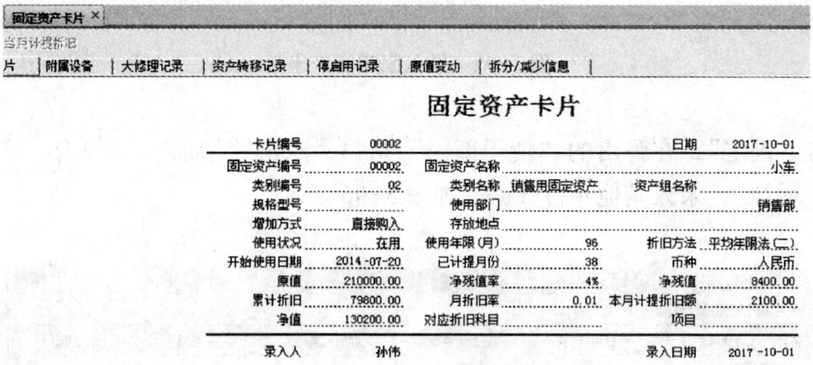

图 3-98　固定资产卡片

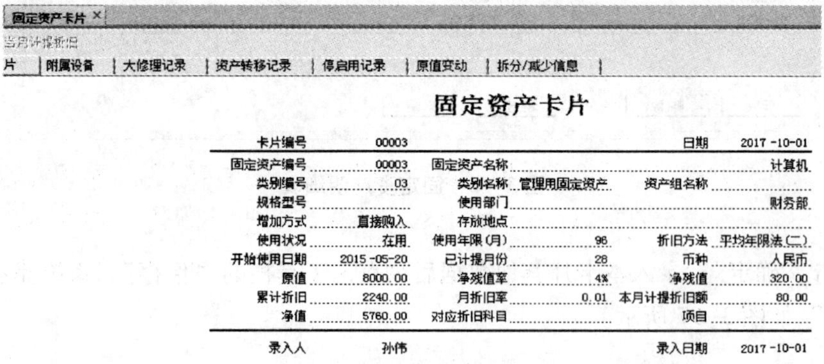

图 3-99　固定资产卡片

任务七　薪资管理系统的初始化设置

一、知识要点

薪资管理系统初始化是为薪资管理系统业务处理工作所做的准备，主要包括建立工资账套和基础信息设置。

（1）建立工资账套。

工资账套与系统管理中的账套是不同的概念，系统管理中的账套是针对整个核算系统的，而工资账套是针对薪资管理子系统的。

①注册工资新账套。

首次使用薪资管理系统时，首先进行账套注册，输入有关信息，例如账套号、账套名称、启用日期。

②选择工资类别。

工资类别有“单个”和“多个”两个选项。当核算单位对所有人员工资实行统一管理，而且人员工资项目、计算公式全部相同时，选择“单个”工资类别。如果核算单位每月发放工资并且不同的员工发放工资项目不同，工资项目计算公式不同，但需要对工资实行统一管理，选择“多个”工资类别。

③扣税设置。

核算单位如果需为职工代扣代缴个人所得税，可以在扣税设置时选中“是否从工资中代扣个人所得税”选项。

④扣零设置。

扣零处理，是指每次发放工资时零头扣下，累积取数，于下次工资发放时补上，系统在计算工资时依据扣零的类型（扣零至元、扣零至角、扣零至分）进行扣零计算。

（2）基础信息设置。

①部门设置。

单位所有人员都应有所属部门，因此设置部门档案是按部门核算人员工资的基础，部门信息是单位的共享数据，可以在系统控制台的基础设置中设置，也可以在各个子系统中设置。如果在薪资管理系统中设置部门信息，必须是在没有打开工资类别的前提下进行。

②人员类别设置。

人员类别是指按某种特定的分类方式将单位职工分成若干类型，不同类型人员的工资水平可能不同，从而有助于实现工资的多级次管理。人员类别的设置还与工资费用的分配、分摊有关。

③人员附加信息设置。

薪资管理系统一般可以兼顾人员档案管理的基本功能。由于各企业管理的要求及精细程度不同，人员档案的具体内容、项目也有所区别，通过人员附加信息设置，可增加人员信息，丰富人员档案的内容，便于对人员进行更加有效的管理。

④银行名称设置。

当企业发放工资采用银行代发形式时，需要设置银行名称及账号长度。

⑤工资项目设置。

工资数据最终由各个工资项目体现。工资项目设置就是定义工资核算所涉及的项目名称、类型、宽度等。薪资管理系统提供了一些固定的工资项目，工资项目设置是工资账中不可缺少的设置内容。

⑥工资项目公式设置。

工资项目公式设置是指对工资核算生成的结果设置计算公式。设置公式可以直接表达工资项目的实际运算过程，灵活地进行工资计算处理。定义公式可通过选择工资项目、运算符、关系符、函数等组合完成。公式输入的方法有三种：第一种方法是在公式定义文本输入框中直接输入公式，第二种方法是录入公式时，在工资项目参照区选择工资项目，则该工资项目可进入公式定义区；第三种方法是针对较复杂的公式，可利用“函数公式向导输入”来输入计算公式。

⑦设置人员档案。

人员档案管理包括登记工资签收人员的姓名、编号、所属部门、人员类别、人员的增减变动等信息，有助于企业实现对各部门员工的高效管理。

二、实例应用

（一）工资账套建立

【操作资料】

建立工资账套，相关参数设置如下：

设置“单个”工资类别，从工资中代扣个人所得税，其余工资账套参数按系统默认设置。

【操作提示】

（1）单击“业务工作”—“人力资源”—“薪资管理”，在弹出的“建立工资套”窗口选择“单个”，如图 3-100 所示。

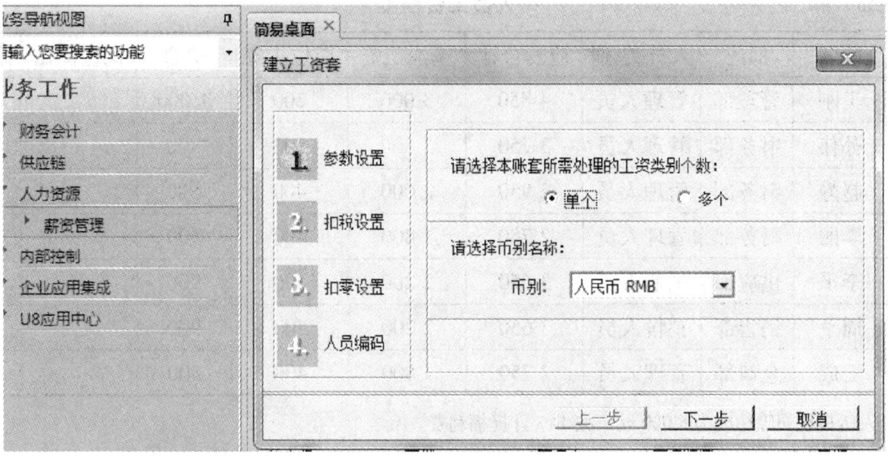

图 3-100 参数设置

（2）点击“下一步”，在“是否从工资中代扣个人所得税”复选框中打“√”，如图 3-101 所示。

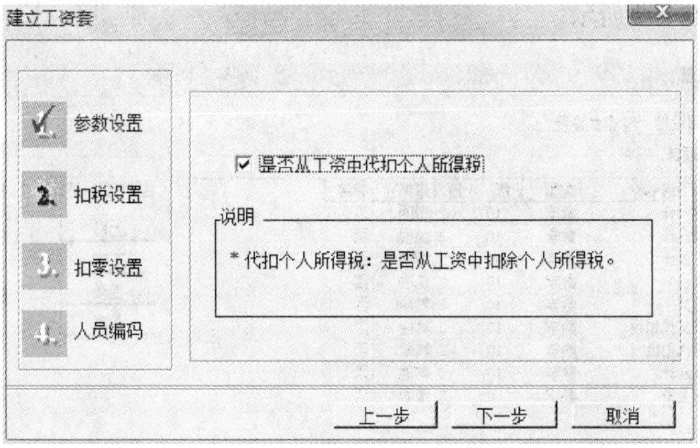

图 3-101 扣税设置

（3）点击“下一步”—“下一步”—“完成”。（其余参数按系统默认设置）

（二）设置工资项目、人员档案，录入工资数据

【操作资料】

按表 3-53 设置工资项目及人员档案，输入工资数据。

表 3-53　　　　人员工资档案

编号	姓名	部门	人员类 别	应发合计	基本工资	岗位工资	奖金	岗位津贴	副食补贴
101	王刚	管理部	管理人员	4 850	3 000	800	1 000		50
201	孙伟	财务部	管理人员	3 750	2 500	500	700		50
202	赵静	财务部	管理人员	2 950	2 000	400	500		50
203	李丽	财务部	管理人员	2 750	1 800	400	500		50
401	李平	供应部	采购人员	3 650	2 200	500	900		50
501	周平	销售部	销售人员	3 650	2 200	500	900		50
601	王成	仓储部	管理人员	2 750	1 800	400	500		50

注：个人所得税扣除标准为 5 000 元，按 14%计提福利费。

【操作提示】

（1）设置工资项目。

①点击“业务工作”—“人力资源”—“薪资管理”—“设置”—“工资项目设置”，在“工资项目设置”窗口，点击“增加”，在“名称参照”栏选择“基本工资”，生成“基本工资”项目记录，本记录行的“长度”“增减项”“停用”等各栏信息按系统默认不变，如图 3-102 所示。

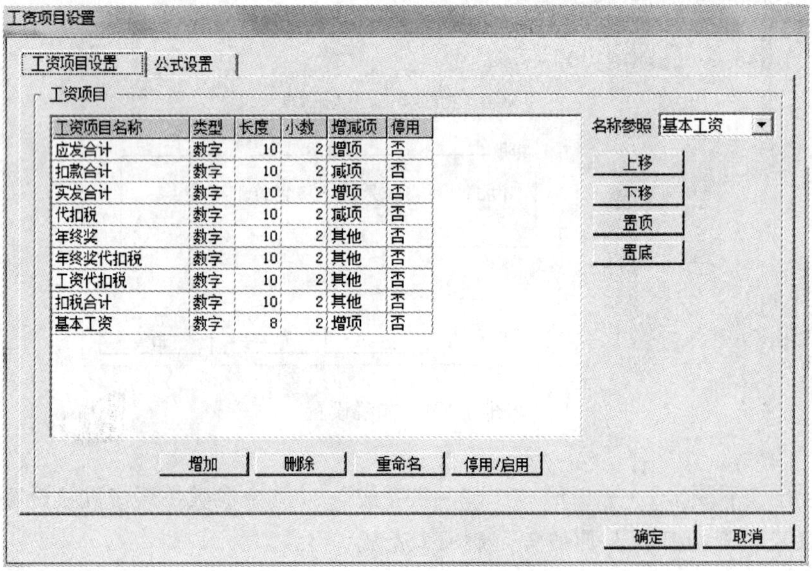

工资项目名称	类型	长度	小数	增减项	停用
应发合计	数字	10	2	增项	否
扣款合计	数字	10	2	减项	否
实发合计	数字	10	2	增项	否
代扣税	数字	10	2	减项	否
年终奖	数字	10	2	其他	否
年终奖代扣税	数字	10	2	其他	否
工资代扣税	数字	10	2	其他	否
扣税合计	数字	10	2	其他	否
基本工资	数字	8	2	增项	否

图 3-102　基本工资设置

②用同样方法增加“岗位工资”“奖金”“岗位津贴”项目，如图 3-103 所示。

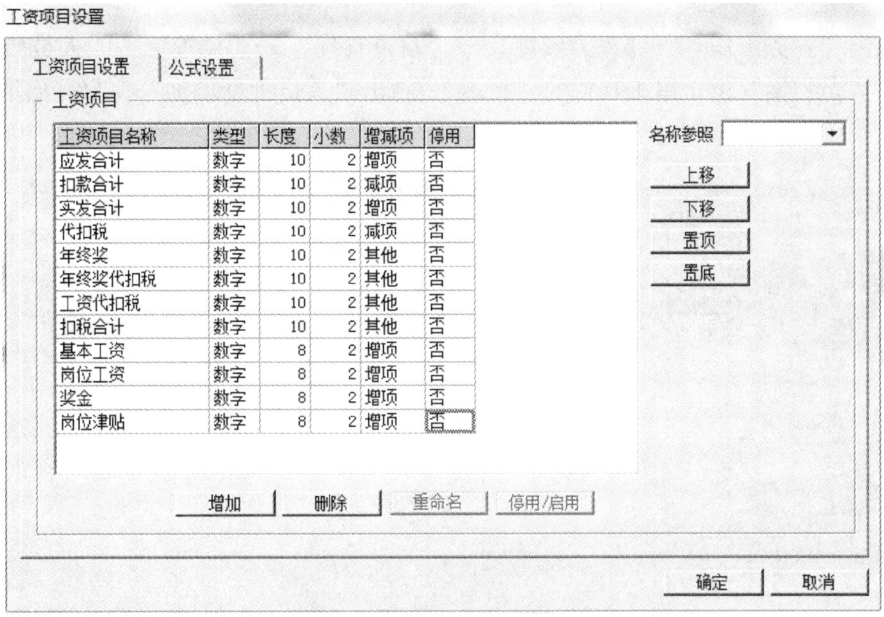

工资项目名称	类型	长度	小数	增减项	停用
应发合计	数字	10	2	增项	否
扣款合计	数字	10	2	减项	否
实发合计	数字	10	2	增项	否
代扣税	数字	10	2	减项	否
年终奖	数字	10	2	其他	否
年终奖代扣税	数字	10	2	其他	否
工资代扣税	数字	10	2	其他	否
扣税合计	数字	10	2	其他	否
基本工资	数字	8	2	增项	否
岗位工资	数字	8	2	增项	否
奖金	数字	8	2	增项	否
岗位津贴	数字	8	2	增项	否

图 3-103　岗位津贴设置

③点击“增加”，在“工资项目名称”栏的新增行中录入“副食补贴”，此记录行的其他各栏信息按系统默认不变，如图 3-104 所示，点击“确定”。

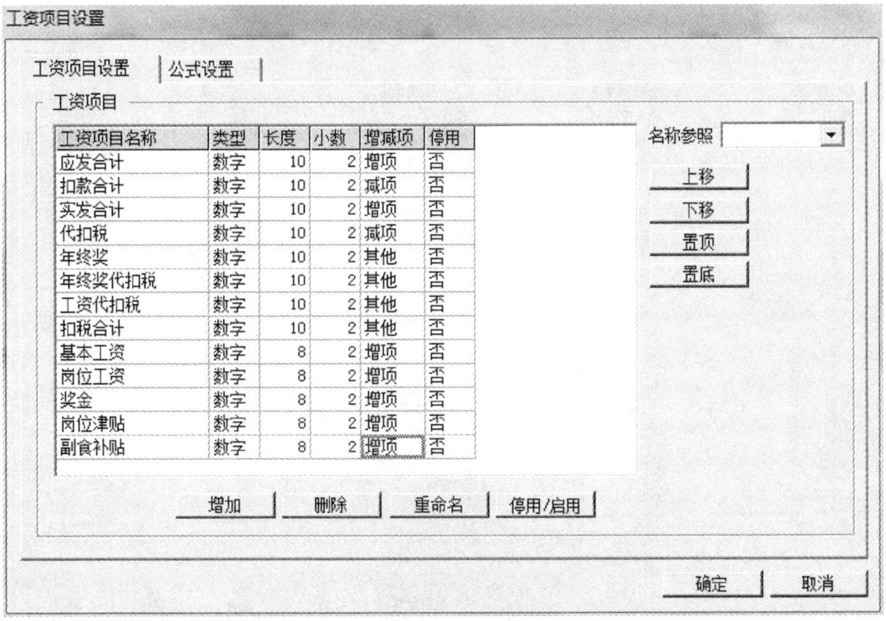

工资项目名称	类型	长度	小数	增减项	停用
应发合计	数字	10	2	增项	否
扣款合计	数字	10	2	减项	否
实发合计	数字	10	2	增项	否
代扣税	数字	10	2	减项	否
年终奖	数字	10	2	其他	否
年终奖代扣税	数字	10	2	其他	否
工资代扣税	数字	10	2	其他	否
扣税合计	数字	10	2	其他	否
基本工资	数字	8	2	增项	否
岗位工资	数字	8	2	增项	否
奖金	数字	8	2	增项	否
岗位津贴	数字	8	2	增项	否
副食补贴	数字	8	2	增项	否

图 3-104　副食补贴设置

（2）设置人员档案。

①点击“业务工作”—“人力资源”—“薪资管理”—“设置”—“人员档案”—弹出的“人员档案”窗口里工具栏的“批增”，弹出“人员批量增加”窗口，如图 3-105 所示。

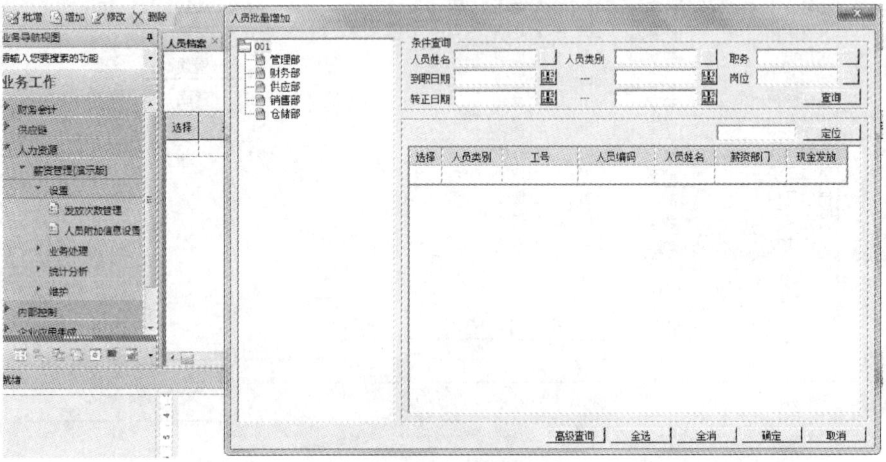

图 3-105　人员档案

②单击“管理部”“财务部”“供应部”“销售部”“仓储部”，再点击“查询”，如图 3-106 所示。

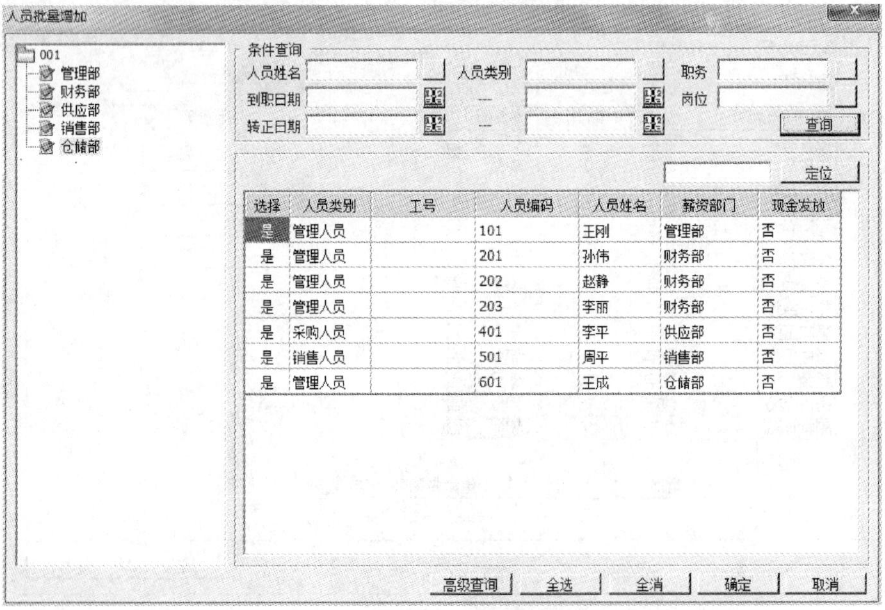

图 3-106　人员批置增加

③点击“确定”按钮，人员档案更新，如图 3-107 所示，关闭本窗口。

人员档案

总人数：7

选择	薪资部门名称	人员编号	人员姓名	人员类别	账号	中方人员	是否计税	工资停发	核算计件工资	现金发放	进入日
	管理部	101	王刚	管理人员		是	是	否	否	否	
	财务部	201	孙伟	管理人员		是	是	否	否	否	
	财务部	202	赵静	管理人员		是	是	否	否	否	
	财务部	203	李丽	管理人员		是	是	否	否	否	
	供应部	401	李平	采购人员		是	是	否	否	否	
	销售部	501	周平	销售人员		是	是	否	否	否	
	仓储部	601	王成	管理人员		是	是	否	否	否	

图 3-107　人员档案明细表

（3）录入工资数据。

①点击“业务工作”—“人力资源”—“薪资管理”—“业务处理”—“工资变动”—弹出的“工资变动”窗口里工具栏的“设置”，弹出“工资项目设置”窗口，如图 3-108 所示。

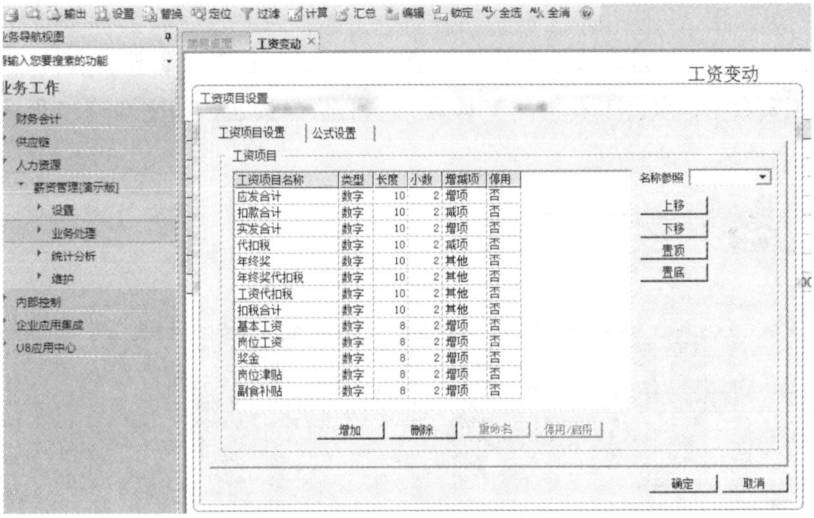

图 3-108　工资项目设置

②排序。依次点击“副食补贴”“置顶”“岗位津贴”“置顶”“奖金”“置顶”“岗位工资”“置顶”“基本工资”“置顶”，点击“代扣税”，再单击“上移”按钮两次，如图 3-109 所示，点击“确定”按钮。

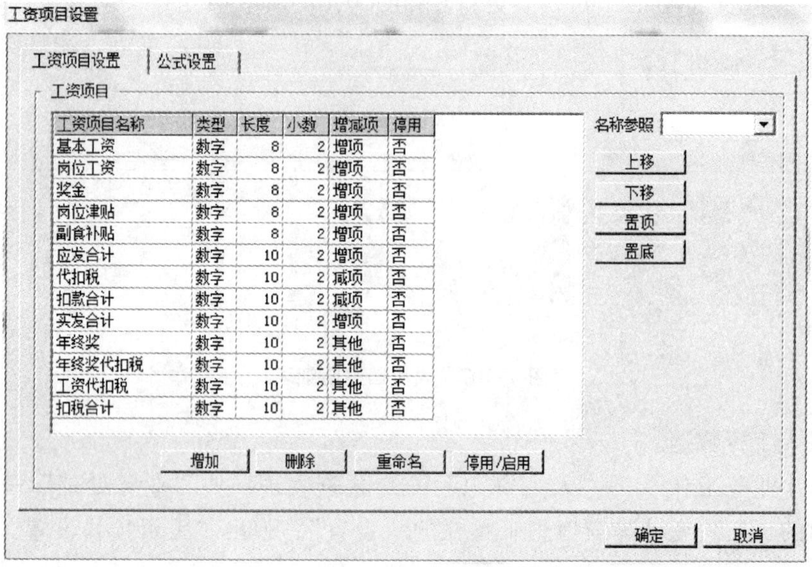

工资项目名称	类型	长度	小数	增减项	停用
基本工资	数字	8	2	增项	否
岗位工资	数字	8	2	增项	否
奖金	数字	8	2	增项	否
岗位津贴	数字	8	2	增项	否
副食补贴	数字	8	2	增项	否
应发合计	数字	10	2	增项	否
代扣税	数字	10	2	减项	否
扣款合计	数字	10	2	减项	否
实发合计	数字	10	2	增项	否
年终奖	数字	10	2	其他	否
年终奖代扣税	数字	10	2	其他	否
工资代扣税	数字	10	2	其他	否
扣税合计	数字	10	2	其他	否

图 3-109　排序

③系统提示："……是否按新的设置计算?"点击"是(Y)"，接着直接在表中点击、录入完所有工资数据，点击工具栏的"计算""汇总"按钮，如图 3-110 所示，关闭本窗口。

选择	人员编号	姓名	部门	人员类别	基本工资	岗位工资	奖金	岗位津贴	副食补贴	应发合计	代扣税	扣款合计	实发合计
	101	王刚	管理部	管理人员	3,000.00	800.00	1,000.00		50.00	4,850.00	40.50	40.50	4,809.50
	201	孙伟	财务部	管理人员	2,500.00	500.00	700.00		50.00	3,750.00	7.50	7.50	3,742.50
	202	赵静	财务部	管理人员	2,000.00	400.00	500.00		50.00	2,950.00			2,950.00
	203	李丽	财务部	管理人员	1,800.00	400.00	500.00		50.00	2,750.00			2,750.00
	401	李平	供应部	采购人员	2,200.00	500.00	900.00		50.00	3,650.00	4.50	4.50	3,645.50
	501	周平	销售部	销售人员	2,200.00	500.00	900.00		50.00	3,650.00	4.50	4.50	3,645.50
	601	王成	仓储部	管理人员	1,800.00	400.00	500.00		50.00	2,750.00			2,750.00
合计					15,500.00	3,500.00	5,000.00	0.00	350.00	24,350.00	57.00	57.00	24,293.00

图 3-110　工资明细表

（三）设置公式

【操作资料】

增设"计划年终奖"工资项目，其具有"其他"属性，属于假设性预算项目，与"应发合计""实发合计"无关，请设置以下公式：

计划年终奖=iff（部门=“管理部”or 部门=“财务部”，2 000，1 000）

【操作提示】

（1）点击“业务工作”—“人力资源”—“薪资管理”—“设置”—“工资项目设置”，在弹出的“工资项目设置”窗口，点击“增加”，在“工资项目名称”栏的新增行中录入“计划年终奖”，在此记录行的“类型”“长度”“小数”“增减项”“停用”栏分别选择“数字”“8”“2”“其他”“否”，如图 3-111 所示。

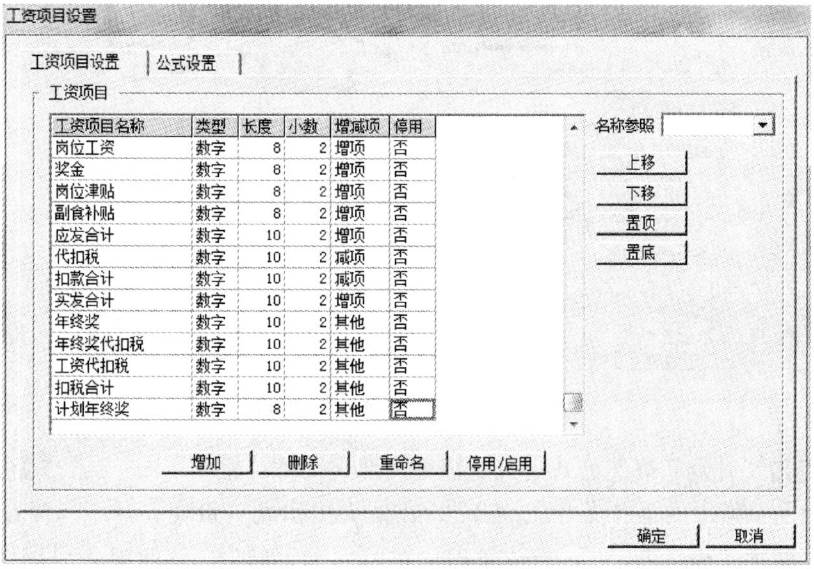

图 3-111　增加计划年终奖

（2）点击“工资项目设置”窗口里“公式设置”选项卡，如图 3-112 所示。

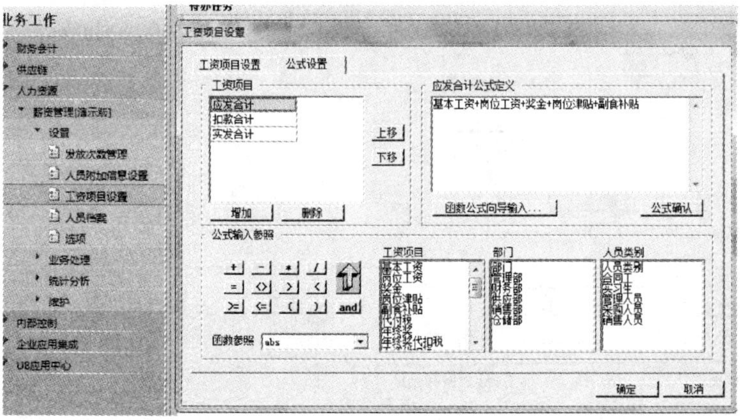

图 3-112　工资项目公式设置

（3）点击“增加”，在增加的空白框中选择“计划年终奖”，如图 3-113 所示。

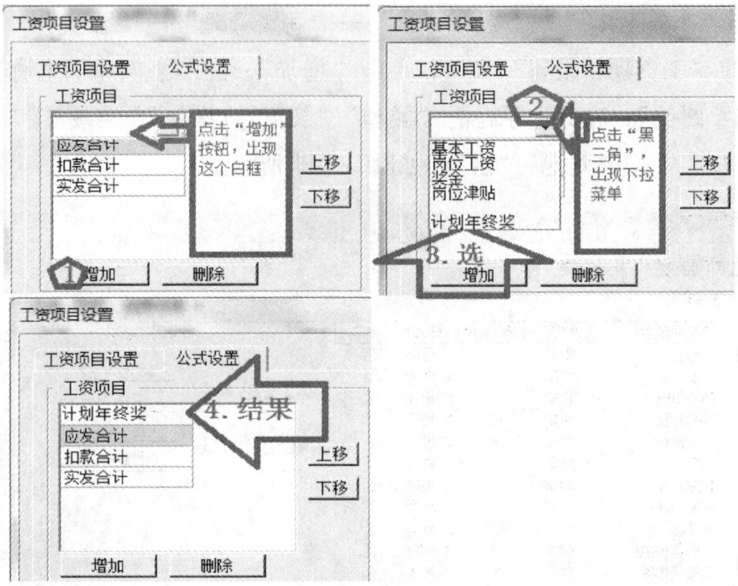

图 3-113　计划年终奖公式设置

（4）点击“计划年终奖公式定义”白框内部（简称“框 1”），点击“函数参照”栏右边的“▾”—弹出的下拉菜单的“iff”，在框 1 中出现“iff（ ,,）”，接着通过点击，录入所有数据到“iff（ ,,）”的括号内，点击“公式确认”，如图 3-114 所示，点击“确定”按钮。

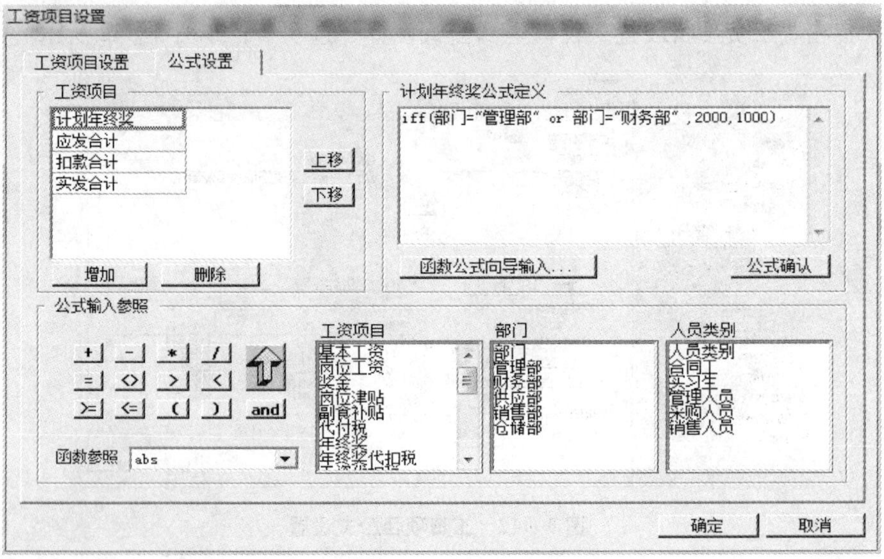

图 3-114　计划年终奖公式定义

任务八　供应链系统的初始化设置

一、知识要点

供应链系统由采购、销售、库存、存货核算系统组成。供应链系统初始化涉及各子系统的操作如表 3-54 所示：

表 3-54　　供应链子系统的初始化操作一览表

子系统	操作	内　　容	说　　明
采购管理	录入	期初采购入库单、期初采购发票	期初采购入库单是指上月货到票未到，而暂估入库记账的入库单；期初采购发票是指上月货未到票到入账的采购专用发票或采购普通发票
	设置	单据编号方式等	设置单据编号方式为手工操作，更利于后续工作
	期初记账	采购期初数据	没有期初数据也要执行期初记账，否则不能开始日常业务
销售管理	录入并审核	期初发货单	已发货、出库，但未开票
		期初委托代销发货单	已发货未结算的数量
		期初分期收款发货单	已发货未结算的数量
	设置	单据编号方式等	
库存	录入（取数）、审核	期初库存（存货）余额	库存和存货核算系统共用期初数据，审核等同记账，以下同
		期初不合格品	未处理的不合格品结存量
存货核算	录入（取数）、记账	期初存货余额 期初分期收款余额 期初发出商品余额	

二、实例应用

（一）采购系统的初始化设置

【操作资料】

（1）设置采购专用发票、采购普通发票编号方式为完全手工输入。

（2）录入期初采购入库单（见表 3-55）。

表 3-55

日期	供应商	品名	数量(个)	本币单价(不含税)	金额	仓库
9 月 20 日	南方钢厂	16G 闪迪 U 盘	100	20	2 000	成品仓

(3）执行采购期初记账。

【操作提示】

(1）单据编号设置。

①在企业应用平台，点击“基础设置”—“单据设置”—“单据编号设置”，系统显示“单据编号设置”窗口，如图 3-115 所示。

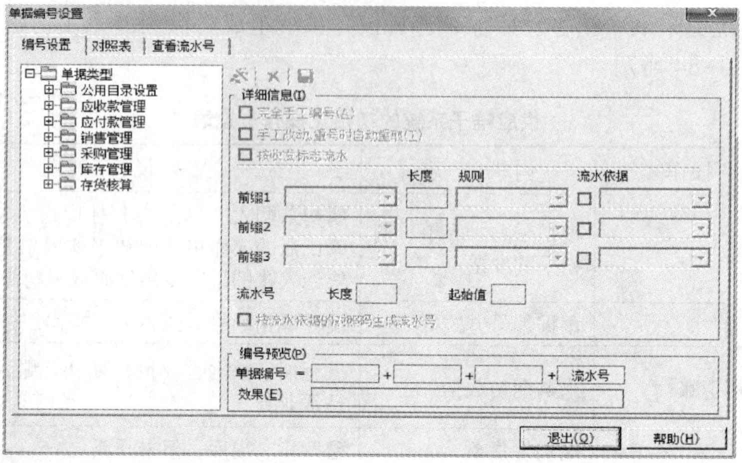

图 3-115　单据编号设置

②在“单据类型”子菜单中点击“采购管理”—“采购专用发票”，点击“ ”修改按钮，勾选“完全手工编号”，点击“保存”按钮，如图 3-116 所示。

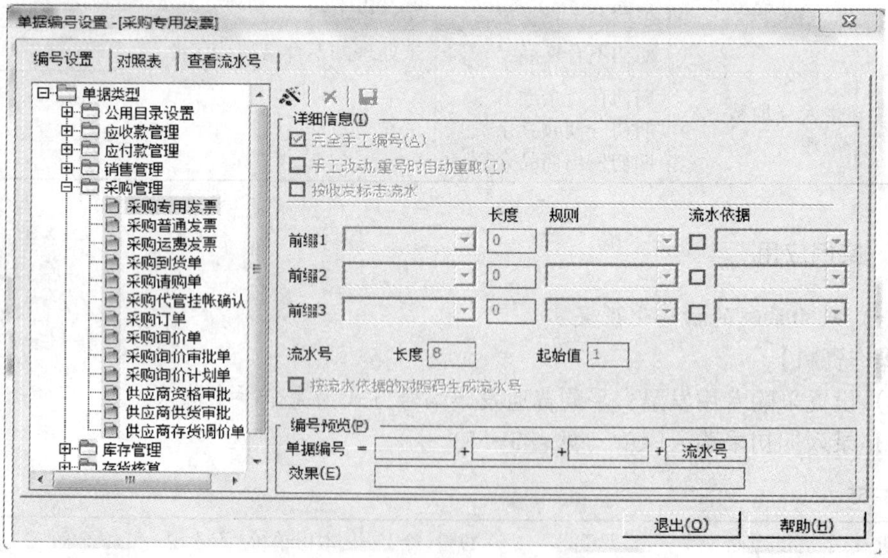

图 3-116　单据编号设置修改

③同理选择“采购普通发票”，并设置“完全手工编号”。

（2）录入期初采购入库单。

点击“业务工作”—“供应链”—“采购管理”—“采购入库”—“采购入库单”—工具栏的“增加”，在“期初采购入库单”窗口录入相关信息，点击“保存”，如图 3-117 所示，关闭本窗口。

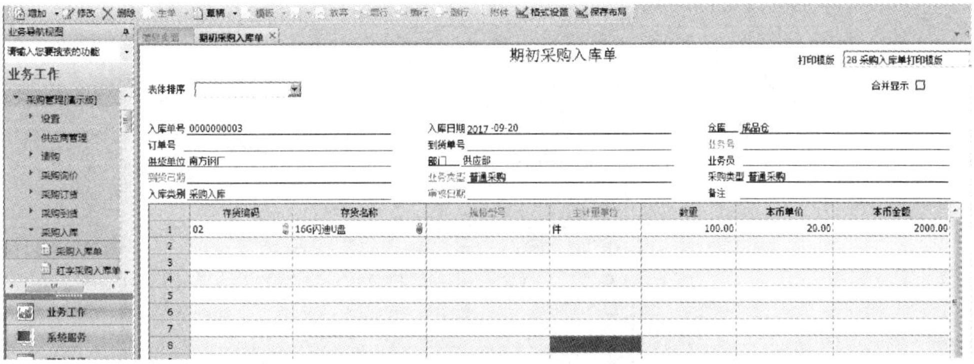

图 3-117　录入期初采购入库单

（3）执行采购期初记账。

点击“业务工作”—“供应链”—“采购管理”—“设置”—“采购期初记账”—弹出的“期初记账”窗口里“记账”按钮，系统提示：“期初记账完毕！”，如图 3-118 所示，点击“确定”按钮。

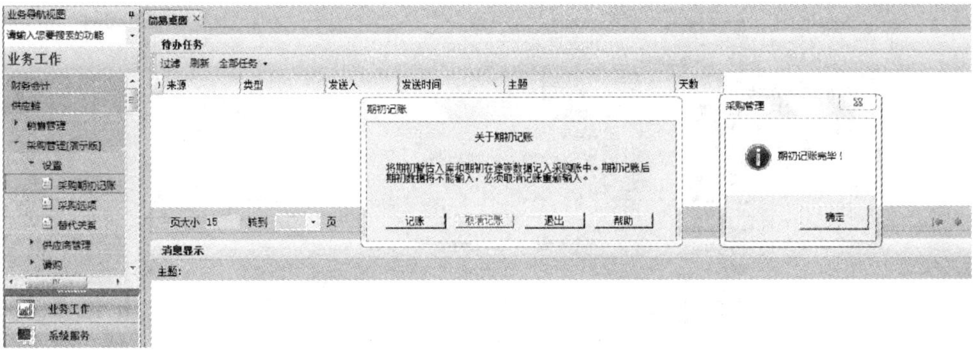

图 3-118　执行采购期初记账

（二）销售系统的初始化设置

【操作资料】

（1）设置销售专用发票、销售普通发票编号方式为完全手工输入。

（2）其他选项默认。

【操作提示】

（1）单据编号设置。

①在企业业务平台，点击“基础设置”—“单据设置”—“单据编号设置”，系统显示“单据编号设置”窗口，如图 3-119 所示。

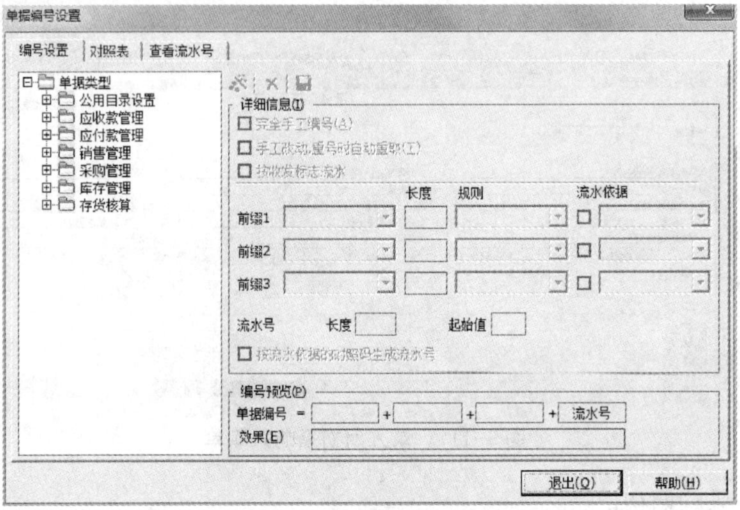

图 3-119　单据编号设置

②在单据类型中点击“销售管理”—“销售专用发票”，点击“✎”修改按钮，勾选“完全手工编号”，点击“保存”按钮，如图 3-120 所示。

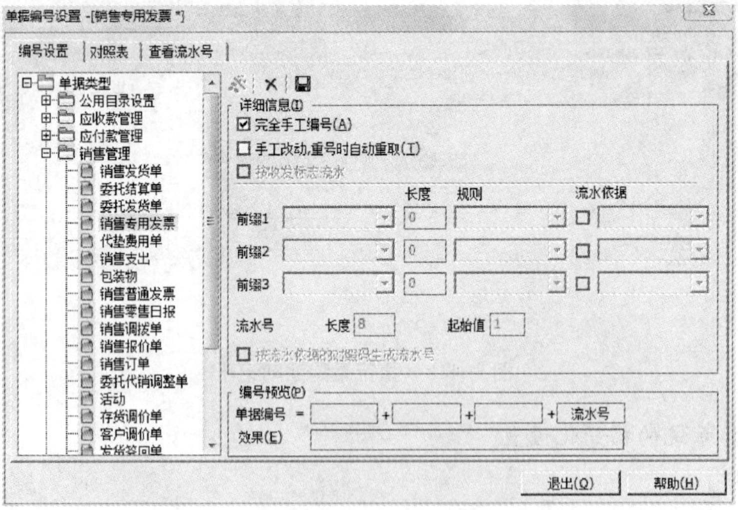

图 3-120　单据编号设置修改

③同理选择“销售普通发票”，并设置“完全手工编号”。

（三）库存系统的初始化设置

【操作资料】

录入期初结存并审核，如表 3-56 所示。

表 3-56　　　　存货期初余额

科目代码	科目名称	辅助账类型	方向	期初余额
1405	库存商品		借	1 560 000. 00
140501	8G 闪迪 U 盘			425 000. 00
		个		42 500
140502	16G 闪迪 U 盘			1 135 000. 00
		个		56 750

【操作提示】

点击“业务工作”—“供应链”—“库存管理”—“初始设置”—“期初结存”，在弹出的“库存期初数据录入”窗口的“仓库”栏选择“成品仓”，点击工具栏的“修改”后，输入期初数，点击“保存”“批审”，系统提示：“批量审核完成”，如图 3-121 所示，点击“确定”，关闭本窗口。

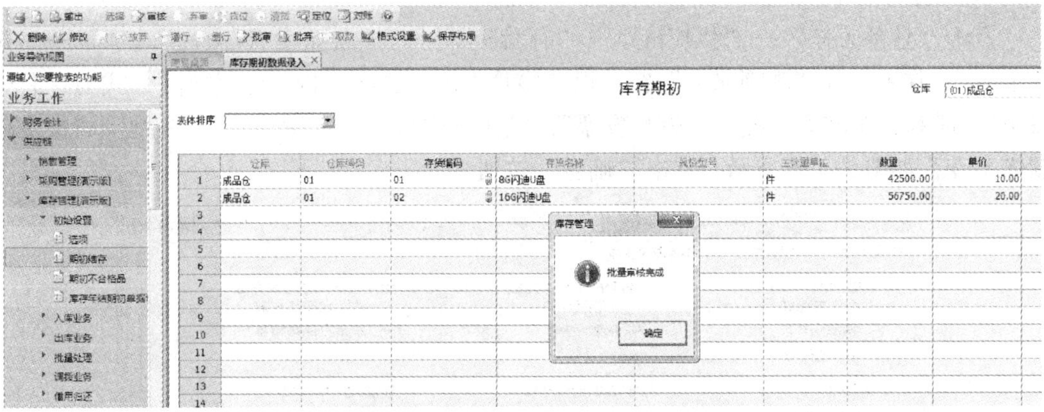

图 3-121　库存期初数据录入

（四）存货核算系统的初始化设置

【操作资料】

（1）选项设置。

①暂估方式为月初回冲。

②销售成本核算方式为销售发票。

③核算方式为按仓库核算。

④其他选项设置默认。

（2）存货科目设置，如图 3-122 所示：

存货科目

仓库编码	仓库名称	存货分类编码	存货分类名称	存货编码	存货名称	存货科目编码	存货科目名称	差异科目编码	差异科
01	成品仓			01	8G闪迪U盘	140501	8G闪迪U盘		
01	成品仓			02	16G闪迪U盘	140502	16G闪迪U盘		

图 3-122　存货科目

（3）设置期初余额并记账，数据与库存系统期初结存数相符。

期初数见表 3-57。

表 3-57　　　　　　　　　　存货期初余额

科目代码	科目名称	辅助账类型	方向	期初余额
1405	库存商品		借	1 560 000.00
140501	8G 闪迪 U 盘			425 000.00
		个		42 500
140502	16G 闪迪 U 盘			1 135 000.00
		个		56 750

【操作提示】

（1）选项设置。

点击“业务工作”—“供应链”—“存货核算”—“初始设置”—“选项”—“选项录入”，在弹出的“选项录入”窗口里“核算方式”选项卡内，选择暂估方式为“月初回冲”，销售成本核算方式为“销售发票”，核算方式为“按仓库核算”，其他项目按默认设置不变，如图 3-123 所示，点击“确定”按钮。

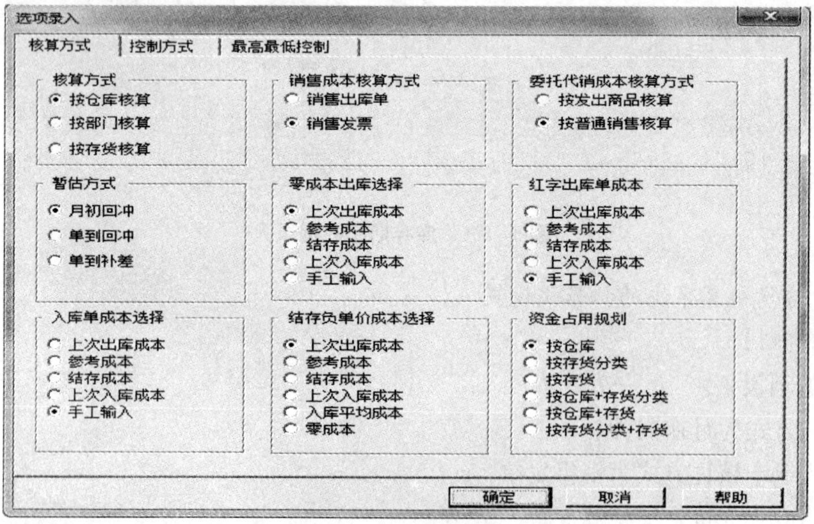

图 3-123　选项录入

（2）存货科目设置。

点击“业务工作”—“供应链”—“存货核算”—“初始设置”—“科目设置”—“存货科目”，在弹出的“存货科目”窗口，点击工具栏的“增加”，输入相关信息，如图 3-124 所示，点击“保存”“退出”按钮。

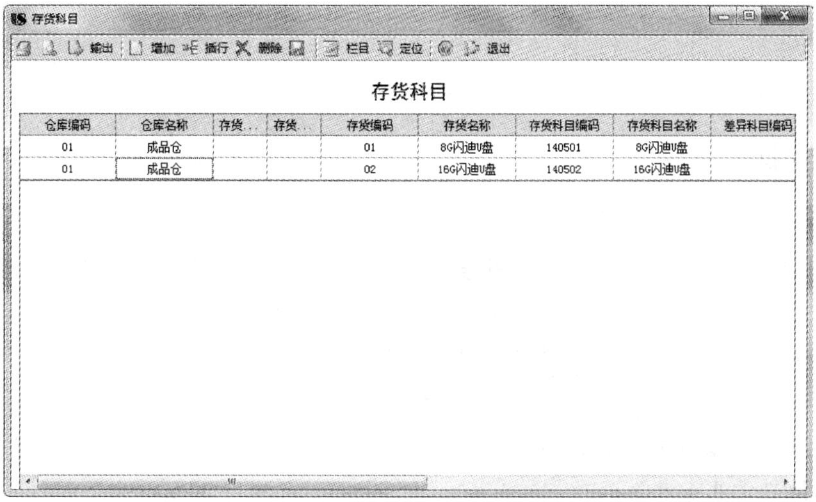

图 3-124　存货科目设置

（3）期初余额设置及记账。

点击“业务工作”—“供应链”—“存货核算”—“初始设置”—“期初数据”—“期初余额”，在弹出的“期初余额”窗口，将仓库选为“成品仓”，点击工具栏的“取数”按钮，本系统从库存管理系统取数完成后，点击“记账”，系统提示：“期初记账成功！”如图 3-125 所示，点击“确定”，并退出本窗口。

图 3-125　期初余额设置及记账

项目四　日常业务处理

能力目标

（1）能利用软件相应财务和供应链模块功能完成供、销、存业务的日常处理。

（2）能够利用相应软件模块进行工资系统设置，录入、编辑、处理工资数据。

（3）能够利用相应软件模块进行固定资产系统设置，处理固定资产转移、增减及折旧计提业务。

（4）能够利用软件的应收应付管理模块对应收、付单，收、付款单进行填制、审核、核销，对其他日常业务熟练处理。

知识目标

（1）了解 U8V10.1 ERP 软件业财一体化处理的程序与方法，了解计算机处理财务和供应链业务的一般原理，掌握凭证处理与账簿输出中各项参数的意义与设置方法。

（2）了解软件对工资数据及扣税的管理原理、程序，掌握工资项目设置与运算公式设置的规则与方法，掌握工资费用结转的方法，学会设置、生成工资费用结转的记账凭证。

（3）明确固定资产卡片的管理，掌握固定资产卡片的建立、变动资料录入、折旧方法的设置和折旧计提以及相关记账凭证的生成规则。

（4）了解应收、应付款管理子系统的主要功能及业务处理流程；掌握应收、应付款管理子系统日常业务处理的操作方法。

（5）了解供应链模块的主要功能及业务处理流程；掌握供应链模块日常业务处理的操作方法。

日常业务实训资料总览

一、总账业务

10 月份发生如下经济业务。

（1）1 日，取备用金 8 000 元（现支 0001）。摘要为：提取现金。

借：库存现金　　8 000

　贷：银行存款　　8 000

（2）1 日，销售部周平、管理部王刚各借款 5 000 元出差，财务开出现金支票（现支 0002、0003）。摘要为：出差借款。

借：其他应收款——周平　　5 000

　　　　　　——王刚　　5 000

　贷：银行存款——工行存款　　5 000

　　　　　　——工行存款　　5 000

（3）2 日，开银行汇票 120 000 元准备到上海采购材料（银行汇票，票号：0001）。摘要为：开具银行汇票。

借：其他货币资金——银行汇票　　120 000

　贷：银行存款——工行存款　　120 000

（4）20 日，报销管理费用，其中办公费 10 000 元，招待费 10 000 元，其他费用 1 000 元（结算方式：201，票号：0005）。摘要为：报销办公费等。

借：管理费用　　21 000

　贷：银行存款——工行存款　　21 000

（5）20 日，支付短期借款利息：利息费用 20 000 元（结算方式：202，票号：0003）。摘要为：支付利息。

借：财务费用　　20 000

　贷：银行存款——工行存款　　20 000

（6）26 日，销售部报销售费用：办公费 5 000 元，其他费用 5 000 元（结算方式：202，票号：0007）。摘要为：报销办公费等。

借：销售费用　　10 000

　贷：银行存款——工行存款　　10 000

二、固定资产业务

（1）修改固定资产编码方式：自动编号（部门编号+序号，序号长度为 4 位），业务发生后立即制单。

（2）30 日，企业接受“大型信息化设备”作为投资，原价为 1 500 000 元，使用期限 8 年，净残值率为 4%，月折旧率为 1%，由各部门共同使用，使用比例平均分配，采用平均年限法计提折旧。折旧方法：平均年限法（二）。摘要为：投资设备入股。

借：固定资产　　1 500 000

　贷：实收资本　　1 500 000

（3）30 日，购入一辆小车，由管理部门使用，支付价款 210 000 元（取得普通发票），使用期限 8 年，净残值率为 4%，月折旧率为 1%，折旧方法：平均年限法（二），款项已支付。摘要为：购入小车一辆（结算方式：202，票号：0003）。

借：固定资产　　210 000

　贷：银行存款——工行存款　　210 000

（4）31 日，计提本期折旧。摘要为：计提第［10］期间折旧。

借：管理费用　　30 080

　　销售费用　　9 600

　贷：累计折旧　　39 680

三、工资业务

人员档案及工资业务见表 4-1。

表 4-1　　**人员档案及工资**

编号	姓名	部门	人员类 别	应发合计	基本工资	岗位工资	奖金	岗位津贴	副食补贴
101	王刚	管理部	管理人员	4 850	3 000	800	1 000		50
201	孙伟	财务部	管理人员	3 750	2 500	500	700		50
202	赵静	财务部	管理人员	2 950	2 000	400	500		50
203	李丽	财务部	管理人员	2 750	1 800	400	500		50
401	李平	供应部	采购人员	3 650	2 200	500	900		50
501	周平	销售部	销售人员	3 650	2 200	500	900		50
601	王成	仓储部	管理人员	2 750	1 800	400	500		50
合计				24 350	15 500	3 500	5 000		350

注：1. 个人所得税扣除标准为 5 000 元，按 14%计提福利费。

2. 部门设置必须把所有明细部门都选定。

3. 设置由中国工商银行发放工资。

31 日计提工资，摘要为：计提工资。

借：管理费用　　20 700

销售费用　　3 650
　贷：应付职工薪酬　　24 350

31 日计提福利费，摘要为：计提福利费。

分录：略

四、应收应付业务

（1）10 月 1 日预收南方友联公司货款 20 000 元，转账支票结算，票号：0010，转账处理。摘要为：预收货款。

借：银行存款　　20 000
　贷：预收账款——南方友联　　20 000

接着，预收冲应收，摘要为：预收冲应收。

借：预收账款——南方友联　　20 000
　贷：应收账款——南方友联　　20 000

（2）10 月 1 日预付南方钢厂 500 000 元货款，转账支票结算，票号：0008，转账处理。摘要为：预付货款。

借：预付账款——南钢　　500 000
　贷：银行存款——工行存款　　500 000

接着，预付冲应付，摘要为：预付冲应付。

借：应付账款——南钢　　500 000
　贷：预付账款——南钢　　500 000

五、采购业务

（一）普通采购业务

（1）1 日，向南方钢厂咨询，16G 闪迪 U 盘价格为 20 元/个（不含税，下同），评估后认为价格合理，提出请购数量为 1 000 个，业务员据此填制请购单，需求日期为 10 月 5 日。

（2）1 日，上级同意订购 1 000 个 16G 闪迪 U 盘，单价为 20 元/个，要求到货日期为 10 月 5 日。

（3）5 日，收到所订购的 16G 闪迪 U 盘 1 000 个，填制到货单。

（4）5 日，将收到货物验收入成品仓，填制采购入库单。

（5）5 日，收到采购专用发票，票号为 20361，业务部门将发票送交财务部门。

（二）采购运费业务

6 日，向北方旭日公司采购 8G 闪迪 U 盘 2 000 个，单价为 10 元/个，验收入库，同时收到专用发票一张，票号为 20362，另外，在采购过程中发生一笔运输费 200 元（不含

税)，税率为11%，收到相应运费增值税专用发票，票号为0001。(两张发票合并制单)

(三) 现付业务

8日，向北方旭日公司采购200个8G闪迪U盘，单价9元，验收入库，同时，收到专用发票一张，票号为20363，立即以转账支票ZZ101支付货款。

(四) 暂估入库报销处理

8日，收到南方钢厂上月已验收入库100个16G闪迪U盘专用发票一张，票号为20364，单价为20元，进行暂估报销。

(五) 暂估入库业务

30日，收到南方钢厂提供16G闪迪U盘500个入库，由于到月底发票仍未收到，确定暂估成本20元/个，进行暂估处理。

六、销售业务

(一) 普通销售业务

(1) 15日，南方友联公司欲购买8G闪迪U盘6 000个，前来询价，报价为30元/个(报价及售价都不含税)，填制报价单。

(2) 客户了解情况后，要求订购6 000个，发货日期为10月16日。

(3) 16日，发货，并开具销售专用发票，票号为XS001。

(4) 业务部门将销售专用发票交予财务部门。

(5) 17日，财务部收到南方友联公司转账支票一张，金额210 600元，票号为ZZ201。

(二) 现收业务

17日，向北京迅达公司出售8G闪迪U盘1 000个，售价为30元/个，货物发出，同时开具销售专用发票，票号为XS002，同时收到客户以转账支票支付的全部货款，支票号为ZZ202。

(三) 销售退货业务

(1) 17日，向南方友联公司销售8G闪迪U盘3 000个，单价30元，货物发出。

(2) 18日，因质量问题，南方友联公司退货30个，单价30元。当天退货30个已收回入库。

(3) 18日，开具相应的专用发票，票号为XS003，数量为2 970个。

(四) 计提坏账准备

10月31日，计提坏账准备。摘要为：计提坏账准备。

任务一　总账系统的日常业务处理

一、知识要点

总账管理是财务系统中最核心的模块，企业所有的核算最终在总账中体现。该模块既可以独立运行，也可以与其他产品模块协同运行，其主要功能如图 4-1 所示。

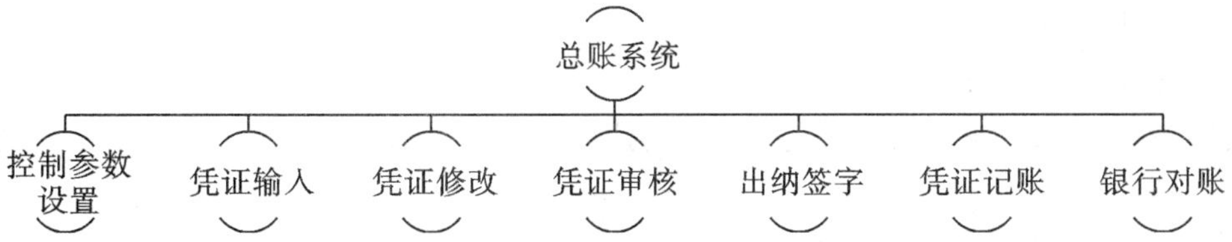

图 4-1

总账处理主要是围绕记账凭证进行的，会计凭证是登记账簿的依据，会计凭证处理的及时性和正确性是总账处理的基础。在实行计算机处理总账后，电子账簿的准确与完整完全依赖于凭证，因此必须保证凭证输入的准确。会计凭证处理的主要功能有会计凭证的录入、修改、审核、出纳签字、记账、查询和汇总等。

在进行凭证处理之前，还须根据企业业务特点进行选项的个性化配置，如制单控制、赤字控制、受控科目控制、权限控制等。

出纳管理也是用友 U8 总账系统的一个重要的子模块，其主要功能包括查询和打印现金日记账、银行存款日记账和资金日报表；登记和管理支票登记簿；输入银行对账单，进行银行对账，输出余额调节表等。

二、实例应用

【操作资料】

总账日常业务

10 月份发生如下经济业务。

（1）1 日，取备用金 8 000 元（现支 0001）。摘要为：提取现金。

借：库存现金　　8 000

　贷：银行存款　　8 000

（2）1 日，销售部周平、管理部王刚各借款 5 000 元出差，财务开出现金支票（现支 0002、0003）。摘要为：出差借款。

　借：其他应收款——周平　　5 000

　　　　　　　　——王刚　　5 000

贷：银行存款——工行存款 5 000

——工行存款 5 000

（3）2 日，开银行汇票 120 000 元准备到上海采购材料（银行汇票，票号：0001）。摘要为：开具银行汇票。

借：其他货币资金——银行汇票 120 000

贷：银行存款——工行存款 120 000

（4）20 日，报销管理费用，其中办公费 10 000 元，招待费 10 000 元，其他费用 1 000 元（结算方式：201，票号：0005）。摘要为：报销办公费等。

借：管理费用 21 000

贷：银行存款——工行存款 21 000

（5）20 日，支付短期借款利息：利息费用 20 000 元（结算方式：202，票号：0003）。摘要为：支付利息。

借：财务费用 20 000

贷：银行存款——工行存款 20 000

（6）26 日，销售部报销售费用：办公费 5 000 元，其他费用 5 000 元（结算方式：202，票号：0007）。摘要为：报销办公费等。

借：销售费用 10 000

贷：银行存款——工行存款 10 000

【操作提示】

（1）提取现金。

①以“001”身份登录，进入企业应用平台，如图 4-2 所示。

图 4-2 登录系统

②依次点击“业务工作”—“财务会计”—“总账”—“凭证”—“填制凭证”，打开“填制凭证”界面，如图 4-3 所示。

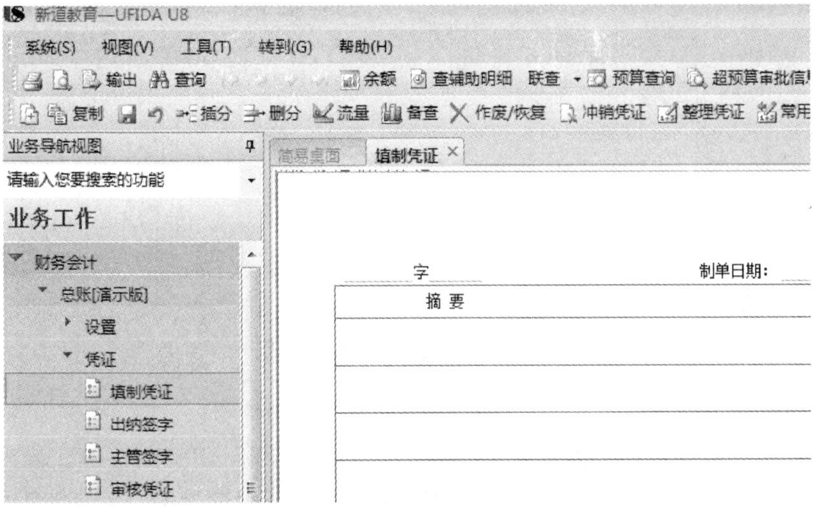

图 4-3　打开填制凭证界面

③在“填制凭证”界面，点击“增加”，填写制单日期：2017. 10. 01，输入摘要：提取现金，在“科目名称”栏中选择“1001 库存现金”，在键盘按“回车键”，输入借方金额 8 000 元。连续按“回车键”，接着在“科目名称”下选择“100201 工行存款”，按“回车键”，屏幕弹出“结算方式”辅助窗口，根据资料分别选择：结算方式、票号、日期，然后点击“确定”。按“回车键”，输入贷方金额 8 000 元。点击“保存”，如图 4-4、图 4-5 所示。

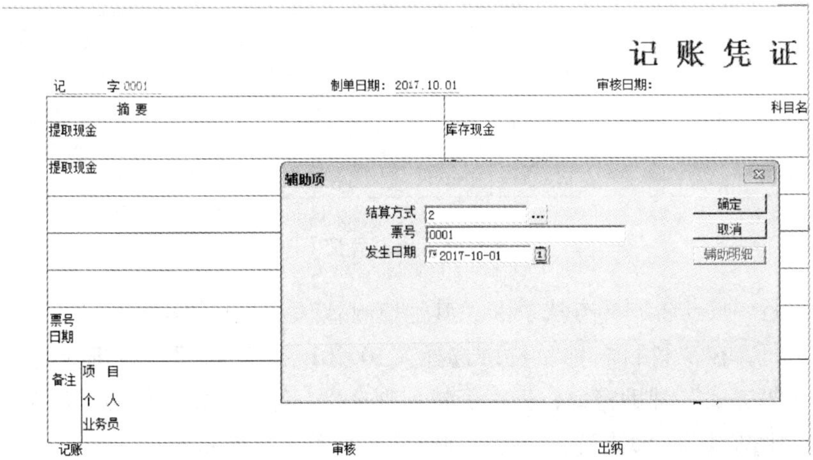

图 4-4　填制凭证

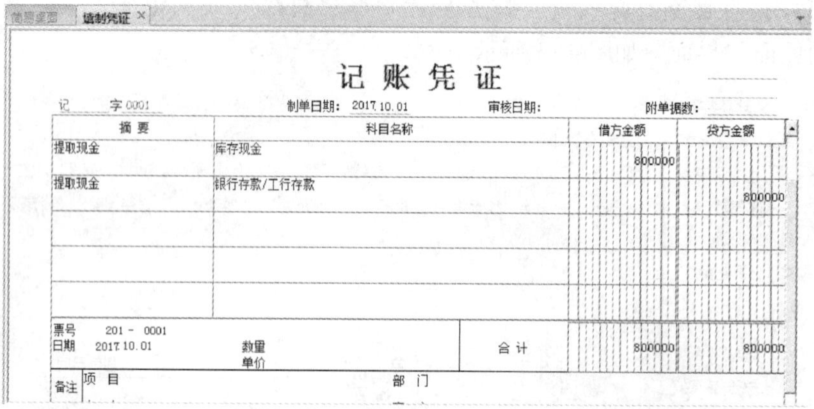

图 4-5　系统生成的记账凭证

（2）出差借款。

①在“填制凭证”界面，点击“增加”，填写制单日期：2017. 10. 01，输入摘要：出差借款，在“科目名称”栏中选择“1221 其他应收款”，在键盘按“回车键”，屏幕弹出辅助窗口，根据资料分别选择：销售部、周平、日期，如图 4-6，然后确认。按“回车键”，输入借方金额 5 000 元。

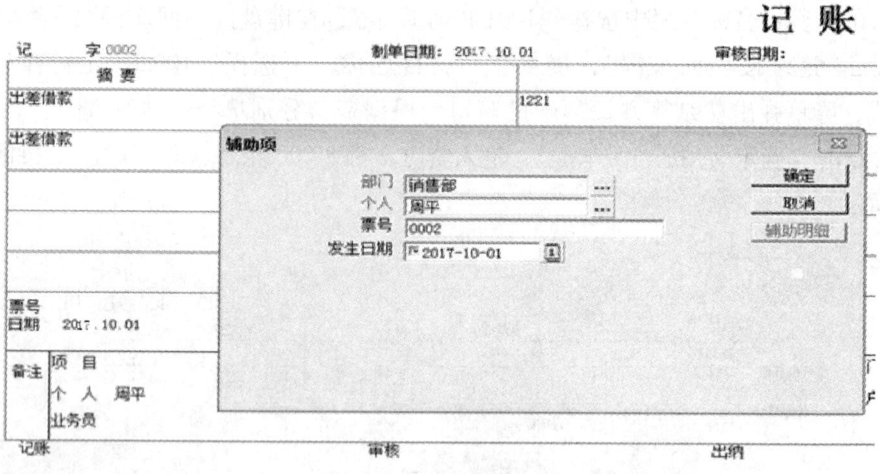

图 4-6　填制凭证

②在第二行，按与①同样方法录入“其他应收款”及王刚的相关信息。

③在第三行，在“科目名称”栏中选择“100201 工行存款”，在键盘按“回车键”，屏幕弹出“结算方式”辅助窗口，根据资料分别选择：结算方式、票号、日期，然后点击“确定”。按“回车键”，输入贷方金额 5 000 元，如图 4-7 所示。

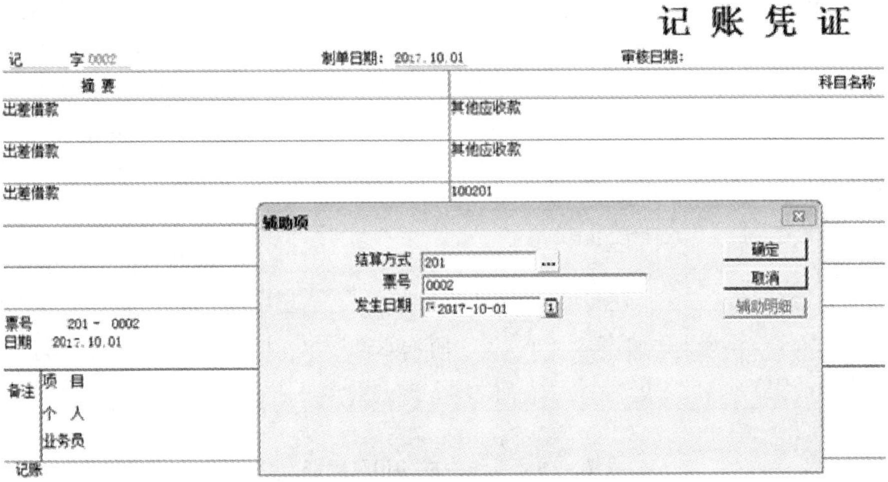

图 4-7　填制凭证

④在第四行，按与③同样方法录入“100201 工行存款”及相关信息，注意辅助项的票号：0003。点击“保存”，如图 4-8、图 4-9 所示。

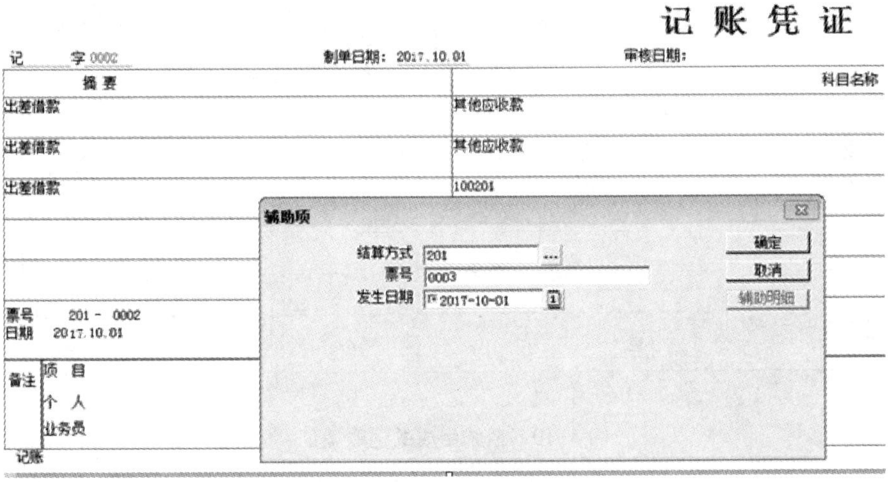

图 4-8　填制凭证

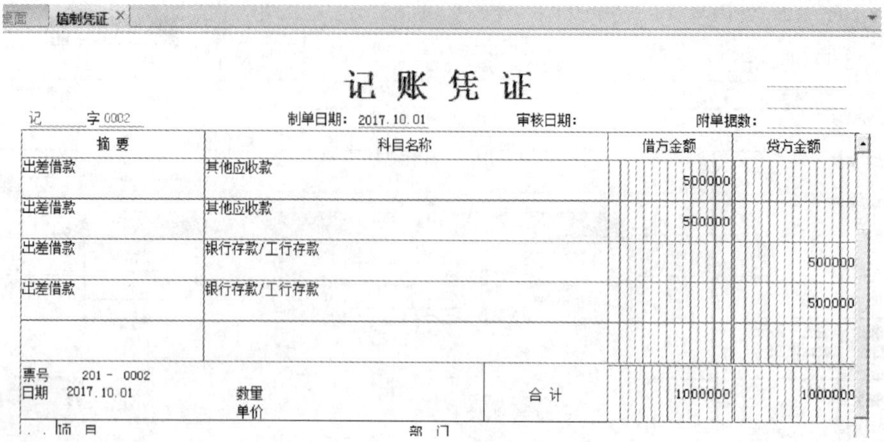

桌面 | 填制凭证 ×

记账凭证

记 字 0002 制单日期：2017.10.01 审核日期： 附单据数：

摘要	科目名称	借方金额	贷方金额
出差借款	其他应收款	500000	
出差借款	其他应收款	500000	
出差借款	银行存款/工行存款		500000
出差借款	银行存款/工行存款		500000
票号 201 - 0002 日期 2017.10.01	数量 单价 合计	1000000	1000000

项 目 部 门

图 4-9　系统生成的记账凭证

（3）开具银行汇票。

按类似方法处理，记账凭证如图 4-10 所示。

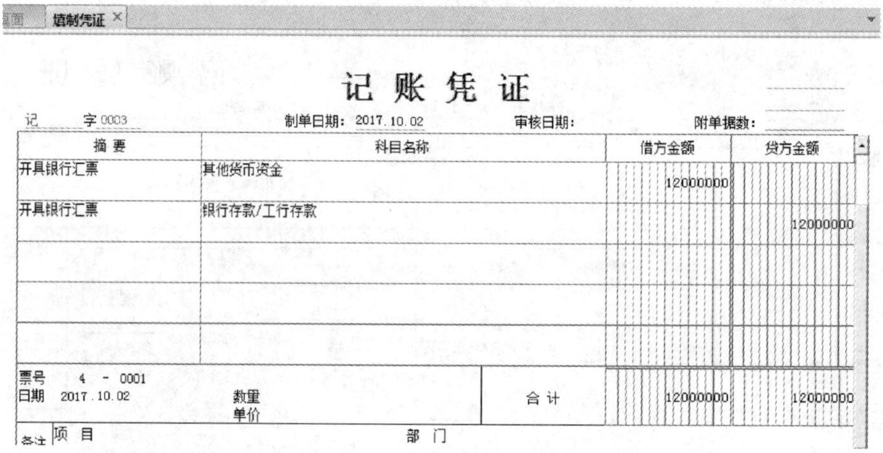

桌面 | 填制凭证 ×

记账凭证

记 字 0003 制单日期：2017.10.02 审核日期： 附单据数：

摘要	科目名称	借方金额	贷方金额
开具银行汇票	其他货币资金	12000000	
开具银行汇票	银行存款/工行存款		12000000
票号 4 - 0001 日期 2017.10.02	数量 单价 合计	12000000	12000000

备注 项 目 部 门

图 4-10　系统生成的记账凭证

（4）报销办公费。

按类似方法处理，记账凭证如图 4-11 所示。

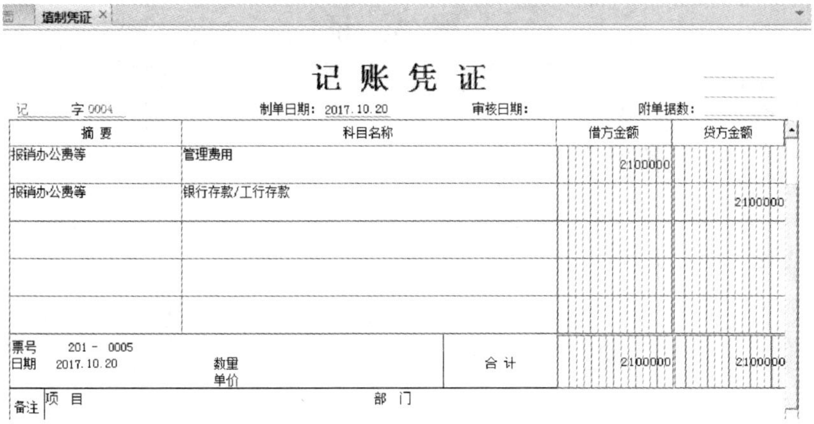

填制凭证

记 账 凭 证

记　字 0004　　制单日期：2017.10.20　　审核日期：　　附单据数：

摘 要	科目名称	借方金额	贷方金额
报销办公费等	管理费用	2100000	
报销办公费等	银行存款/工行存款		2100000
票号 201 - 0005 日期 2017.10.20　数量 单价	合 计	2100000	2100000

备注　项 目　　部 门

图 4-11　系统生成的记账凭证

（5）支付利息。

按类似方法处理，记账凭证如图 4-12 所示。

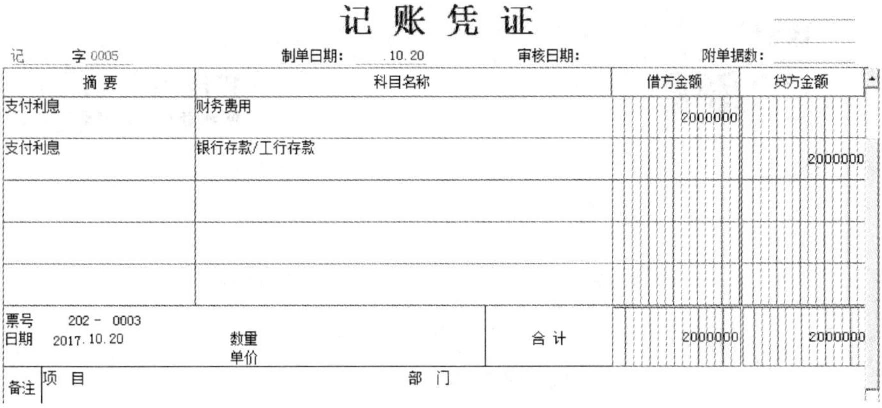

记 账 凭 证

记　字 0005　　制单日期：　10.20　　审核日期：　　附单据数：

摘 要	科目名称	借方金额	贷方金额
支付利息	财务费用	2000000	
支付利息	银行存款/工行存款		2000000
票号 202 - 0003 日期 2017.10.20　数量 单价	合 计	2000000	2000000

备注　项 目　　部 门

图 4-12　系统生成的记账凭证

（6）报销销售费。

按类似方法处理，记账凭证如图 4-13 所示。

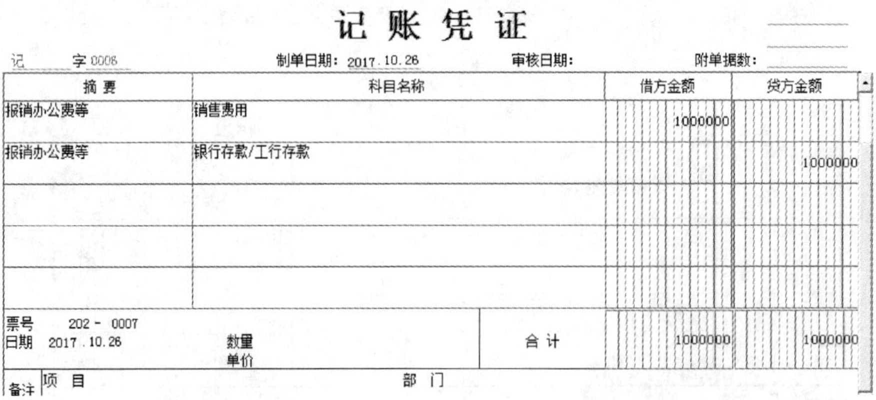

记 账 凭 证

记 字 0006 制单日期：2017.10.26 审核日期： 附单据数：

摘要	科目名称	借方金额	贷方金额
报销办公费等	销售费用	1000000	
报销办公费等	银行存款/工行存款		1000000
票号 202 - 0007 日期 2017.10.26 数量 单价	合 计	1000000	1000000

备注 项 目 部 门

图 4-13　系统生成的记账凭证

（7）出纳签字及审核凭证。

①以操作员“002”的身份、2017 年 10 月 26 日重新登录企业应用平台，如图 4-14 所示。

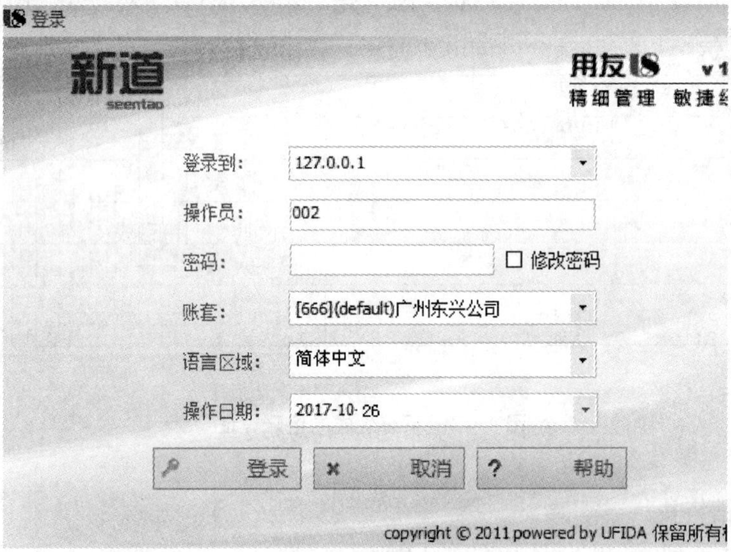

图 4-14　登录系统

②依次点击“总账”—“凭证”—“出纳签字”，打开“出纳签字”条件对话框，单击“确认”，如图 4-15 所示。

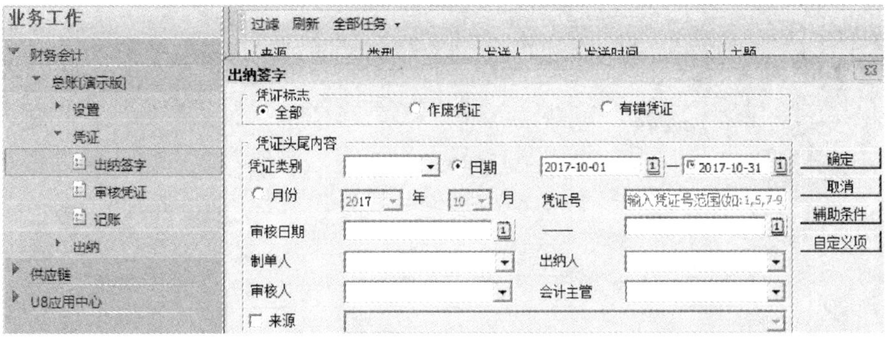

图 4-15　出纳签字

③在“出纳签字”列表框中，选中任一凭证，单击“确认”，进入凭证签字界面。点击菜单“批处理”—“成批出纳签字”，然后点击“确定”，再点击“是”。出纳完成签字。如图 4-16、图 4-17 所示。

图 4-16　出纳签字列表

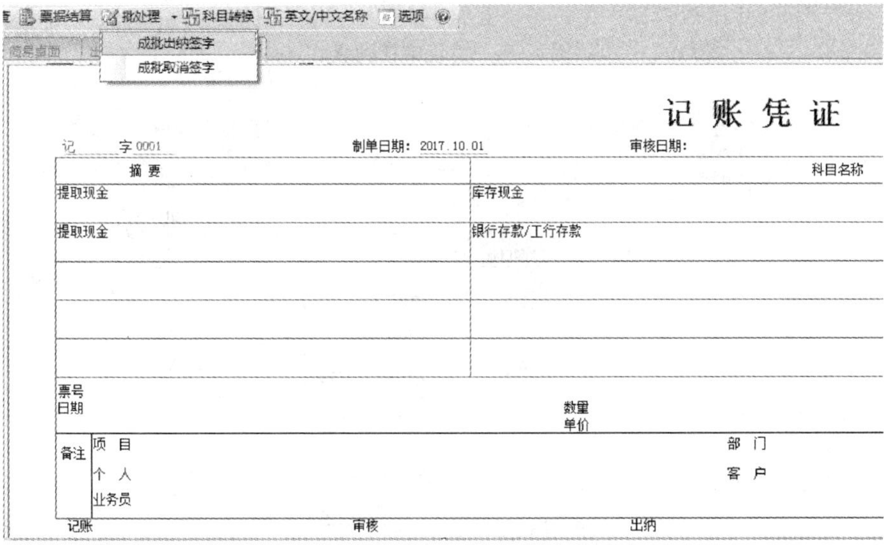

图 4-17　成批出纳签字

④依次点击“总账”—“凭证”—“审核凭证”，打开“凭证审核”条件对话框，单击“确认”，如图 4-18 所示。

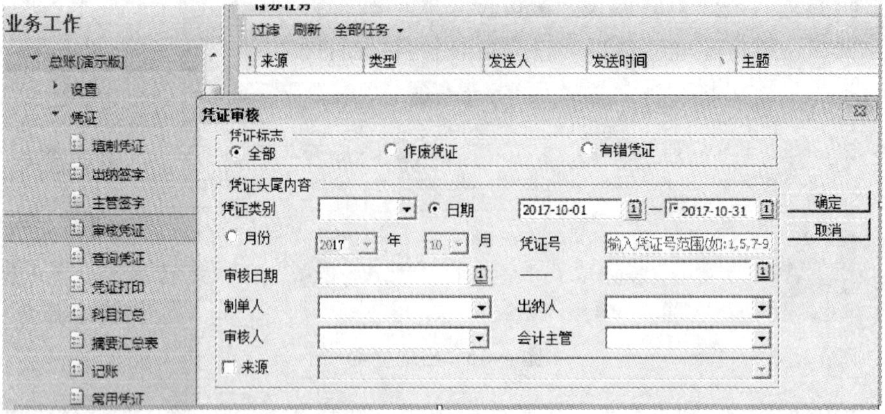

图 4-18　凭证审核

⑤在“凭证审核”列表框中，选中任一凭证，单击“确认”，进入凭证审核界面，点击菜单“批处理”—“成批审核凭证”，然后弹出“成批审核结果表”，点击“确定”，再单击“是”，完成审核。如图 4-19、图 4-20。

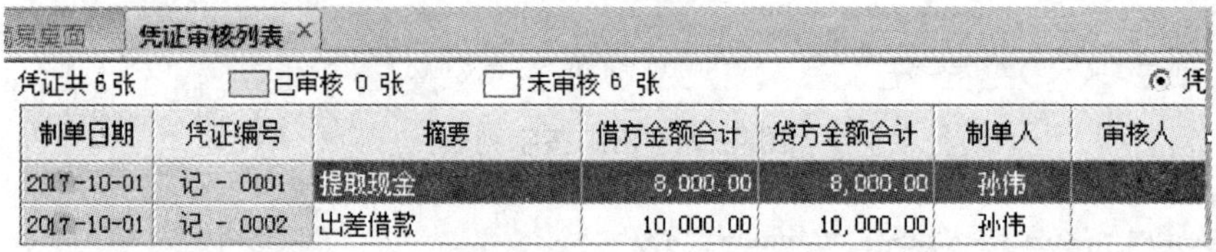
简易桌面　凭证审核列表

凭证共 6 张　已审核 0 张　未审核 6 张

制单日期	凭证编号	摘要	借方金额合计	贷方金额合计	制单人	审核人
2017-10-01	记 - 0001	提取现金	8,000.00	8,000.00	孙伟	
2017-10-01	记 - 0002	出差借款	10,000.00	10,000.00	孙伟	

图 4-19　凭证审核列表

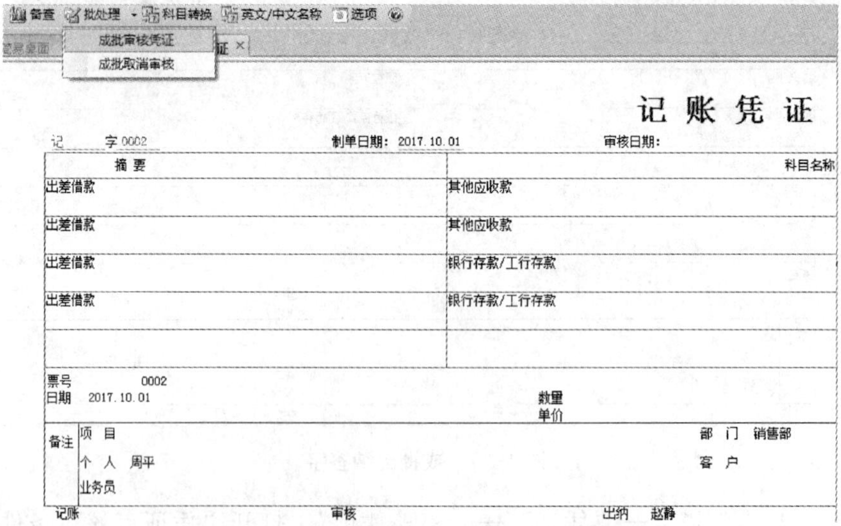

图 4-20　成批凭证审核

（8）记账。

①依次点击“业务工作”—“财务会计”—“总账”—“凭证”—“记账”。进入“记账”选择记账范围界面，点击“全选”，单击“记账”。如图 4-21 所示。

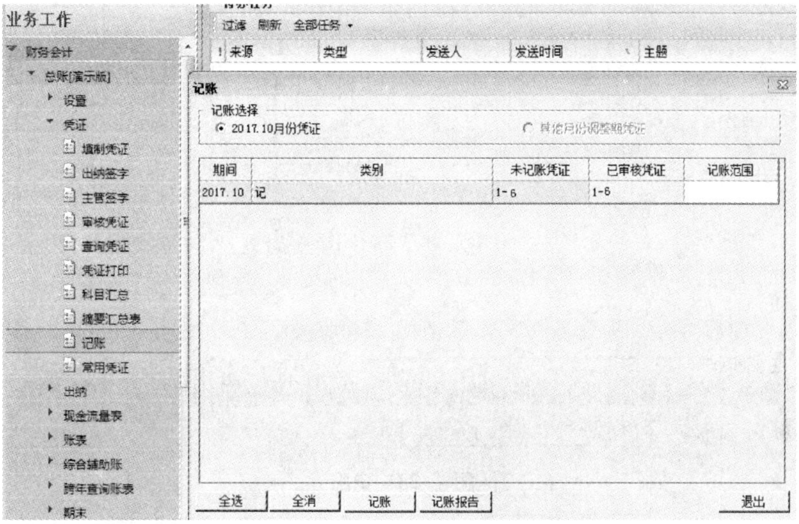

图 4-21 记账

② 显示记账报告界面，期初试算平衡表，单击“确定”，系统开始登账，之后弹出“记账完毕”信息提示，单击“确定”。点击“退出”，如图 4-22、图 4-23 所示。

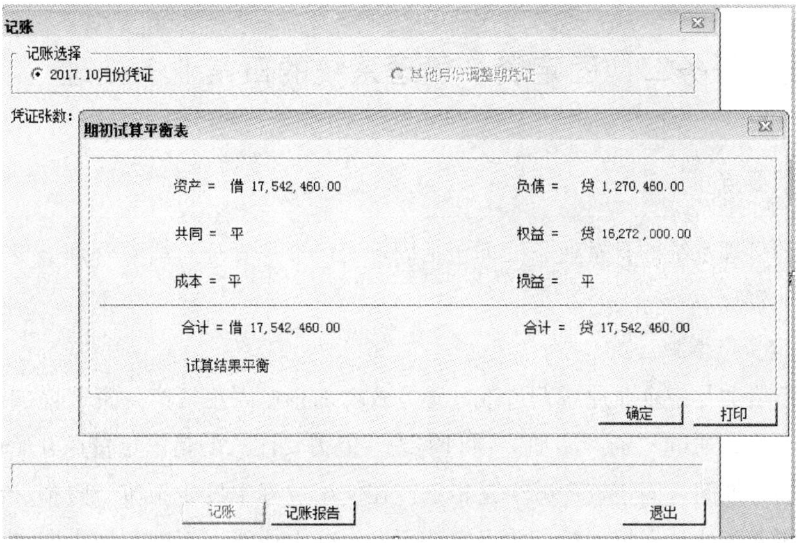

图 4-22 期初试算平衡表

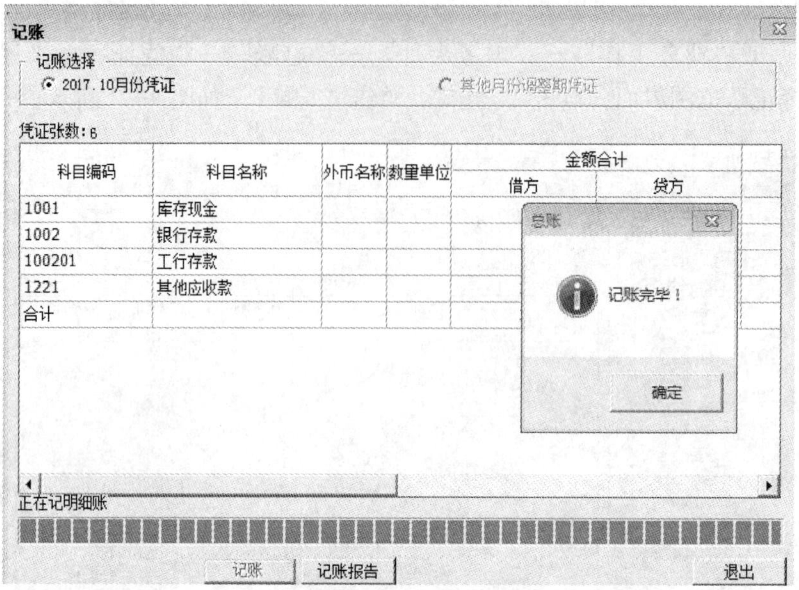

图 4-23　记账

【知识链接】

1. 如果期初余额试算不平衡不能记账。

2. 未审核的凭证不能记账。

任务二　固定资产管理系统的日常业务处理

一、知识要点

固定资产管理系统的日常业务处理包括固定资产卡片管理、增减管理、变动处理和折旧计提、凭证管理。

（1）固定资产增减。

固定资产增加是指企业通过购进或其他方式增加企业固定资产。资产增加需要录入新的固定资产卡片，通过“资产增加”项目实现。但需要注意的是固定资产开始使用期间应等于录入的会计期间。固定资产减少是指资产在使用过程中发生报废、毁损、出售、盘亏等。只有当账套开始计提折旧后，才可以使用资产减少功能；否则，减少资产只能通过删除卡片来完成。

（2）固定资产变动。

资产的变动包括原值增加、原值减少、部门转移、使用状况变动、使用年限调整、折旧方法调整、净残值（率）调整、工作总量调整、累计折旧调整、资产类别调整。其他项目的修改，如名称、编号、自定义项目等的变动可直接在卡片上进行。当月录入的原始卡片或新增卡片不允许进行变动处理，只能在下月进行。

（3）折旧计提。

计提折旧是固定资产系统的主要功能之一。系统通过“折旧计提”功能，根据已经录入的固定资产资料对各项资产每期计提折旧一次，并自动生成折旧分配表，制作记账凭证，将本期的折旧费用自动登账，并将当期的折旧额自动累加到累计折旧项目。

（4）凭证生成。

固定资产系统需要制作凭证的业务主要包括资产增加、资产减少、卡片修改（涉及原值和累计折旧时）、资产评估（涉及原值和累计折旧变化时），原值变动、累计折旧调整、折旧分配等。

（5）卡片管理。

卡片管理是对固定资产系统中所有卡片进行综合管理的功能操作，通过卡片管理可完成卡片的查询、修改和删除。

二、实例应用

（一）修改固定资产编码方式

【操作资料】

修改固定资产编码方式：自动编号（部门编号+序号，序号长度为4位），业务发生后立即制单。

【操作提示】

（1）操作员“001”登录企业应用平台，登录时间：2017.10.30。依次点击“业务工作”—“财务会计”—“固定资产”，在“固定资产”下打开“设置”，再点击“选项”。如图4-24所示。

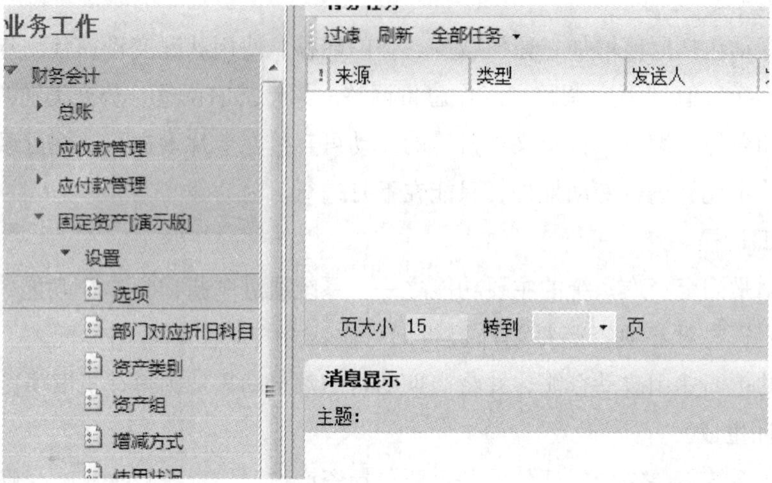

图 4-24　选项

（2）点击“选项”后，进入“选项”界面，点击“编码方式”，依次选择：自动编码（部门编号+序号，序号长度为 4 位），如图 4-25 所示。

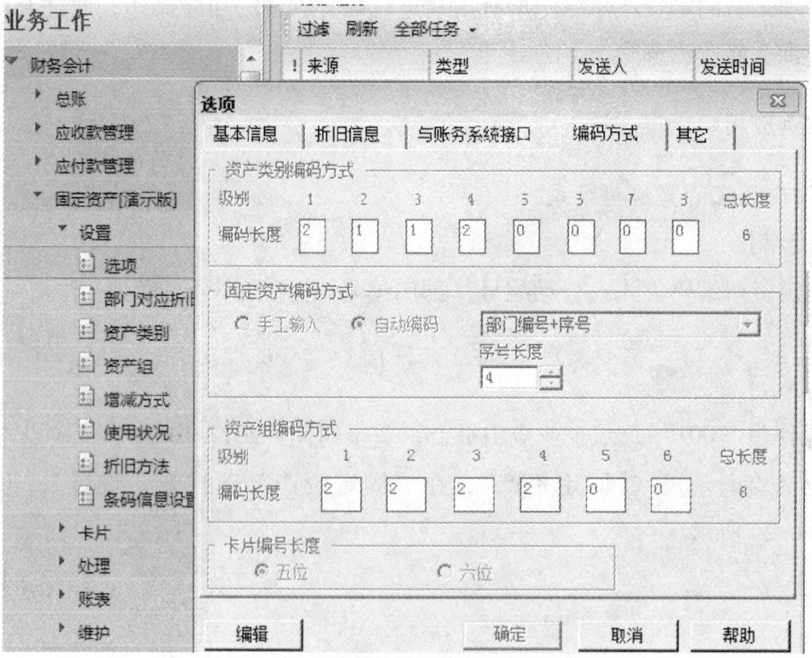

图 4-25　编码方式

（3）在“选项”界面，单击“编辑”，点击“与财务系统接口”，选择“业务发生后立即制单”，最后点击“确定”，如图 4-26 所示。

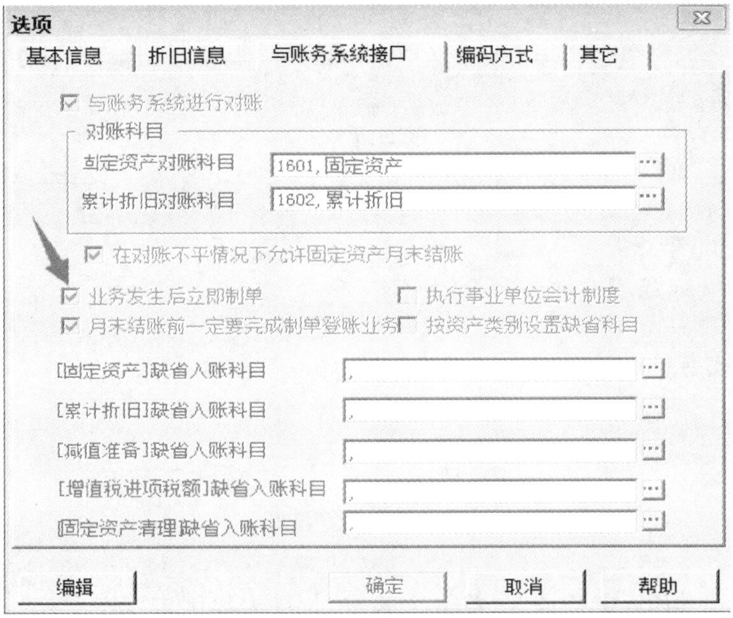

图 4-26　与账务系统接口

（二）资产增加

【操作资料】

（1）30 日，企业接受“大型信息化设备”作为投资，原价为 1 500 000 元，使用期限 8 年，净残值率为 4%，月折旧率为 1%，由各部门共同使用，使用比例平均分配，采用平均年限法计提折旧。折旧方法：平均年限法（二）。摘要为：投资设备入股。

借：固定资产　　1 500 000

　贷：实收资本　　1 500 000

（2）30 日，购入一辆小车，由管理部门使用，支付价款 210 000 元（取得普通发票），使用期限 8 年，净残值率为 4%，月折旧率为 1%，折旧方法：平均年限法（二），款项已支付。摘要为：购入小车一辆。结算方式：202，票号：0003。

借：固定资产　　210 000

　贷：银行存款——工行存款　　210 000

【操作提示】

（1）在“固定资产”菜单中，单击“卡片”—“资产增加”，打开“固定资产类别档案”对话框，如图 4-27 所示。

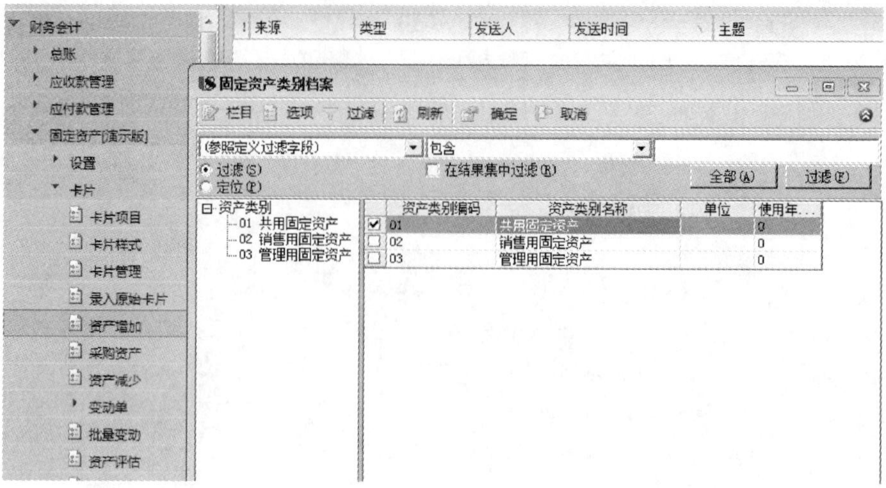

图 4-27　资产增加

（2）勾选“共用固定资产”，单击“确定”，进入“固定资产卡片”界面，根据第（1）题资料录入相关数据，然后单击“保存”，如图 4-28。在屏幕自动弹出的“填制凭证”界面，修改摘要为“投资设备入股”后，单击“保存”，如图 4-29 所示。

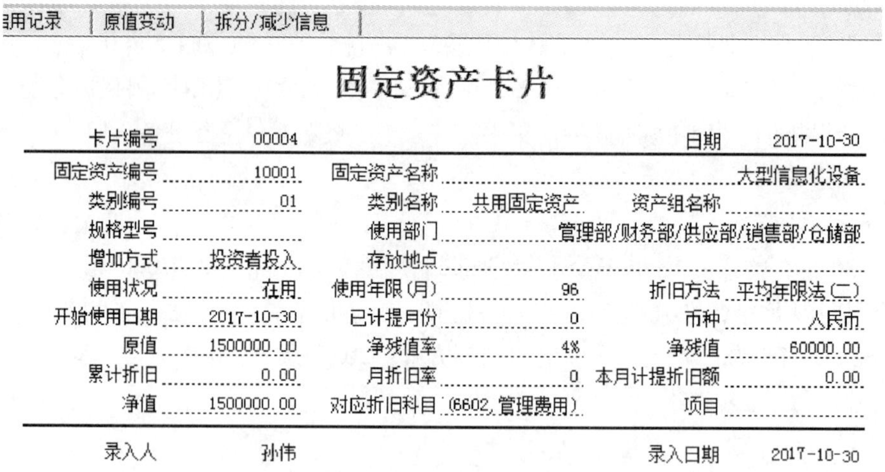
用记录
原值变动
拆分/减少信息
固定资产卡片
卡片编号 00004
日期 2017-10-30
固定资产编号 10001
固定资产名称 大型信息化设备
类别编号 01
类别名称 共用固定资产
资产组名称
规格型号
使用部门 管理部/财务部/供应部/销售部/仓储部
增加方式 投资者投入
存放地点
使用状况 在用
使用年限(月) 96
折旧方法 平均年限法(二)
开始使用日期 2017-10-30
已计提月份 0
币种 人民币
原值 1500000.00
净残值率 4%
净残值 60000.00
累计折旧 0.00
月折旧率 0
本月计提折旧额 0.00
净值 1500000.00
对应折旧科目 (6602,管理费用)
项目
录入人 孙伟
录入日期 2017-10-30

图 4-28　固定资产卡片

记 账 凭 证

记　字 0007　　制单日期：2017.10.30　　审核日期：　　附单据数：0

摘 要	科目名称	借方金额	贷方金额
投资设备入股	固定资产	150000000	
投资设备入股	实收资本		150000000
票号 - 日期　数量 单价	合 计	150000000	150000000
备注　项 目	部 门		

图 4-29　系统生成的记账凭证

（3）在“固定资产”子菜单中，单击“卡片”—“资产增加”，打开“固定资产类别档案”对话框，勾选“管理用固定资产”，单击“确定”，进入“固定资产卡片”界面，并根据经济业务（2）的资料填写，然后单击“保存”，如图 4-30。在屏幕自动弹出“填制凭证”界面，修改摘要为“购入小车一辆”，单击“保存”，如图 4-31 所示。

用记录 | 原值变动 | 拆分/减少信息 |

固定资产卡片

卡片编号　00005　　日期　2017-10-31

固定资产编号	10002	固定资产名称			小车
类别编号	03	类别名称	管理用固定资产	资产组名称	
规格型号		使用部门			管理部
增加方式	直接购入	存放地点			
使用状况	在用	使用年限(月)	96	折旧方法	平均年限法(二)
开始使用日期	2017-10-30	已计提月份	0	币种	人民币
原值	210000.00	净残值率	4%	净残值	8400.00
累计折旧	0.00	月折旧率	0	本月计提折旧额	0.00
净值	210000.00	对应折旧科目		项目	

录入人　孙伟　　录入日期　2017-10-31

图 4-30　固定资产卡片

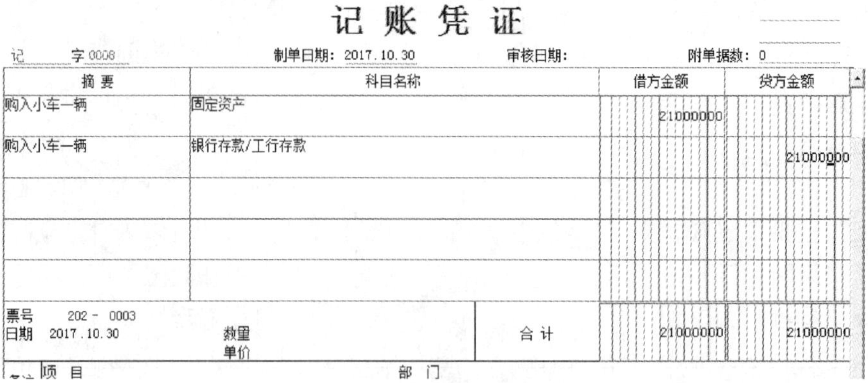

记 账 凭 证

记 字 0008 制单日期：2017.10.30 审核日期： 附单据数：0

摘要	科目名称	借方金额	贷方金额
购入小车一辆	固定资产	21000000	
购入小车一辆	银行存款/工行存款		21000000
票号 202 - 0003 日期 2017.10.30	数量 单价 合计	21000000	21000000

项目 部门

图 4-31 系统生成的记账凭证

（三）计提折旧

【操作资料】

31 日，计提本期折旧。摘要为：计提第［10］期间折旧。

借：管理费用	30 080
销售费用	9 600
贷：累计折旧	39 680

【操作提示】

（1）以操作员“001”的身份、2017 年 10 月 31 日注册企业应用平台，在“固定资产”子菜单中，单击“处理”—“计提本月折旧”之后，弹出“是否要查看折旧清单?”对话框，单击“是”。屏幕弹出“本操作将计提本月折旧，并花费一定时间，是否要继续?”对话框后，单击“是”，进入“折旧清单”界面，如图 4-32 所示，单击“退出”。

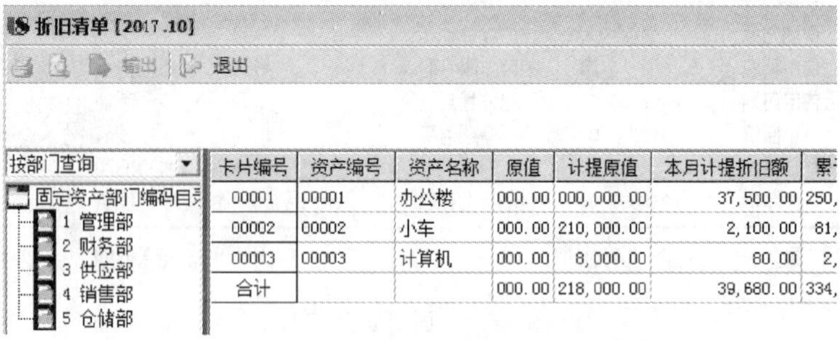

折旧清单 [2017.10]

输出 退出

按部门查询

固定资产部门编码目录
1 管理部
2 财务部
3 供应部
4 销售部
5 仓储部

卡片编号	资产编号	资产名称	原值	计提原值	本月计提折旧额	累
00001	00001	办公楼	000.00	000,000.00	37,500.00	250,
00002	00002	小车	000.00	210,000.00	2,100.00	81,
00003	00003	计算机	000.00	8,000.00	80.00	2,
合计			000.00	218,000.00	39,680.00	334,

图 4-32 折旧清单

（2）在屏幕弹出“折旧分配表”界面，单击左上角“凭证”，进入“填制凭证”界面，然后单击“保存”，如图 4-33 所示。

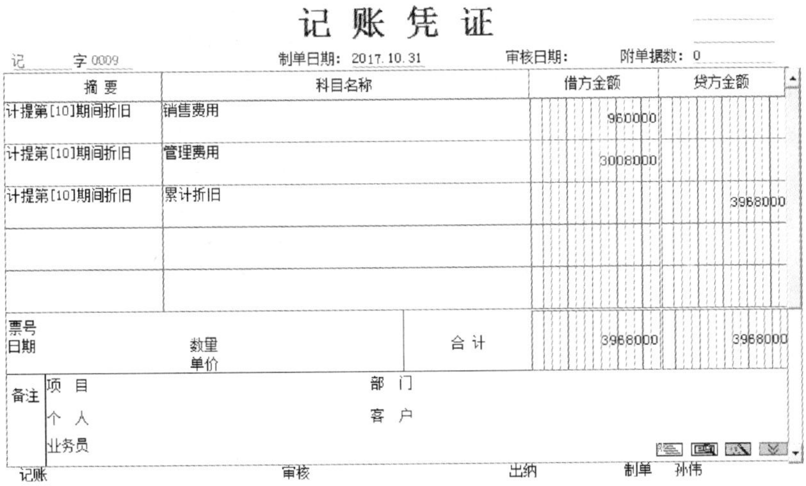

记 账 凭 证

记　字 0009　　制单日期：2017.10.31　　审核日期：　　附单据数：0

摘要	科目名称	借方金额	贷方金额
计提第[10]期间折旧	销售费用	960000	
计提第[10]期间折旧	管理费用	3008000	
计提第[10]期间折旧	累计折旧		3968000
票号 日期	数量 单价 合计	3968000	3968000

备注　项　目　　部　门
　　　个　人　　客　户
　　　业务员

记账　审核　出纳　制单　孙伟

图 4-33　系统生成的记账凭证

(3) 屏幕显示“计提折旧完毕”信息提示框，单击“确定”。

【知识链接】

1. 新增固定资产，第一个月不计提折旧。

2. 只有计提折旧后才能减少资产。

任务三　薪资管理系统的日常业务处理

一、知识要点

工资是企业职工薪酬的组成部分，是产品成本的重要组成内容，也是企业计提有关费用的基础。工资管理模块是进行工资核算和管理的模块，该模块以人力资源管理提供的员工及其工资的基本数据为依据，完成员工工资数据的收集、员工工资的核算、工资发放、工资费用的汇总和分摊、个人所得税计算，按照部门、项目、个人时间等条件进行工资分析、查询和打印输出，以及该模块与其他模块的数据接口管理。

薪资管理模块进行工资核算，生成分配工资费用、应交个人所得税等业务的记账凭证，并传递到财务处理模块，以便用户审核登记应付职工薪酬及相关成本费用账簿，同时工资管理模块还为成本管理模块提供人工费资料。

用友 U8 软件的薪资管理属于人力资源系统的一部分，主要分为工资核算初始设置和工资核算两部分。工资核算初始设置包括工资类别设置等；工资核算包括工资变动、扣缴个人所得税、工资分摊、月末处理等，如图 4-34 所示。

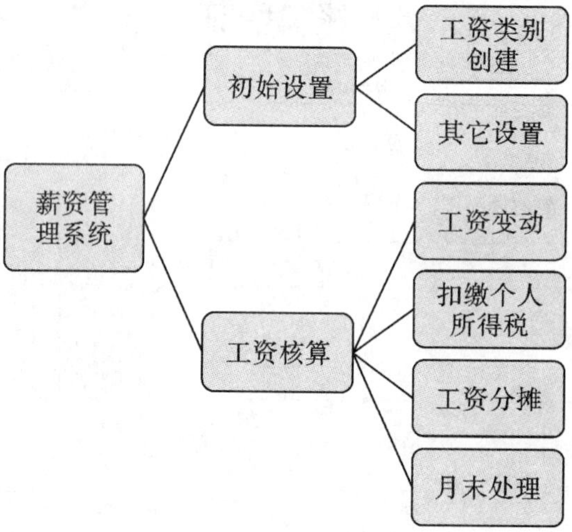

图 4-34　薪资管理系统

二、实例应用

【操作资料】

人员档案及工资数据如表 4-2 所示。

表 4-2　　人员档案及工资

编号	姓名	部门	人员类别	税前总额	基本工资	岗位工资	奖金	岗位津贴	副食补贴
101	王刚	管理部	管理人员	4 850	3 000	800	1 000		50
201	孙伟	财务部	管理人员	3 750	2 500	500	700		50
202	赵静	财务部	管理人员	2 950	2 000	400	500		50
203	李丽	财务部	管理人员	2 750	1 800	400	500		50
401	李平	供应部	采购人员	3 650	2 200	500	900		50
501	周平	销售部	销售人员	3 650	2 200	500	900		50
601	王成	仓储部	管理人员	2 750	1 800	400	500		50
合计				24 350	15 500	3 500	5 000		350

注：1. 个人所得税扣除标准为 5 000 元，按 14%计提福利费。

2. 部门设置必须把所有明细部门都选定。

3. 设置由中国工商银行发放工资。

31 日计提工资，摘要为：计提工资。

借：管理费用　　　20 700

　　销售费用　　　3 650

　贷：应付职工薪酬　　　24 350

31 日计提福利费，摘要为：计提福利费。

分录：略

【操作提示】

（1）工资分摊。

① 依次点击“薪资管理”—“业务处理”—“工资分摊”，打开“工资分摊”对话框，点击右下方的“工资分摊设置”，如图 4-35 所示。

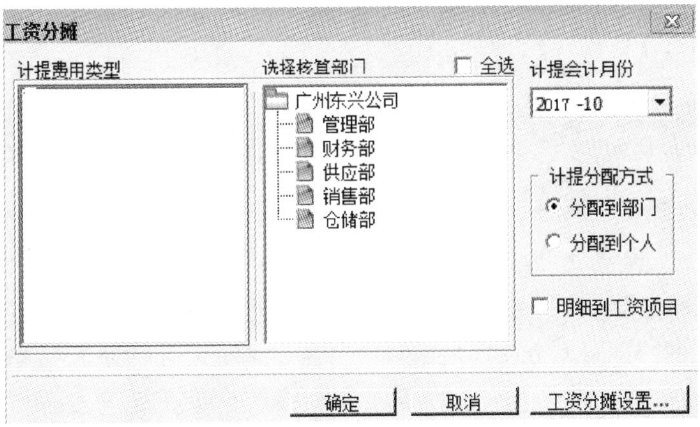

图 4-35　工资分摊

② 在“分摊类型设置”界面，点击“增加”，打开“分摊计提比例设置”，输入计提类型名称“计提工资”，输入分摊计提比例“100%”，单击“下一步”，如图 4-36 所示。

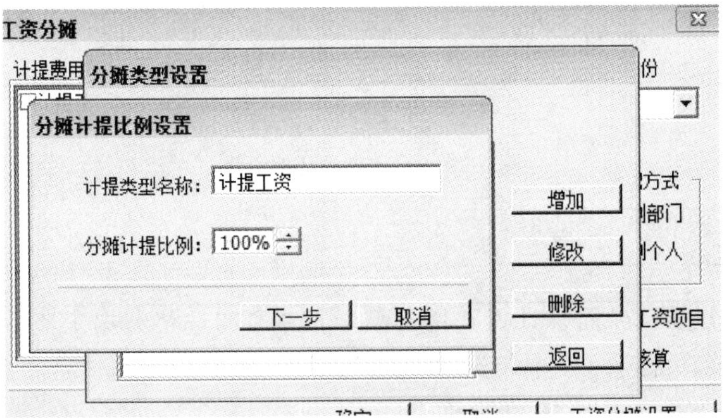

图 4-36　分摊计提比例设置

③ 在“分摊构成设置”界面双击“部门名称”空白处，再单击该处后面的“放大镜”按钮，打开“部门名称参照”，勾选“管理部、财务部、供应部和仓储部”，在“借方科目”下输入“6602 管理费用”，贷方科目下输入“2211 应付职工薪酬”；按“回车键”，在第二行双击“部门名称”空白处，再单击该处后面的“放大镜”按钮，打开“部门名称参照”，勾选“销售部”，在“借方科目”下输入“6601 销售费用”，贷方科目下输入“2211 应付职工薪酬”，单击“完成”。如图 4-37 所示。

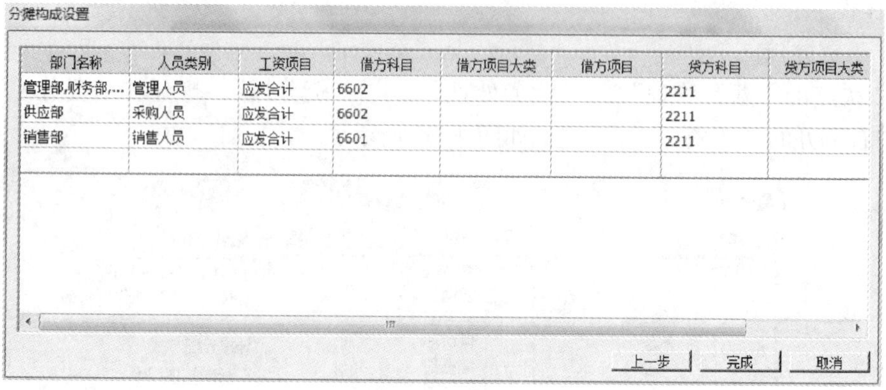

部门名称	人员类别	工资项目	借方科目	借方项目大类	借方项目	贷方科目	贷方项目大类
管理部,财务部,...	管理人员	应发合计	6602			2211	
供应部	采购人员	应发合计	6602			2211	
销售部	销售人员	应发合计	6601			2211	

图 4-37　分摊构成设置

④ 在“分摊类型设置”界面点击“增加”，打开“分摊计提比例设置”，输入计提类型名称“计提福利费”，输入分摊计提比例“14%”，单击“下一步”，如图 4-38 所示。

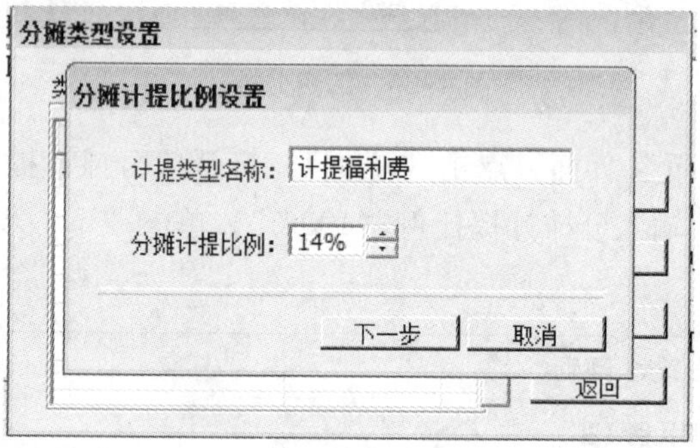

图 4-38　分摊计提比例设置

⑤ 该操作跟③相同，参见③。

（2）凭证生成。

①在“工资分摊”界面“计提费用类型”框中，勾选“计提工资”和“计提福利费”，在“选择核算部门”框中勾选“全选”，再勾选“明细到工资项目”，点击“确定”，弹出工资一览表，如图 4-39 所示。

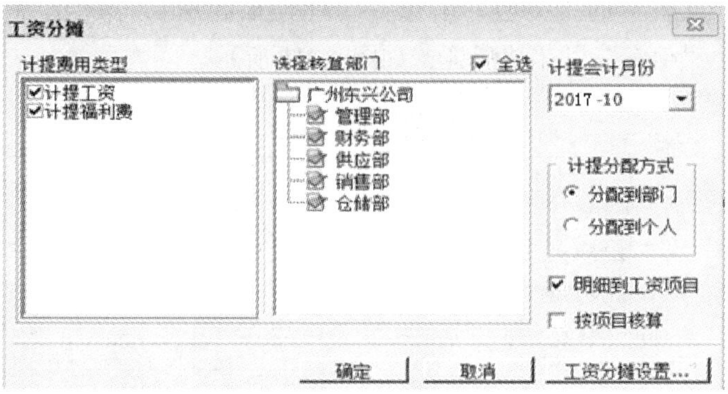

图 4-39 工资分摊

②在“工资一览表”的“类型”中选择“计提工资”，单击“制单”，屏幕弹出“填制凭证”，单击“保存”并生成凭证，如图 4-40 所示。

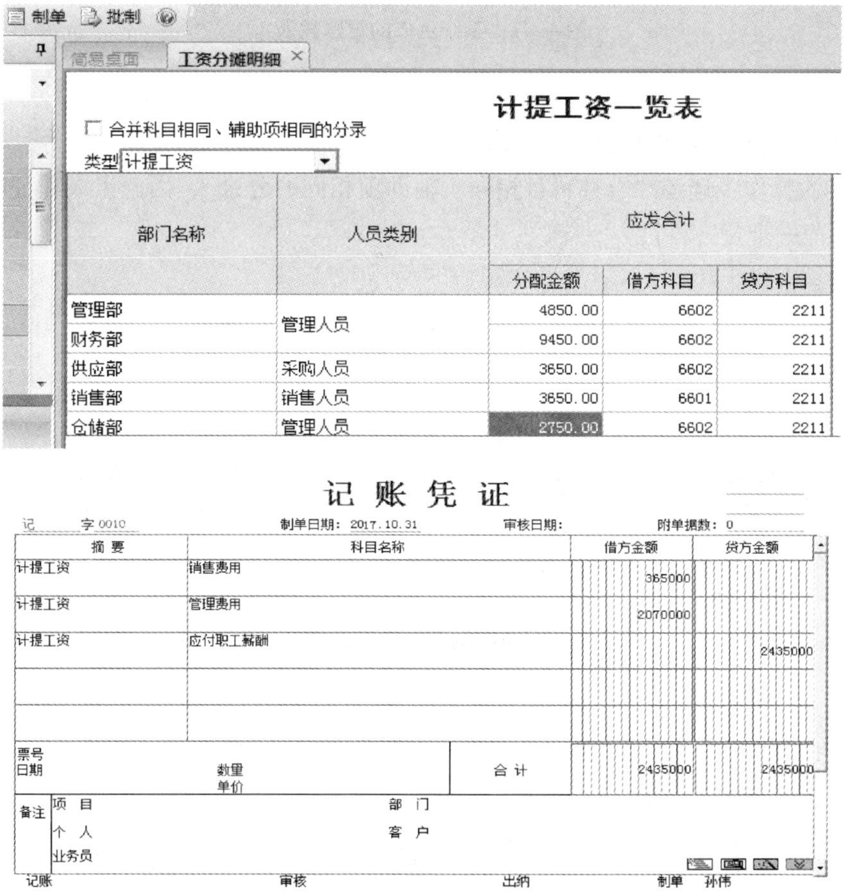

部门名称	人员类别	应发合计		
		分配金额	借方科目	贷方科目
管理部	管理人员	4850.00	6602	2211
财务部		9450.00	6602	2211
供应部	采购人员	3650.00	6602	2211
销售部	销售人员	3650.00	6601	2211
仓储部	管理人员	2750.00	6602	2211

记 账 凭 证

记 字 0010 制单日期：2017.10.31 审核日期： 附单据数：0

摘要	科目名称	借方金额	贷方金额
计提工资	销售费用	365000	
计提工资	管理费用	2070000	
计提工资	应付职工薪酬		2435000
票号 日期	数量 单价 合计	2435000	2435000

备注 项目 部门 个人 客户 业务员

记账 审核 出纳 制单 孙伟

图 4-40 工资分摊明细

③在“工资一览表”的“类型”中选择“计提福利费”，单击“制单”，屏幕弹出“填制凭证”，单击“保存”并生成凭证，如图 4-41 所示。

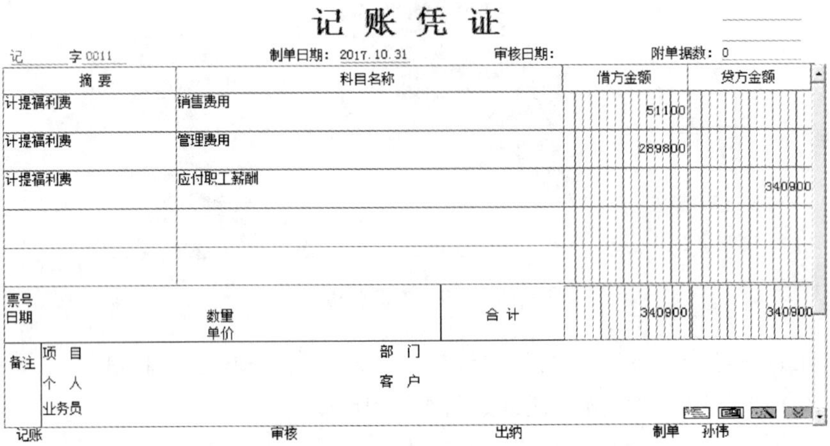

记账凭证

记 字 0011　　制单日期：2017.10.31　　审核日期：　　附单据数：0

摘要	科目名称	借方金额	贷方金额
计提福利费	销售费用	51100	
计提福利费	管理费用	289800	
计提福利费	应付职工薪酬		340900
票号 日期　数量 单价	合计	340900	340900

备注　项目　部门
个人　客户
业务员

记账　审核　出纳　制单 孙伟

图 4-41　系统生成的记账凭证

【知识链接】

（1）工资分摊应按分摊类型依次进行。

（2）本次操作不选择“合并科目相同、辅助项相同的分录”，因此生成凭证时，每一条分录都对应一个贷方科目。

（3）计算个税步骤

① 依次点击“业务工作”—“人力资源”—“薪资管理”—“设置”—“选项”，打开“选项”对话框，如图 4-42 所示。

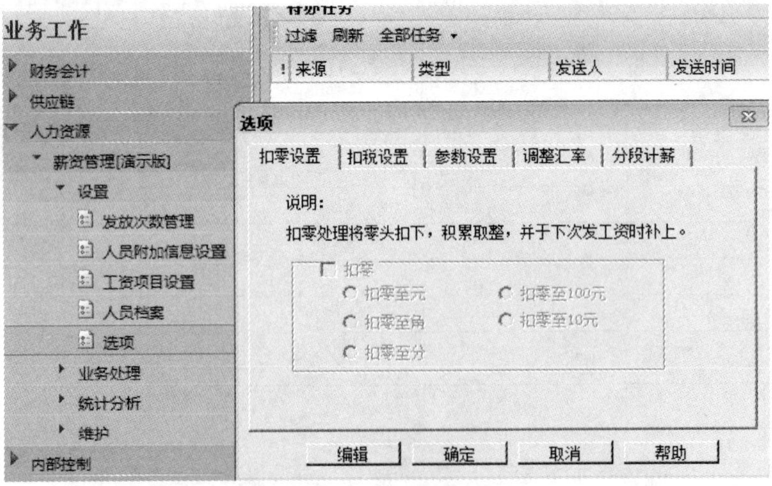

图 4-42　扣零设置

② 单击“编辑”—“扣税设置”，然后点击“税率设置”，打开“个人所得税申报表—税率表”，在“个人所得税申报表—税率表”的“基数”栏，填写“5 000”，其他选项默认，最后点击“确定”，如图 4-43 所示。

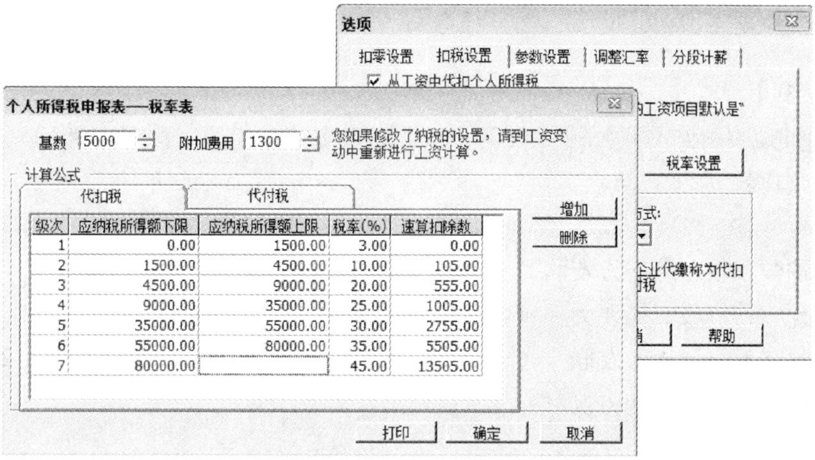

图 4-43　税率设置

③单击窗口上方的“计算”，再点击“汇总”，如图 4-44 所示。

工号	人员编号	姓名	部门	人员类别	基本工资	岗位工资	奖金	岗位津贴	副食补贴	应发合计	代扣税	扣款合计	实发合计
	101	王刚	管理部	管理人员	3,000.00	800.00	1,000.00		50.00	4,850.00	40.50	40.50	4,809.50
	201	孙伟	财务部	管理人员	2,500.00	500.00	700.00		50.00	3,750.00	7.50	7.50	3,742.50
	202	赵静	财务部	管理人员	2,000.00	400.00	500.00		50.00	2,950.00			2,950.00
	203	李丽	财务部	管理人员	1,800.00	400.00	500.00		50.00	2,750.00			2,750.00
	401	李平	供应部	采购人员	2,200.00	500.00	900.00		50.00	3,650.00	4.50	4.50	3,645.50
	501	周平	销售部	销售人员	2,200.00	500.00	900.00		50.00	3,650.00	4.50	4.50	3,645.50
	601	王成	仓储部	管理人员	1,800.00	400.00	500.00		50.00	2,750.00			2,750.00
					15,500.00	3,500.00	5,000.00	0.00	350.00	24,350.00	57.00	57.00	24,293.00

图 4-44　工资变动

任务四　应收款管理系统的日常业务处理

一、知识要点

由于赊销或其他方面原因形成了企业往来款项，这些往来款项如果不能得到及时处理，企业经营活动就会受到一定影响，用友 U8 财务软件提供的应收系统对这些往来款项进行了有效的管理。

应收管理模块以发票、费用单据、其他应收单据等原始单据为依据，记录销售业务所形成的往来款项，处理应收款项的收回和转账，进行账龄分析和坏账估计及冲销，并对往来业务的票据、合同进行管理，同时提供统计分析、打印和查询输出功能，以及与销售管理、账务处理等模块进行数据传递的功能。

二、实例应用

【操作资料】

10 月 1 日预收南方友联公司货款 20 000 元，转账支票结算，票号：0010，转账处理。摘要为：预收货款。

借：银行存款　　20 000

　贷：预收账款——南方友联　　20 000

接着，预收冲应收，摘要为：预收冲应收，做：

借：预收账款——南方友联　　20 000

　贷：应收账款——南方友联　　20 000

【操作提示】

（1）以操作员“001”登录，登录时间：2017. 10. 01。然后点击“业务工作”—“财务会计”—“应收账款管理”—“收款单据处理”—“收款单据录入”，打开“收款单据录入”，如图 4-45 所示。

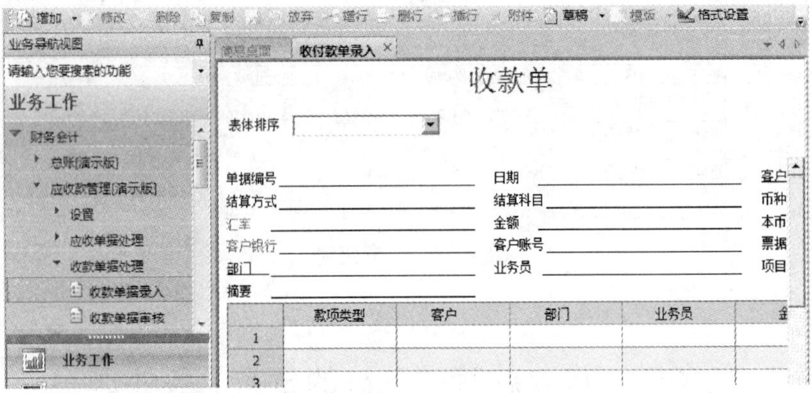

图 4-45　收款单

（2）进入“收款单”界面，点击左上角“增加”，然后根据资料填写，点击“保存”—“审核”，如图 4-46 所示。

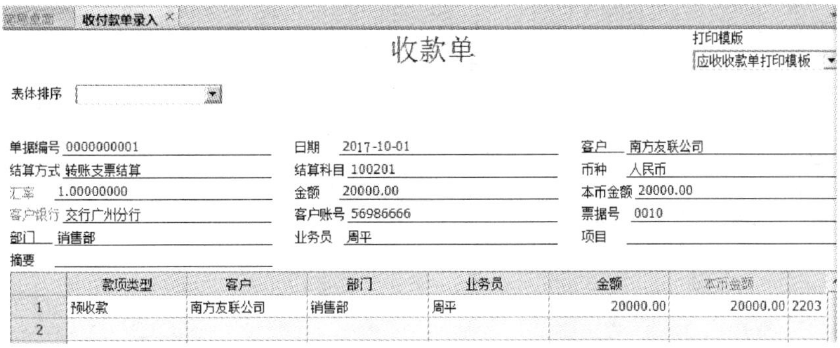

图 4-46　收款单

（3）弹出“是否立即制单?”对话框，单击“是”，然后进入“填制凭证”界面，在摘要栏填写“预收货款”，单击“保存”，如图 4-47 所示。

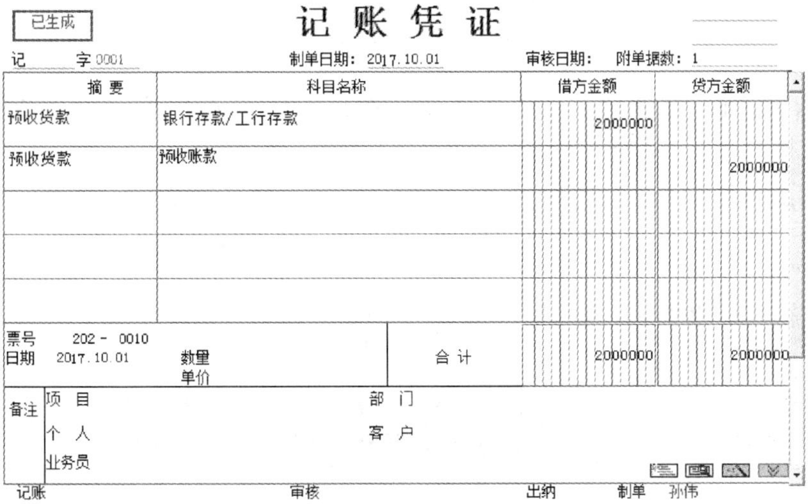

图 4-47　系统生成的记账凭证

（4）依次点击“转账”—“预收冲应收”，在“预收冲应收”界面，点击“预收款”，在“客户”栏选择“南方友联公司”，然后点击“过滤”，在弹出的第一行列表的“转账金额”处输入“20 000”，如图 4-48 所示。

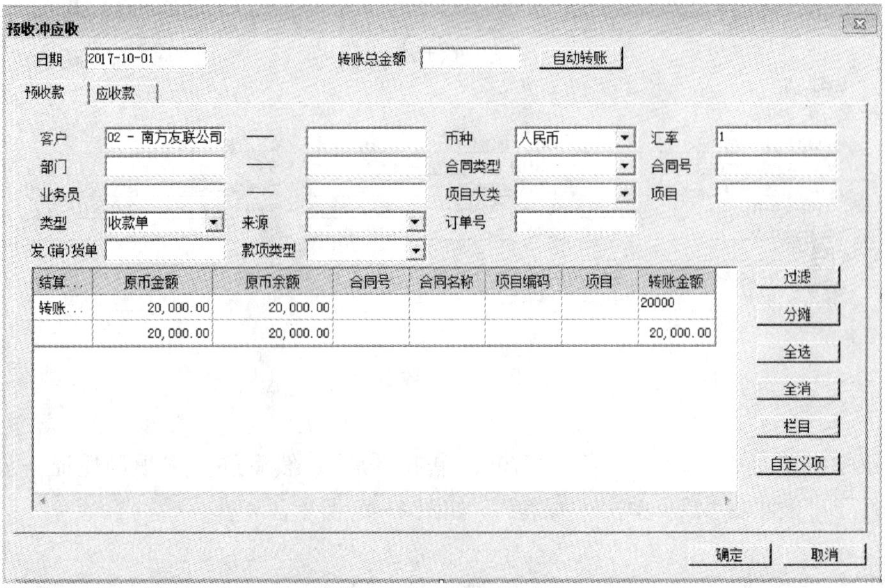

图 4-48　预收冲应收

（5）依次点击“应收款”—“过滤”，在弹出的第一行列表的“转账金额”处输入“20 000”，接着点击“确定”，如图 4-49 所示。

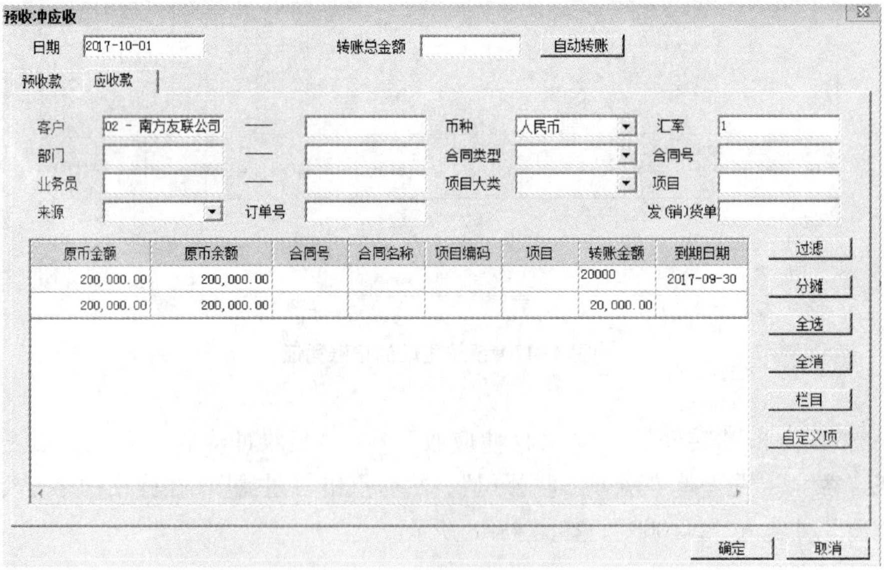

图 4-49　预收冲应收

（6）弹出“是否立即制单?”对话框，单击“是”，然后进入“填制凭证”界面，在摘要栏填写“预收冲应收”，单击“保存”，如图 4-50 所示。

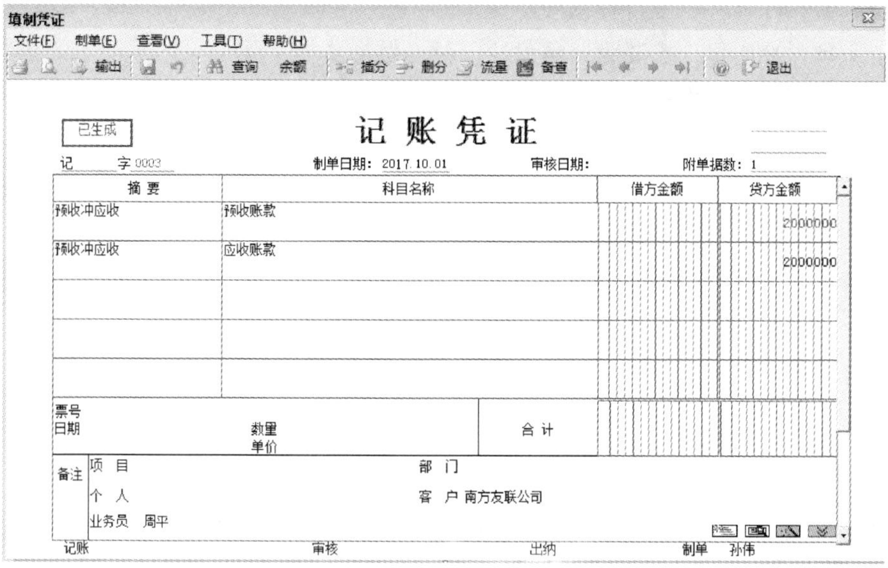

图 4-50　系统生成的记账凭证

任务五　应付款管理系统的日常业务处理

一、知识要点

由于赊购或其他方面原因形成了企业往来款项，这些往来款项如果不能得到及时处理，企业经营活动就会受到一定影响，用友 U8 财务软件提供的应付系统对这些往来款项进行了有效的管理。

应付管理模块以发票、费用单据、其他应付单据等原始单据为依据，记录采购业务所形成的往来款项，处理应付款项的支付和转账，进行账龄分析，并对往来票据、合同进行管理，同时提供统计分析、打印和查询输出功能，以及与采购管理、账务处理等模块进行数据传递的功能。

二、实例应用

【操作资料】

10 月 1 日预付南方钢厂 500 000 元货款，转账支票结算，票号：0008，转账处理。摘要为：预付货款。

借：预付账款——南钢　　　　500 000

贷：银行存款——工行存款　　500 000

接着，预付冲应付，摘要为：预付冲应付，做：

借：应付账款——南钢　　500 000

贷：预付账款——南钢　　500 000

【操作提示】

（1）以操作员“001”登录，登录时间：2017. 10. 01。然后点击“业务工作”—“财务会计”—“应付账款管理”—“付款单据处理”—“付款单据录入”，打开“付款单据录入”，如图 4-51 所示。

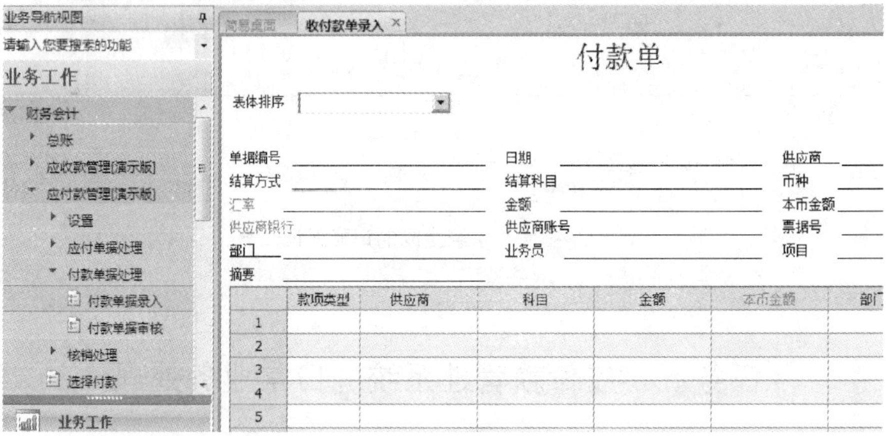

图 4-51　付款单

（2）进入“付款单”界面，点击左上角“增加”，然后根据资料填写，点击“保存”—“审核”，如图 4-52 所示。

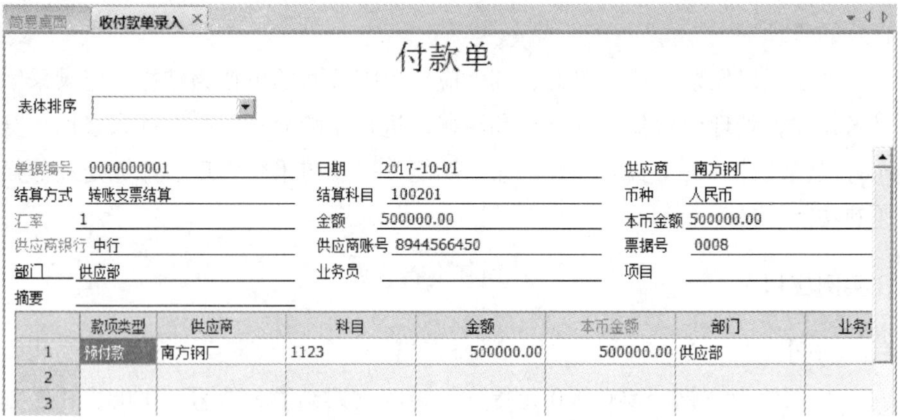

图 4-52　付款单

（3）弹出“是否立即制单?”对话框，单击“是”，然后进入“填制凭证”界面，在摘要栏填写“预付货款”，单击“保存”，如图 4-53 所示。

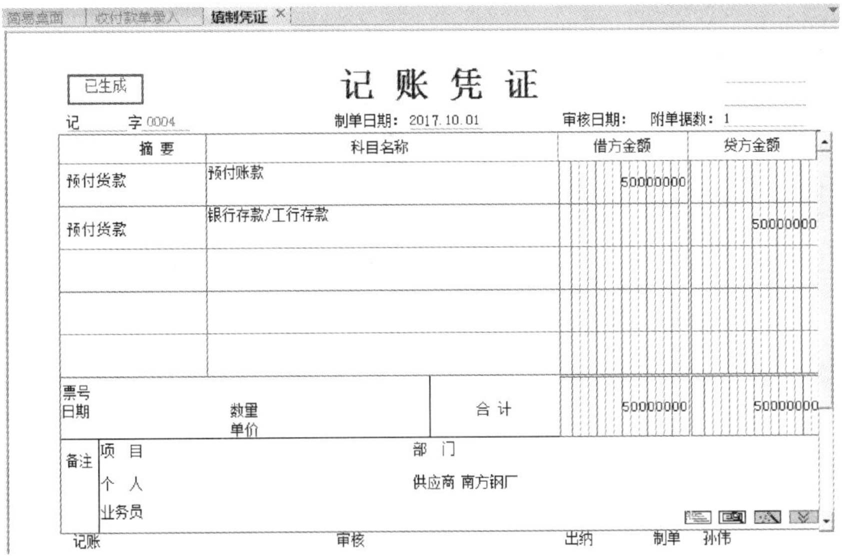

图 4-53 系统生成的记账凭证

（4）依次点击“转账”—“预付冲应付”，在“预付冲应付”界面，点击“预付款”，供应商选择“02-南方钢厂”，然后点击“过滤”，在第一行列表的“转账金额”处输入“500 000”，如图 4-54 所示。

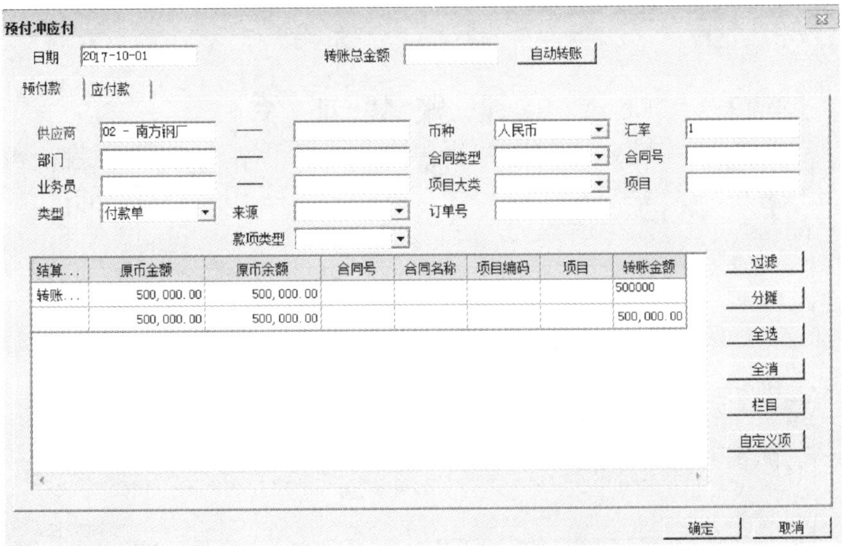

图 4-54 预付冲应付

（5）依次点击“应付款”—“过滤”，在第一行列表的“转账金额”处输入“500 000”，接着点击“确定”，如图 4-55 所示。

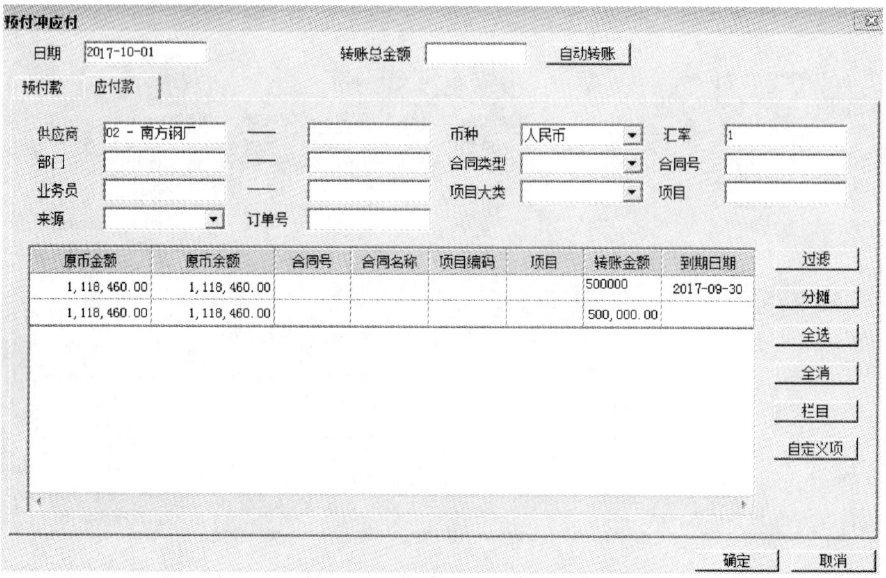

图 4-55 预付冲应付

（6）弹出“是否立即制单?”对话框，单击“是”，然后进入“填制凭证”界面，在摘要栏填写“预付冲应付”，单击“保存”，如图 4-56 所示。

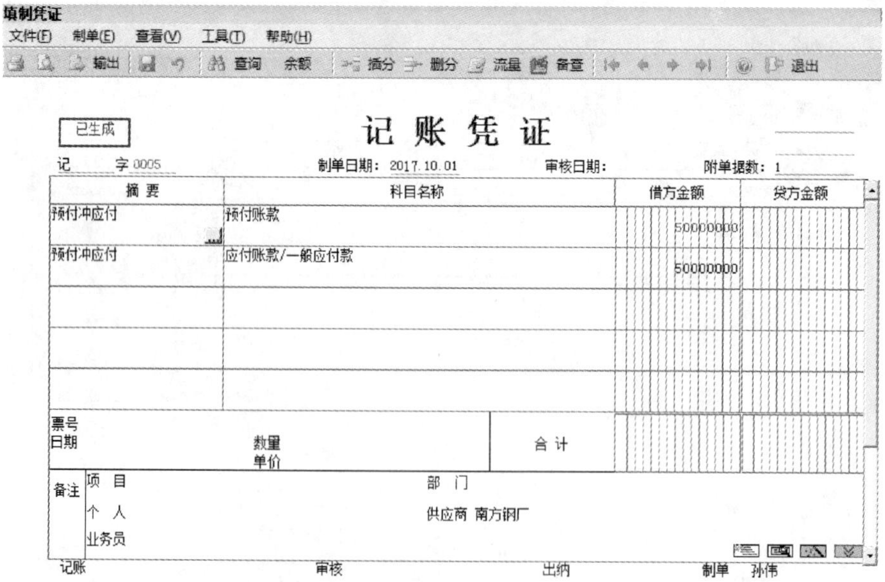

图 4-56 系统生成的记账凭证

任务六 采购业务的日常业务处理

一、知识要点

采购业务处理主要包括请购、订货、入库、采购发票、采购结算等采购业务全过程的管理，可以处理普通采购业务、受托代销业务、直运业务等业务类型。企业可根据实际业务情况，对采购业务流程进行可选配置。

本系统提供各种采购明细表、增值税抵扣明细表、各种统计表及采购账簿供用户查询。同时提供采购成本分析、供应商价格对比分析、采购类型结构分析、采购资金比重分析、采购费用分析、采购货龄综合分析。

普通采购业务处理属于典型操作，适合于大多数企业的日常采购业务，提供对采购请购、采购订货、采购入库、采购发票填制、采购结算、采购付款全过程的管理：

（1）采购请购。

采购请购是指企业内部各部门向采购部门提出采购申请，或采购部门汇总企业内部采购需求列出采购清单。请购是采购业务的起点，可以依据审核后的采购请购单生成采购订单。在采购业务流程中，请购环节是可省略的。

（2）采购订货。

订货是指企业与供应商签订采购合同或采购协议，确定订货需求。供应商根据采购订单组织货源，企业依据采购订单进行验收。在采购业务流程中，订货环节也是可选的。

（3）采购到货。

采购到货是采购订货和采购入库的中间环节，一般由采购业务员根据供方通知或送货单填写，确定对方所送货物、数量、价格等信息，以到货单的形式传递到仓库作为保管员收货的依据。在采购业务流程中，到货处理可选可不选。

（4）采购入库。

采购入库是指对供应商提供的物料检验（也可以免检）确定合格后，放入指定仓库的业务。当采购管理系统与库存管理系统集成使用时，入库业务在库存管理系统中进行处理。当采购管理系统不与库存管理系统集成使用时，入库业务在采购管理系统中进行处理。在采购业务流程中，入库处理是必需的。

采购入库单是仓库管理员根据采购到货签收的实收数量填制的入库单据。采购入库单既可以直接填制，也可以由“采购订单”或“采购到货单”生成。

（5）采购发票。

采购发票是供应商开出的销售货物的凭证，系统根据采购发票确定采购成本，并据以登记应付账款。采购发票按业务性质分为蓝字发票和红字发票；按发票类型分为增值税专用发票、普通发票和运费发票。

采购发票既可以直接填制，也可以由“采购订单”“采购入库单”或其他的“采购发票”拷贝生成。

（6）采购结算。

采购结算也称采购报账，在手工业务中，采购业务员将经主管领导审批过的采购发票和仓库确定的入库单送到财务部门，由财务人员确定采购成本。在本系统中采购结算是针对采购入库单，根据发票确定其采购成本。采购结算的结果是生成采购结算单，它是记载采购入库单与采购发票对应关系的结算对照表。采购结算分为自动结算和手工结算两种方式。

自动结算是由计算机系统自动将相同供货单位的货物相同且数量相等的采购入库单和采购发票进行结算。

使用“手工结算”功能可以进行正数入库单与负数入库单结算、正数发票与负数发票结算、正数入库单与正数发票结算、费用发票单独结算。手工结算时可以结算入库单中的部分货物，未结算的货物可以在取得发票后再结算。可以同时对多张入库单和多张发票进行报账结算。手工结算还支持到下级单位采购、付款给其上级主管单位的结算，支持三角债结算。

如果费用发票在货物发票已经结算后才收到，为了将该笔费用计入对应存货的采购成本，需要采用费用发票单独结算的方式。

另外，针对采购现付业务，即采购业务发生后开具发票并同时付款，在填制采购发票保存后，可立即执行现付功能。

二、实例应用

（一）普通采购业务

【操作资料】

（1）1 日，向南方钢厂咨询，16G 闪迪 U 盘价格为 20 元/个（不含税，下同），评估后认为价格合理，提出请购数量为 1 000 个，业务员据此填制请购单，需求日期为 10 月 5 日。

（2）1 日，上级同意订购 1 000 个 16G 闪迪 U 盘，单价为 20 元/个，要求到货日期为 10 月 5 日。

（3）5 日，收到所订购的 16G 闪迪 U 盘 1 000 个，填制到货单。

（4）5 日，将收到的货物验收入成品仓，填制采购入库单。

（5）5 日，收到采购专用发票，票号为 20361，业务部门将发票送交财务部门。

【知识链接】

本类业务操作流程如图 4-57 所示。

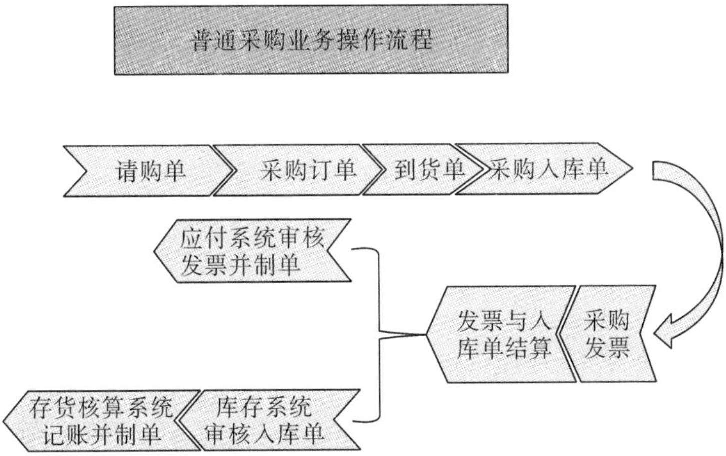

图 4-57　普通采购业务操作流程

【操作提示】

（1）填制请购单。

以“001”账套主管的身份、10 月 1 日注册企业应用平台，点击“业务工作”—“供应链”—“采购管理”—“请购”—“请购单”—工具栏的“增加”，在“采购请购单”窗口输入相关信息，点击工具栏的“保存”“审核”，如图 4-58 所示。

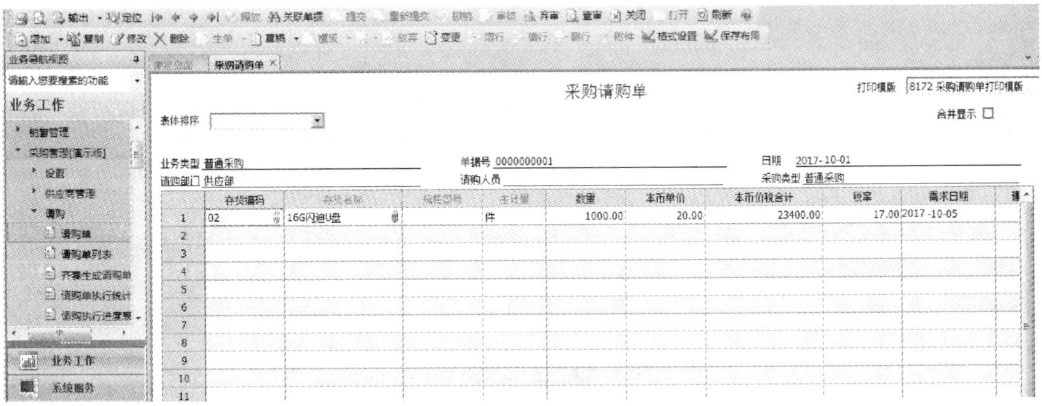

图 4-58　填制请购单

（2）生成采购订单。

①点击“业务工作”—“供应链”—“采购管理”—“采购订货”—“采购订单”，在 工具栏点击“增加”—“生单”右边的“▾”—弹出的下拉菜单中选择“请购单”—

弹出的“查询条件选择”窗口里点击“确定”，在弹出的“拷贝并执行”窗口里选择请购单记录，如图 4-59 所示，点击“确定”按钮。

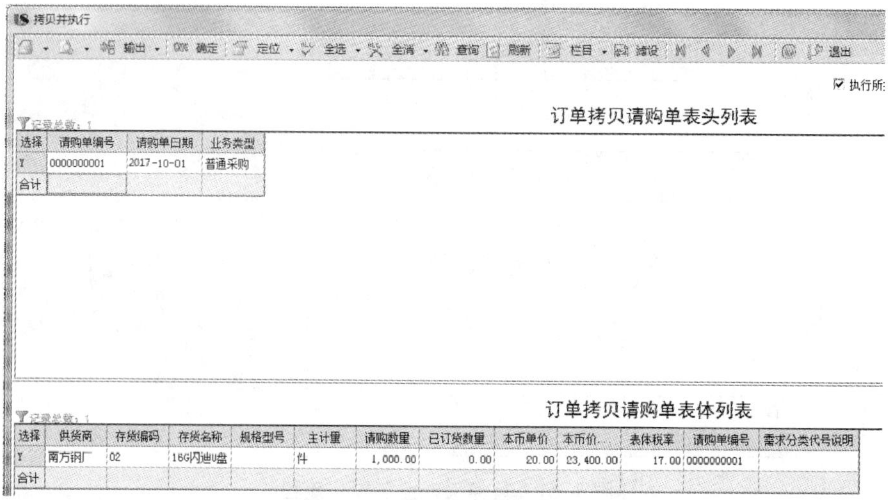

图 4-59 生成采购定单

②在“采购订单”窗口，输入相关信息后，在工具栏点击“保存”“审核”，如图 4-60 所示。

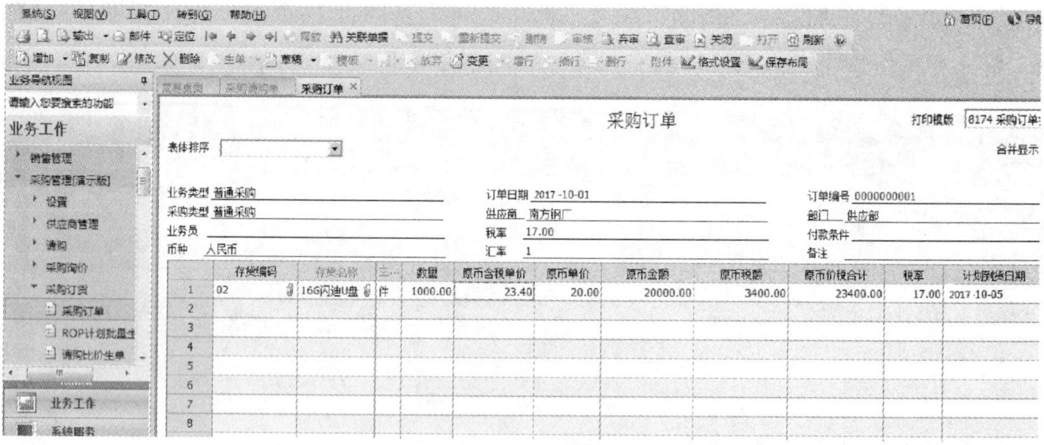

图 4-60 生成采购订单

（3）生成到货单。

①以“001”账套主管的身份、10 月 5 日注册企业应用平台，点击“业务工作”—“供应链”—“采购管理”—“采购到货”—“到货单”，在工具栏点击“增加”—“生单”右边的“▼”—弹出的下拉菜单中选择“采购订单”—弹出的“查询条件选择”窗

口里“确定”，在弹出的“拷贝并执行”窗口里选择订单记录，如图 4-61 所示，点击“确定”按钮。

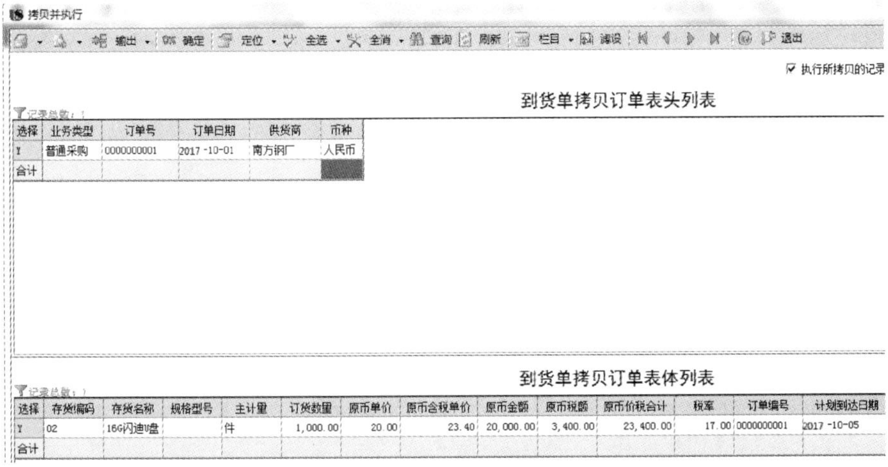

图 4-61　生成到货单

②在“到货单”窗口，点击“保存”“审核”按钮，如图 4-62 所示，退出本窗口。注意：不可以点击“关闭”按钮，否则不可以生成后续的采购入库单。

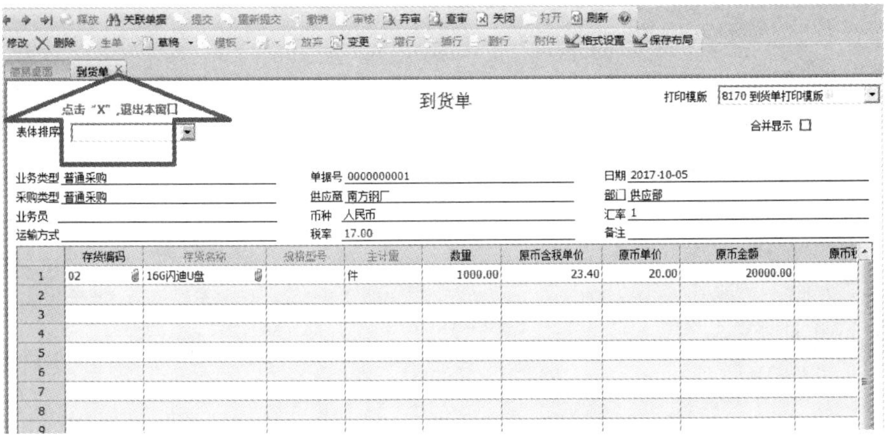

图 4-62　生成到货单

（4）生成采购入库单。

①点击“业务工作”—“供应链”—“库存管理”—“入库业务”—“采购入库单”—工具栏“生单”右边的“▾”—弹出的下拉菜单中选择“采购到货单（蓝字）”—弹出的“查询条件选择”窗口里点击“确定”，在弹出的“到货单生单列表”窗口里选择到货单记录，如图 4-63 所示，点击“确定”按钮。

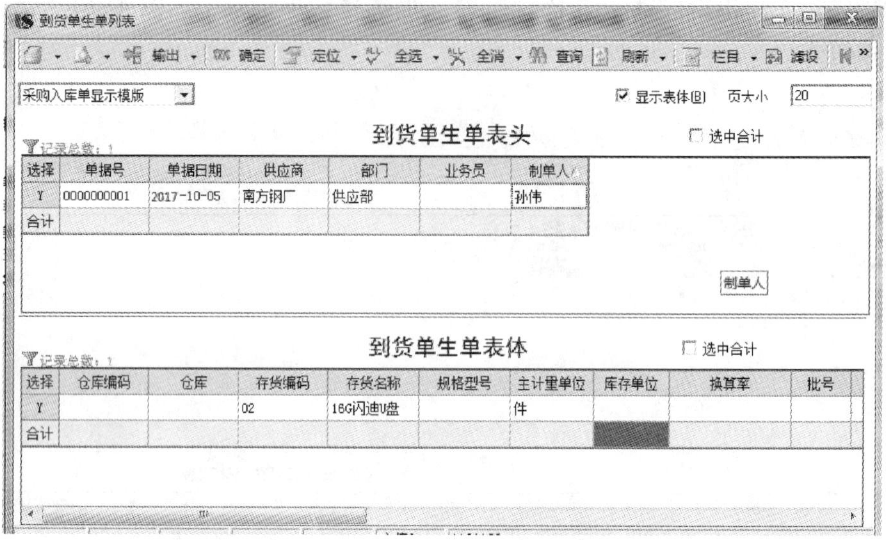

图 4-63　生成采购入库单

②在“采购入库单”窗口输入相关信息后，点击“保存”“审核”，系统提示：“该单据审核成功！”如图 4-64 所示，点击“确定”，关闭“采购入库单”窗口。

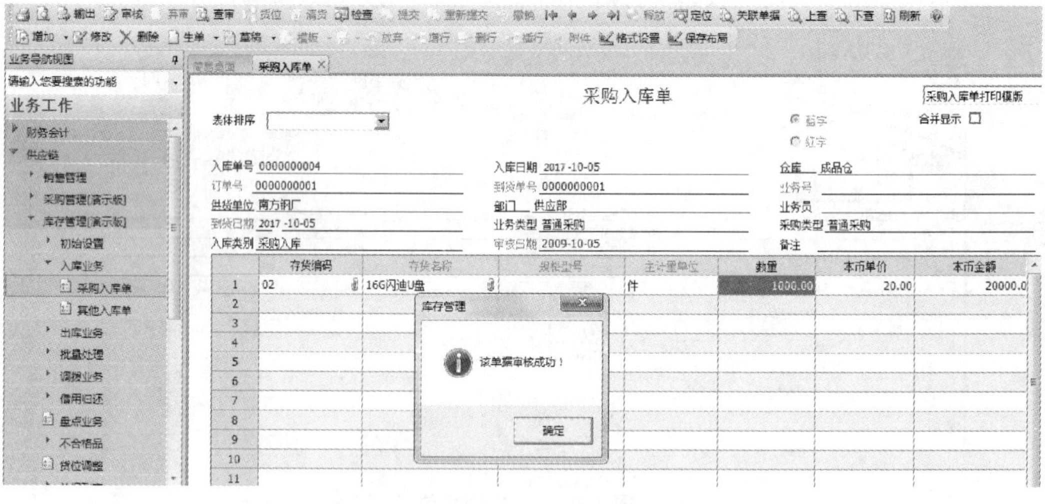

图 4-64　生成采购入库单

（5）生成采购专用发票。

①点击“业务工作”—“供应链”—“采购管理”—“采购发票”—“专用采购发票”，在工具栏点击“增加”—“生单”右边的“▾”—弹出的下拉菜单中选择“入库单”—弹出的“查询条件选择”窗口里点击“确定”，在弹出的“拷贝并执行”窗口里选择 10 月 5 日的入库单记录，如图 4-65 所示，点击“确定”按钮。

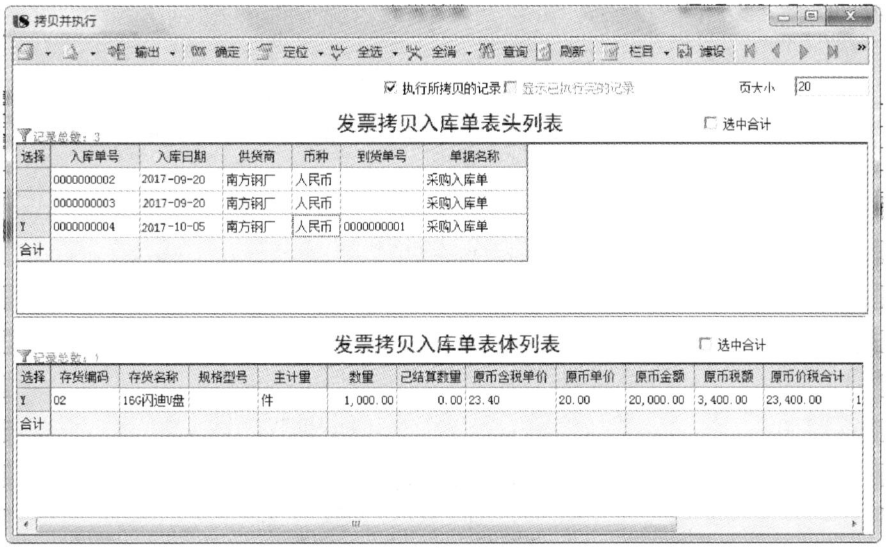

图 4-65 生成采购专用发票

②在“专用发票”窗口里“发票号”栏输入“20361”，点击工具栏的“保存”“结算”按钮，如图 4-66 所示，关闭本窗口。

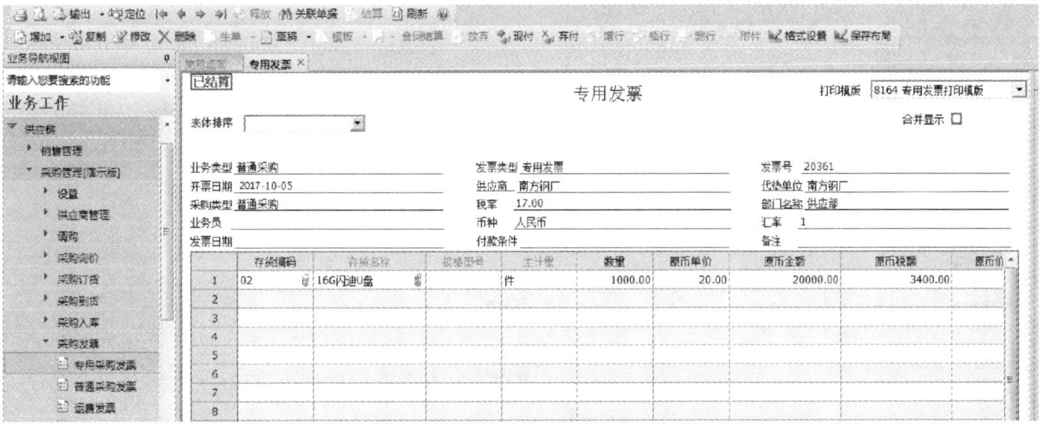

图 4-66 生成采购专用发票

（6）审核采购发票并制单。

①点击“业务工作”—“财务会计”—“应付款管理”—“应付单据处理”—“应付单据审核”—弹出的“应付单查询条件”窗口里点击“确定”，弹出“单据处理”窗口，如图 4-67 所示。

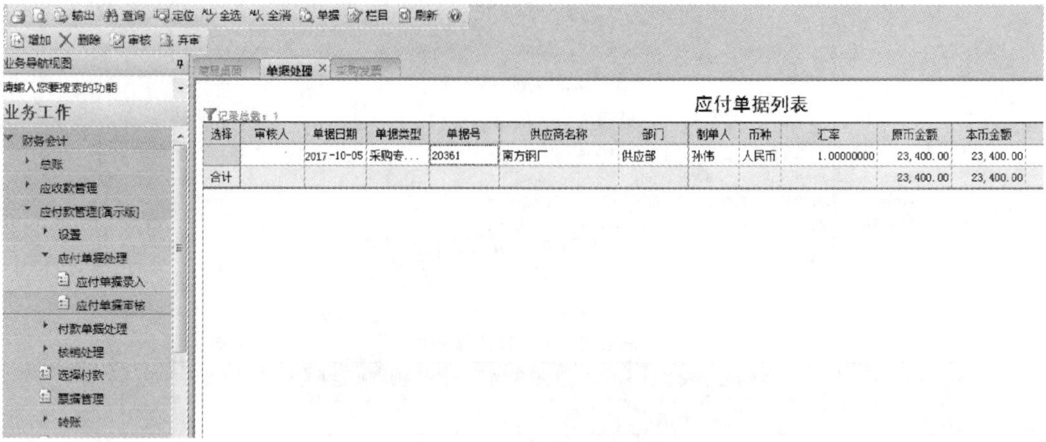

图 4-67　审核采购发票

②双击单据号为“20361”的记录，点击弹出的“采购发票”窗口里工具栏的“审核”，系统提示：“是否立即制单?”如图 4-68 所示。

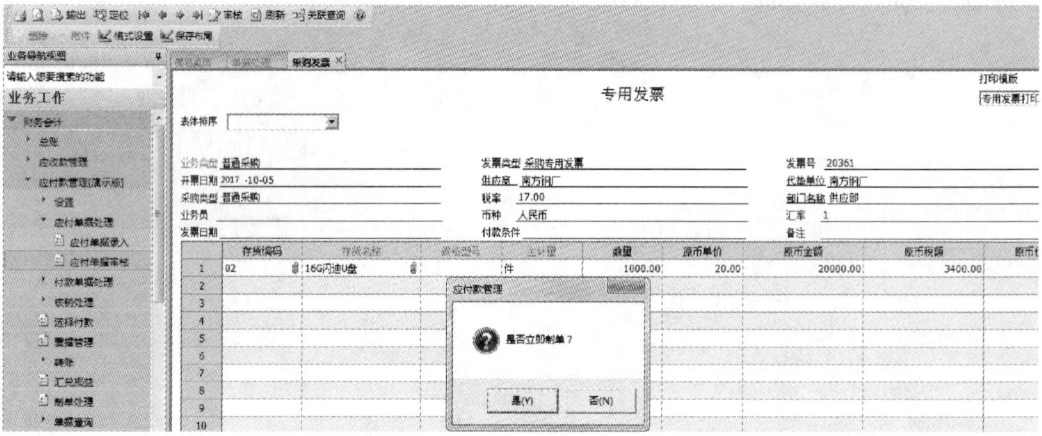

图 4-68　制单

③点击“是（Y）”，在弹出的“填制凭证”窗口，修改摘要后，点击“保存”，如图 4-69 所示，关闭本窗口。

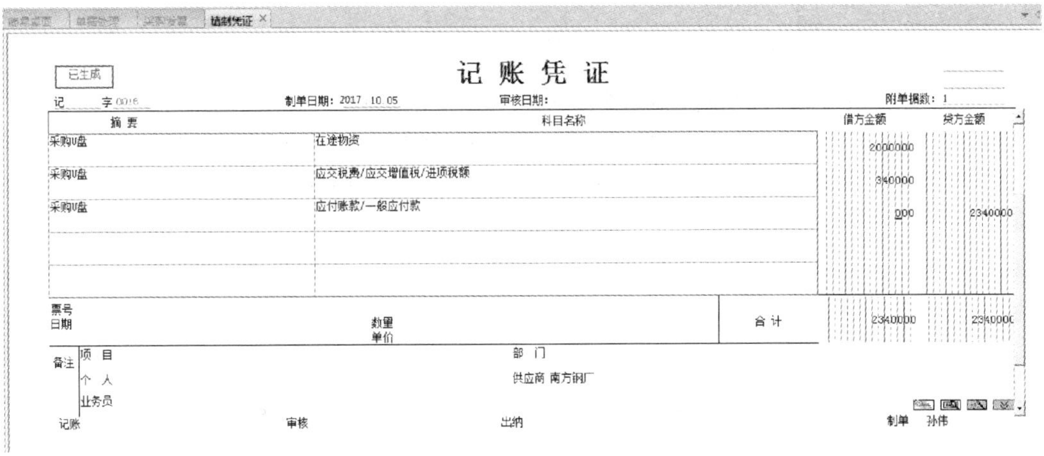

图 4-69 生成记账凭证

（7）将采购入库单记账并制单。

①点击“供应链”—“存货核算”—“业务核算”—“正常单据记账”—弹出的“查询条件选择”窗口里的“确定”，在弹出的“未记账单据一览表”窗口选择记录，点击“记账”按钮，系统提示：“记账成功。”如图 4-70 所示，点击“确定”，并关闭本窗口。

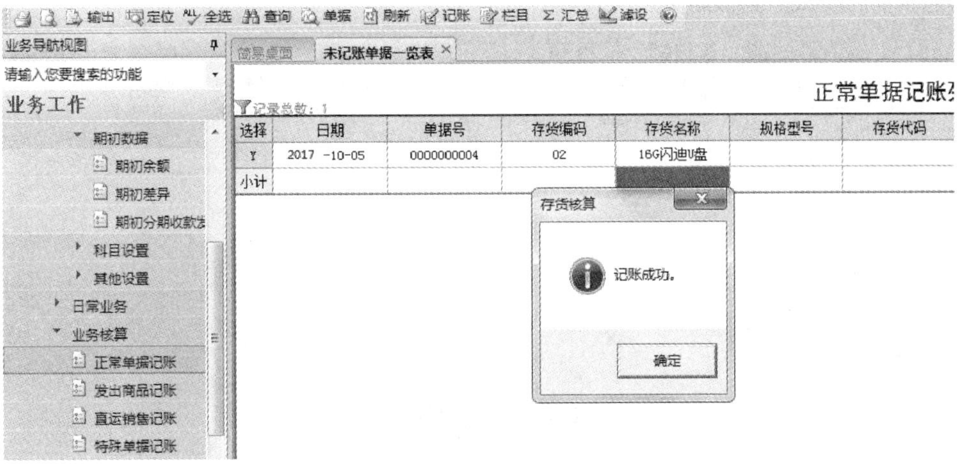

图 4-70 采购入库单记账

②双击“供应链”—“存货核算”—“财务核算”—“生成凭证”，单击工具栏“选择”按钮—弹出的“查询条件”窗口里“确定”按钮，在弹出的“选择单据”窗口里 10 月 5 日采购入库单记录的“选择”栏输入“1”，如图 4-71 所示，点击“确定”按钮。

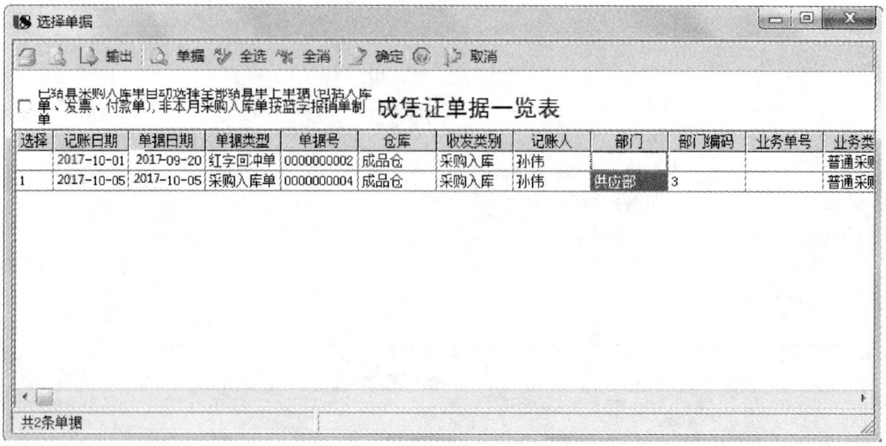

图 4-71 选择单据

③在弹出的“生成凭证”窗口录入合适的科目编码，如图 4-72 所示，点击“生成”按钮。

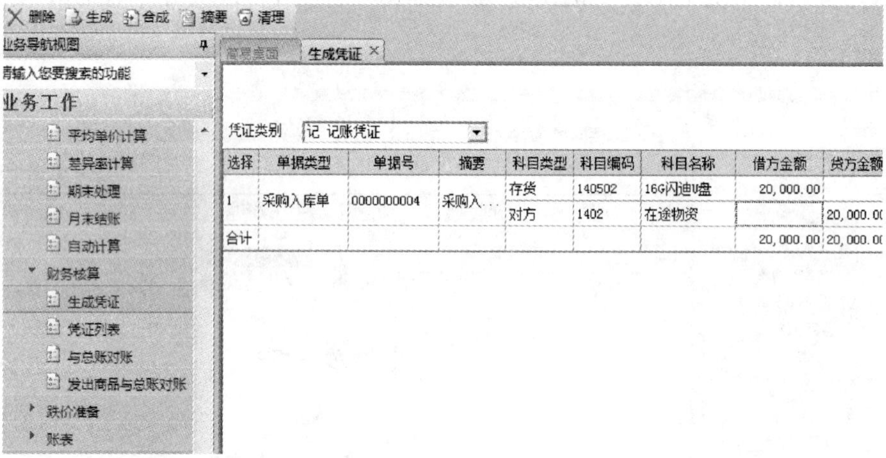

图 4-72 生成凭证

④在弹出的“填制凭证”窗口，修改摘要为“采购 U 盘入库”，点击“保存”按钮，系统生成正式凭证，如图 4-73 所示，关闭本窗口。

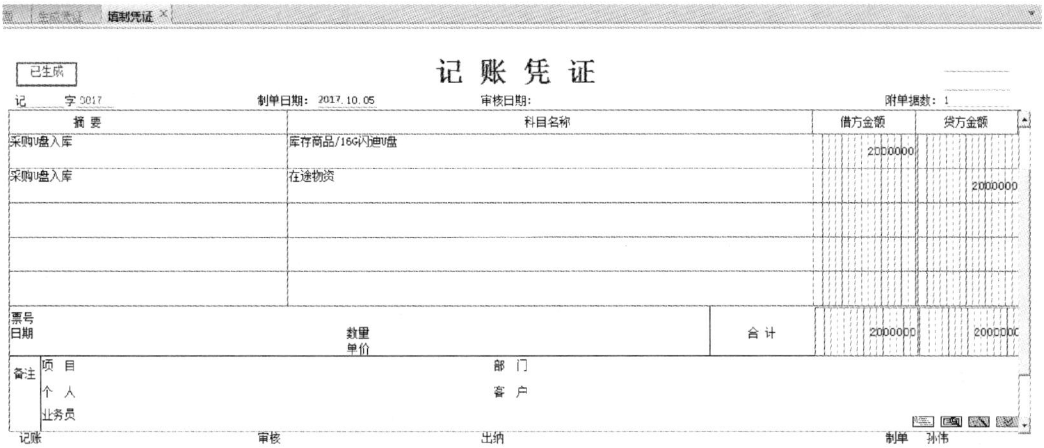

图 4-73　生成记账凭证

（二）采购运费业务

【操作资料】

6 日，向北方旭日公司采购 8G 闪迪 U 盘 2 000 个，单价为 10 元/个，验收入库，同时收到专用发票一张，票号为 20362，另外，在采购过程中，发生一笔运输费 200 元（不含税），税率为 11%，收到相应运费增值税专用发票，票号为 0001。（两张发票合并制单）

【知识链接】

业务操作流程如图 4-74 所示。

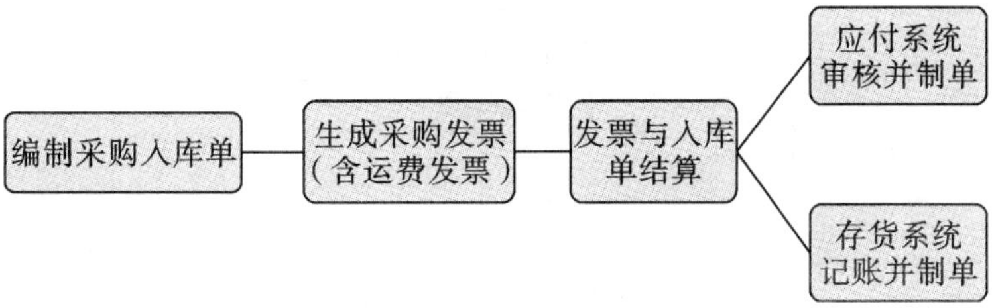

图 4-74　采购运费业务操作流程

【操作提示】

（1）编制采购入库单。

以“001”账套主管的身份、10 月 6 日注册企业应用平台，点击“业务工作”—“供应链”—“库存管理”—“入库业务”—“采购入库单”—工具栏的“增加”，在“采购入库单”窗口输入相关信息，点击“保存”“审核”按钮，系统提示：“该单据审核成功！”如图 4-75 所示，点击“确定”，并关闭本窗口。

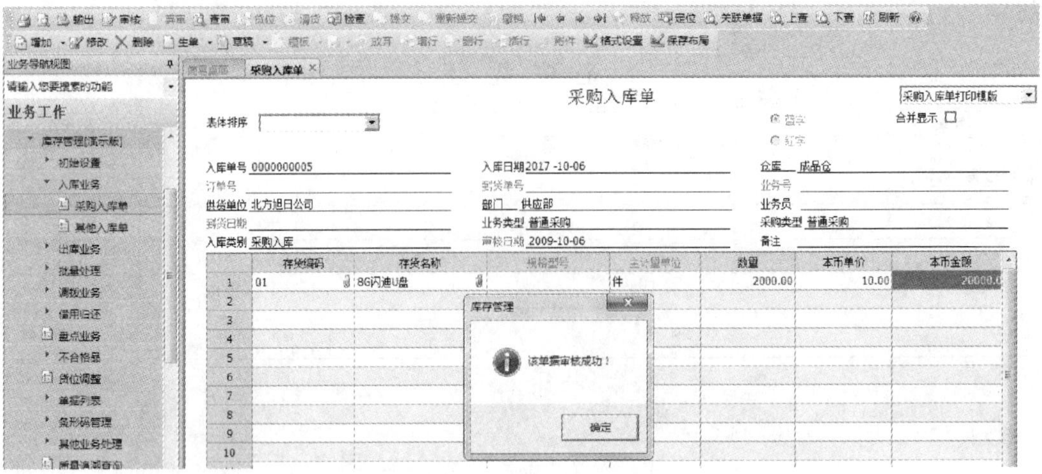

图 4-75 编制采购入库单

（2）生成采购发票（含运费发票）。

①点击“业务工作”—“供应链”—“采购管理”—“采购发票”—“专用采购发票”，在工具栏点击“增加”—“生单”右边的“▾”—弹出的下拉菜单中选择“入库单”—弹出的“查询条件选择”窗口里点击“确定”，在弹出的“拷贝并执行”窗口里选择 10 月 6 日的入库单记录，如图 4-76 所示，点击“确定”按钮。

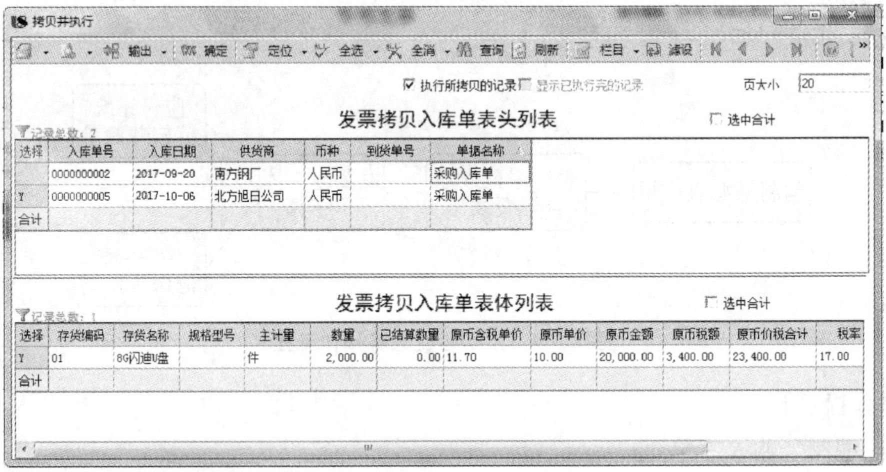

图 4-76 拷贝入库单

②在“专用发票”窗口里“发票号”栏输入“20362”，点击工具栏的“保存”按钮，如图 4-77 所示，关闭本窗口。

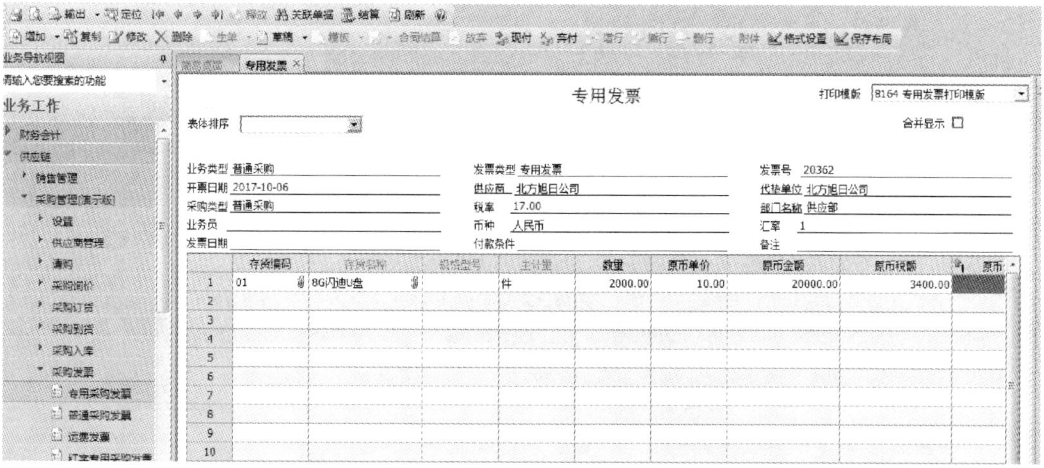

图 4-77 输入发票号

③点击工具栏的“增加”，在弹出的“专用发票”新窗口里“发票号”栏输入“0001”，在其他栏输入相关信息后，点击“保存”，如图 4-78 所示，并关闭本窗口。

图 4-78 生成采购发票

（3）采购结算。

①点击“业务工作”—“供应链”—“采购管理”—“采购结算”—“手工结算”-工具栏的“选单”，在弹出的“结算选单”窗口点击“查询”—弹出的“查询条件选择”窗口里点击“确定”，在“结算选单”窗口，选定两条 10 月 6 日发票记录及入库单记录，如图 4-79 所示，点击“确定”。

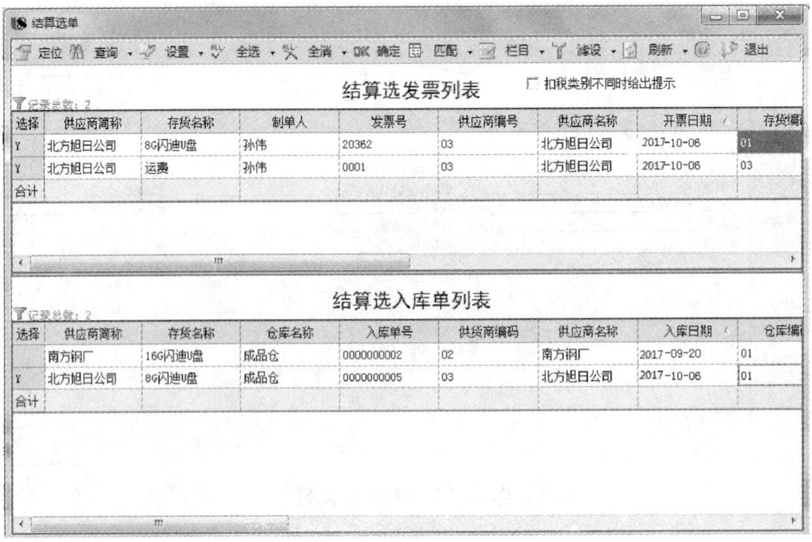

图 4-79　结算选单

②在“手工结算”窗口，点击“分摊”，系统提示：“选择按金额分摊，是否开始计算?”如图 4-80 所示。

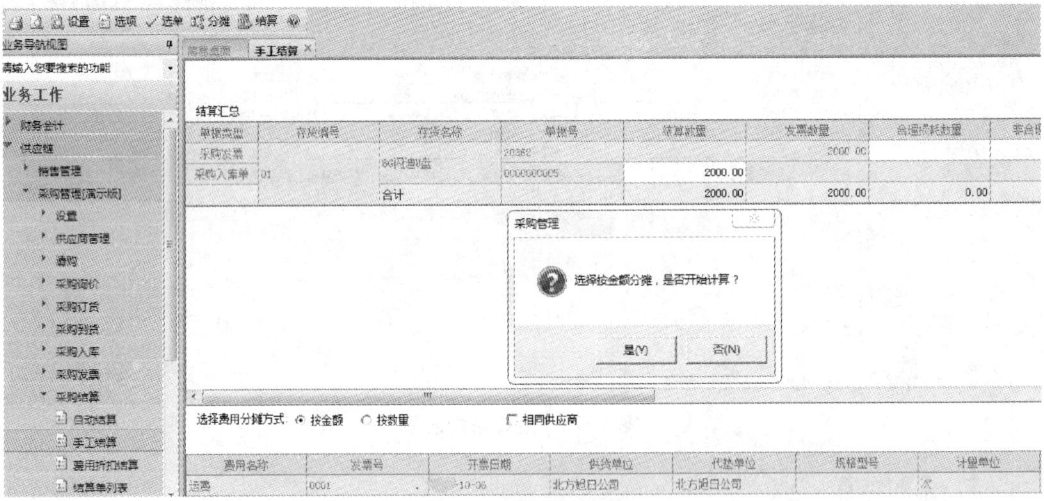

图 4-80　手工结算

③点击“是（Y）”，系统提示：“费用分摊（按金额）完毕，请检查。”点击“确定”—工具栏的“结算”，系统提示：“……是否继续?”如图 4-81 所示。

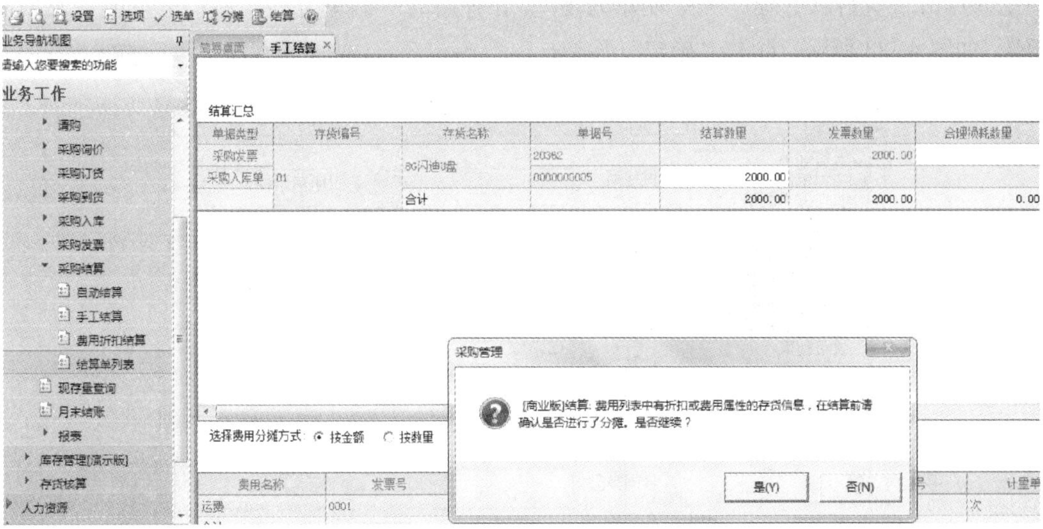

图 4-81　手工结算

④点击“是（Y）”，系统提示：“完成结算！”，点击“确定”，关闭本窗口。

（4）审核采购发票并合并制单。

①点击“业务工作”—“财务会计”—“应付款管理”—“应付单据处理”—“应付单据审核”—弹出的“应付单查询条件”窗口里“确定”，在弹出的“单据处理”窗口里“选择”栏选定两条10月6日的发票记录，出现两个“Y”，如图4-82所示。

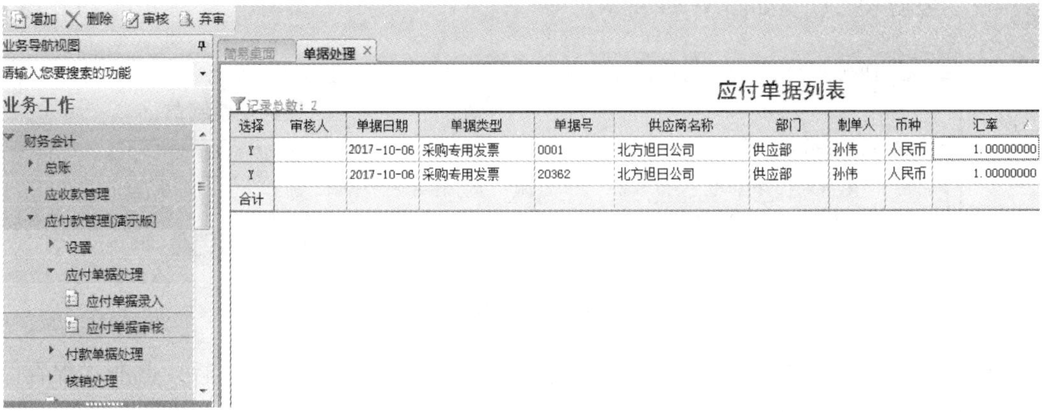

图 4-82　应付单据审核

②点击工具栏的“审核”—弹出的“提示”窗口里的“确定”，审核完成，关闭“单据处理”窗口。

③点击“应付款管理”—“制单处理”，在弹出的“制单查询”窗口里勾选“发票制单”，如图 4-83 所示，点击“确定”按钮。

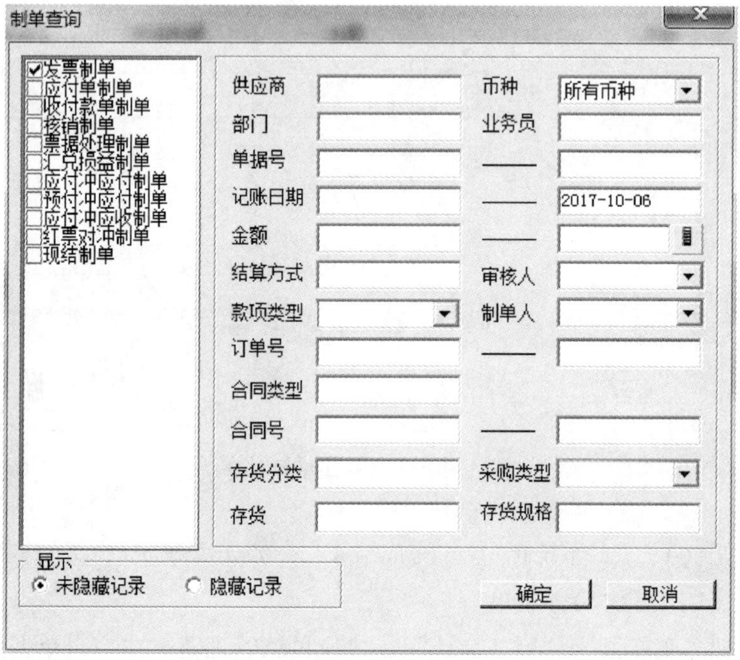

图 4-83　制单查询

④系统弹出“制单”窗口，在单据号分别为“20362”“0001”发票记录的“选择标志”栏，全输入“1”，如图 4-84 所示。

简易桌面
制单
采购发票制单
凭证类别
记账凭证
制单日期
2017-10-06
选择标志 凭证类别 单据类型 单据号 日期 供应商编码 供应商名称 部门 业务员 金额
1 记账凭证 采购专用发票 20362 2017-10-06 03 北方旭... 供应部 23,400.00
1 记账凭证 采购专用发票 0001 2017-10-06 03 北方旭... 供应部 222.00

图 4-84　制单

⑤点击工具栏的“制单”，弹出“填制凭证”窗口，修改摘要信息后，点击“保存”，如图 4-85 所示，关闭当前窗口。

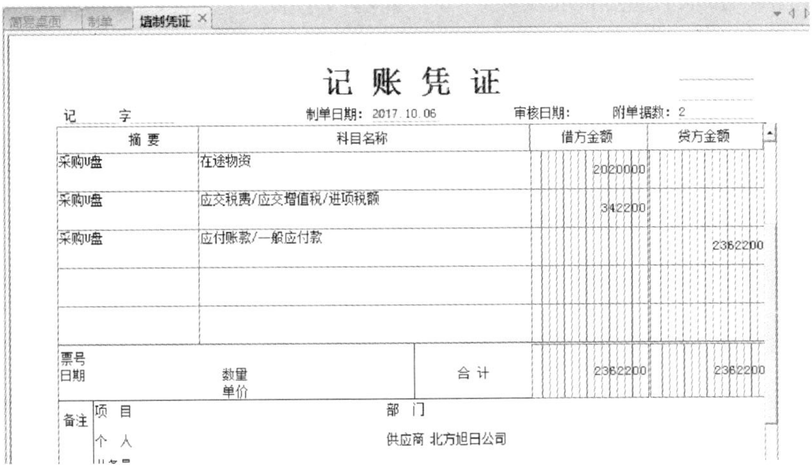

图 4-85　填制凭证

（5）将采购入库单记账并制单，如图 4-86 所示。（操作可参考“将采购入库单记账并制单”）

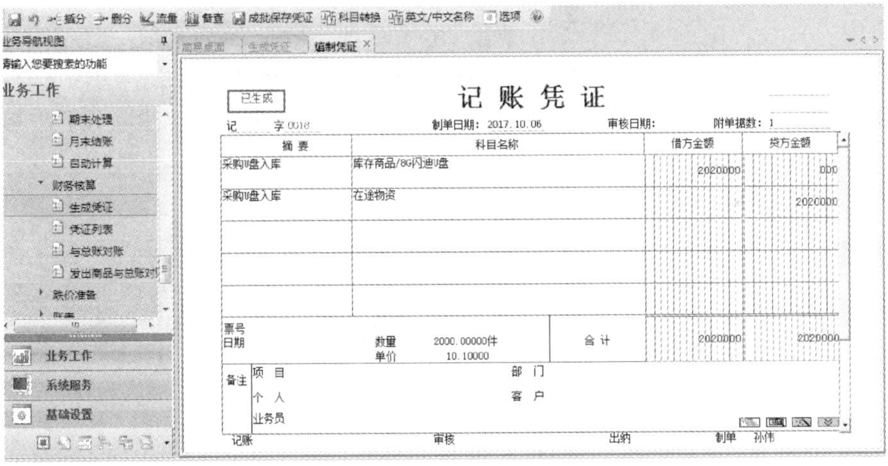

图 4-86　生成记账凭证

（三）现付业务

【操作资料】

8 日，向北方旭日公司采购 200 个 8G 闪迪 U 盘，单价 9 元，验收入库，同时，收到专用发票一张，票号为 20363，立即以转账支票 ZZ101 支付货款。

【操作提示】

（1）填制采购入库单。

以“001”账套主管的身份、10 月 8 日注册企业应用平台，点击“业务工作”—“供应链”—“库存管理”—“入库业务”—“采购入库单”-工具栏的“增加”，在“采购入库单”窗口输入相关信息，点击“保存”“审核”按钮，系统提示：“该单据审核成功！”如图 4-87 所示，点击“确定”，并关闭本窗口。

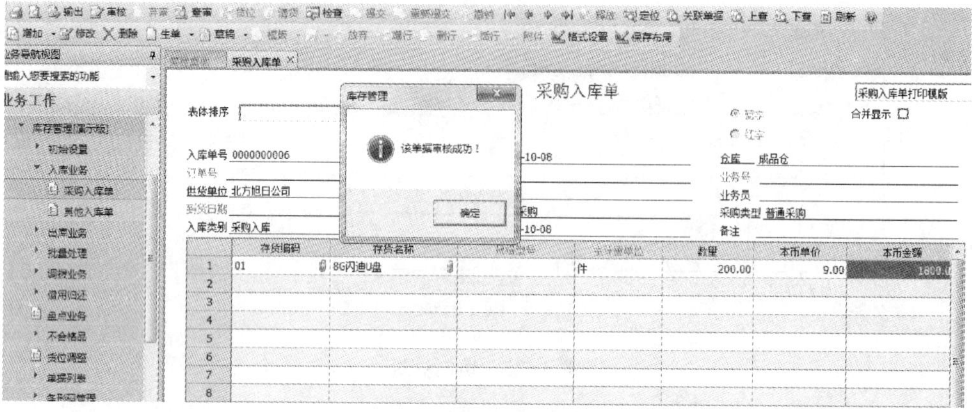

图 4-87　**填制采购入库单**

（2）生成发票，执行“现付”并结算。

①点击“业务工作”—“供应链”—“采购管理”—“采购发票”—“专用采购发票”，在工具栏点击“增加”—“生单”右边的“▼”—弹出的下拉菜单中选择“入库单”—弹出的“查询条件选择”窗口里点击“确定”，在弹出的“拷贝并执行”窗口里选择 10 月 8 日的入库单记录，如图 4-88 所示，点击“确定”按钮。

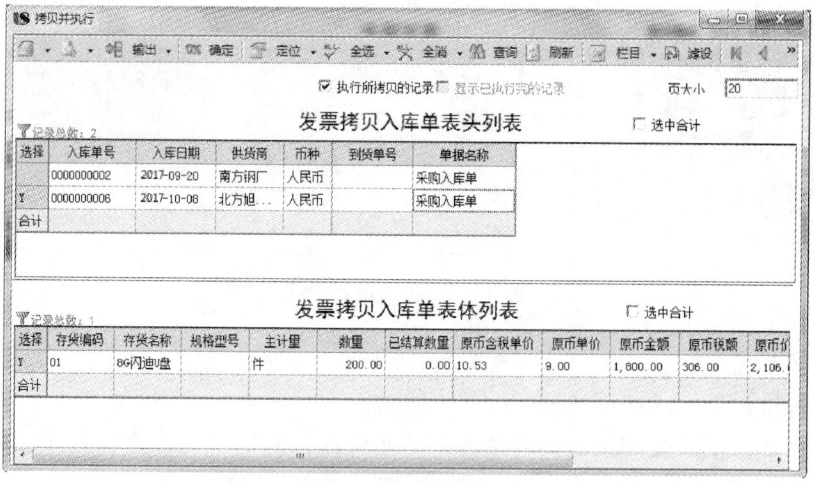

图 4-88　**拷贝入库单**

②在“专用发票”窗口里“发票号”栏输入“20363”，点击工具栏的“保存”“现付”按钮，在弹出的“采购现付”窗口录入相关信息，如图 4-89 所示，点击“确定”。

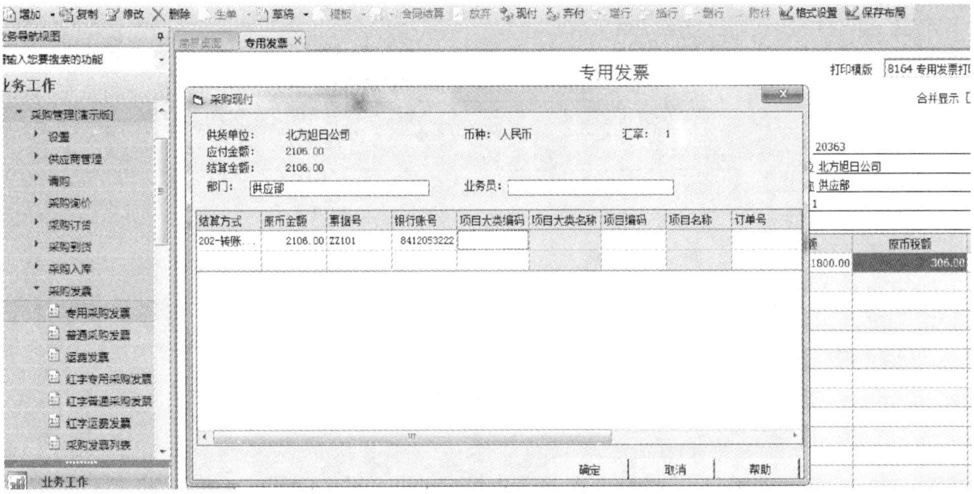

图 4-89　采购现付

③点击“结算”，如图 4-90 所示，关闭“专用发票”窗口。

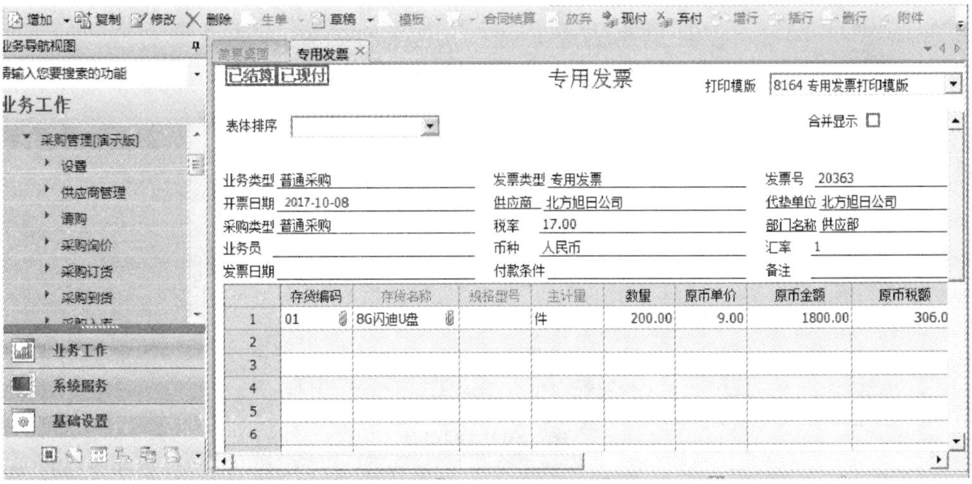

图 4-90　结算

（3）审核发票并制单。

①点击“业务工作”—“财务会计”—“应付款管理”—“应付单据处理”—“应付单据审核”，在弹出的“应付单查询条件”窗口勾选“包含已现结发票”，点击“确定”，弹出“单据处理”窗口，如图 4-91 所示。

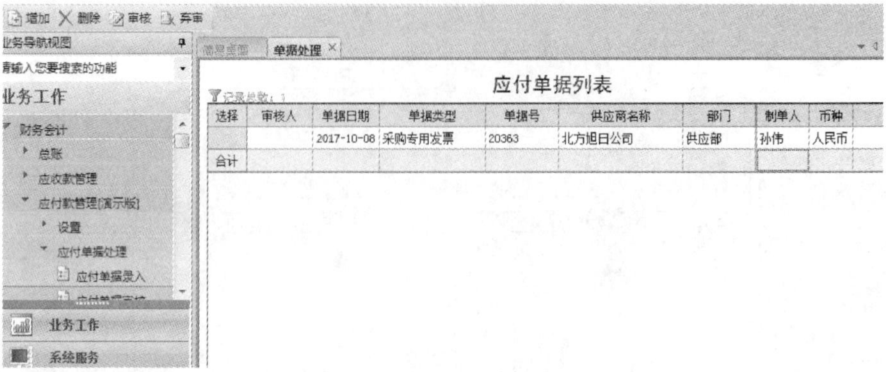

图 4-91　审核发票

②双击单据号为“20363”的记录，点击弹出的“采购发票”窗口里工具栏的“审核”，系统提示：“是否立即制单？”如图 4-92 所示。

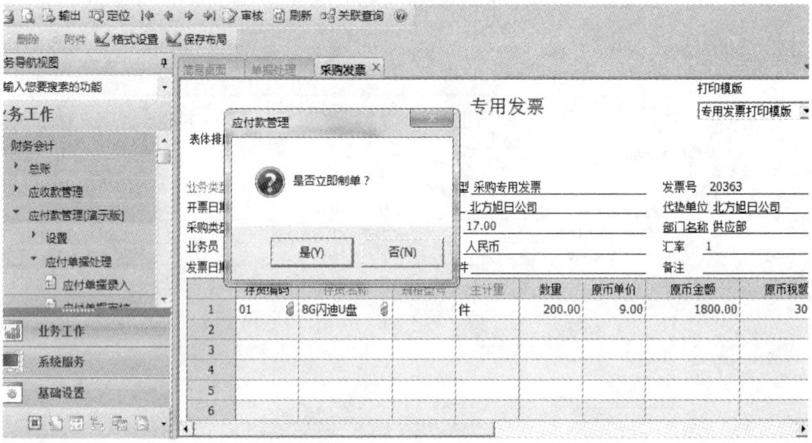

图 4-92　制单

③点击“是（Y）”，在弹出的“填制凭证”窗口修改摘要、会计科目后，点击“保存”，如图 4-93 所示，关闭本窗口。

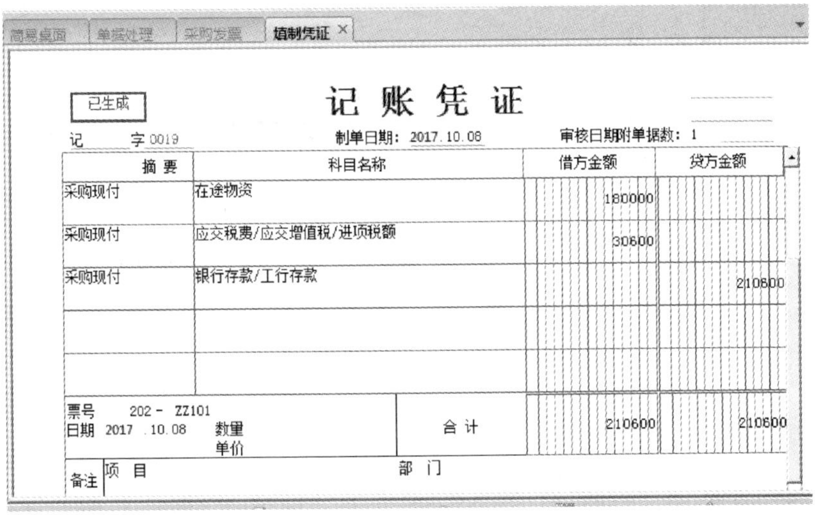
简易桌面 单据处理 采购发票 填制凭证

已生成

记账凭证

记 字 0019 制单日期：2017.10.08 审核日期 附单据数：1

摘要	科目名称	借方金额	贷方金额
采购现付	在途物资	180000	
采购现付	应交税费/应交增值税/进项税额	30600	
采购现付	银行存款/工行存款		210600
票号 202 - ZZ101 日期 2017.10.08 数量 单价	合计	210600	210600

备注 项目 部门

图 4-93 系统生成的记账凭证

（4）将采购入库单记账并制单，如图 4-94 所示。（操作可参考“将采购入库单记账并制单”）

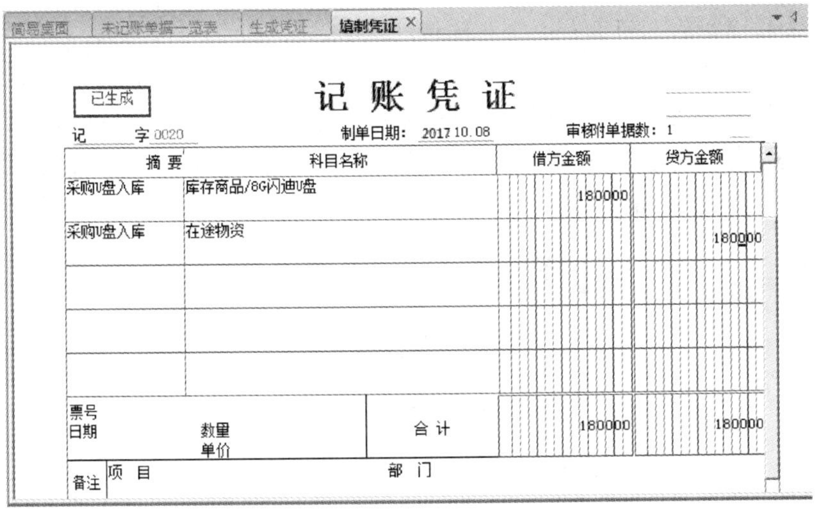
简易桌面 未记账单据一览表 生成凭证 填制凭证

已生成

记账凭证

记 字 0020 制单日期：2017.10.08 审核 附单据数：1

摘要	科目名称	借方金额	贷方金额
采购U盘入库	库存商品/8G闪迪U盘	180000	
采购U盘入库	在途物资		180000
票号 日期 数量 单价	合计	180000	180000

备注 项目 部门

图 4-94 系统生成的记账凭证

（四）暂估入库报销处理

【操作资料】

8 日收到南方钢厂上月已验收入库的 100 个 16G 闪迪 U 盘专用发票一张，票号为 20364，单价为 20 元，进行暂估报销。

【知识链接】

本业务操作流程如图 4-95 所示。

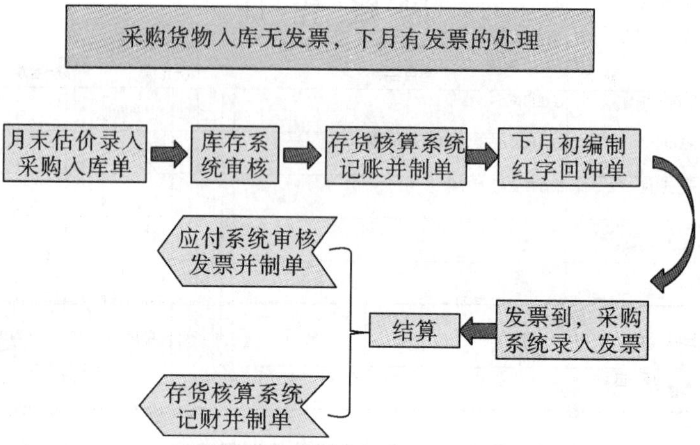

图 4-95　暂估入库业务操作流程

【操作提示】

（1）生成采购发票并结算。

①以“001”账套主管的身份、10 月 8 日注册企业应用平台，点击“业务工作”—“供应链”—“采购管理”—“采购发票”—“专用采购发票”，在工具栏点击“增加”—“生单”右边的“▼”—弹出的下拉菜单中选择“入库单”—弹出的“查询条件选择”窗口里点击“确定”，在弹出的“拷贝并执行”窗口里选择 9 月 20 日的入库单记录，如图 4-96 所示，点击“确定”按钮。

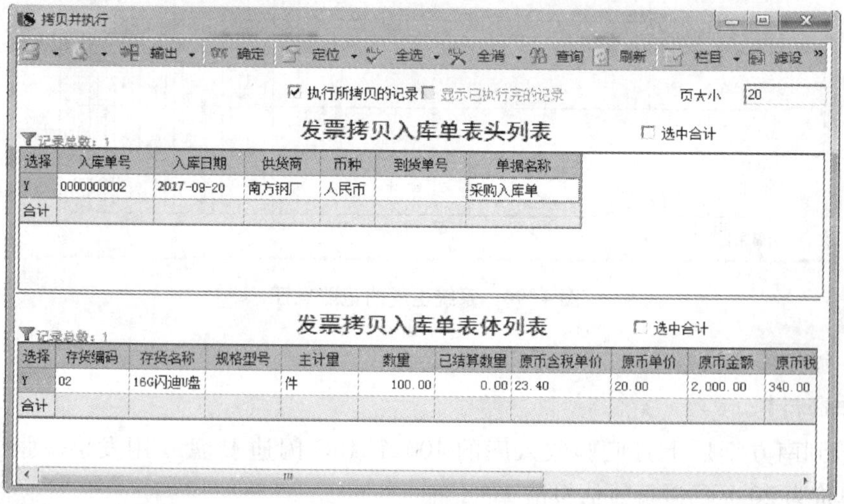

图 4-96　拷贝入库单

②在“专用发票”窗口里“发票号”栏输入“20364”，点击工具栏的“保存”“结算”按钮，如图 4-97 所示，关闭本窗口。

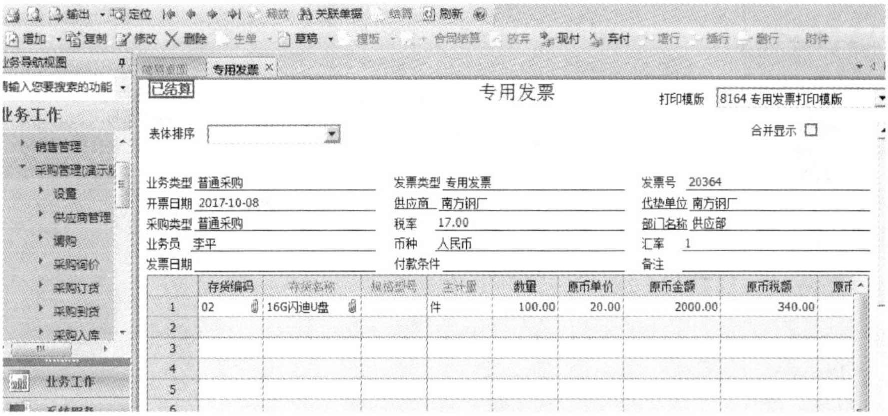

图 4-97　结算

（2）审核采购发票并制单。

①点击“业务工作”—“财务会计”—“应付款管理”—“应付单据处理”—“应付单据审核”—弹出的“应付单查询条件”窗口里“确定”，弹出“单据处理”窗口，如图 4-98 所示。

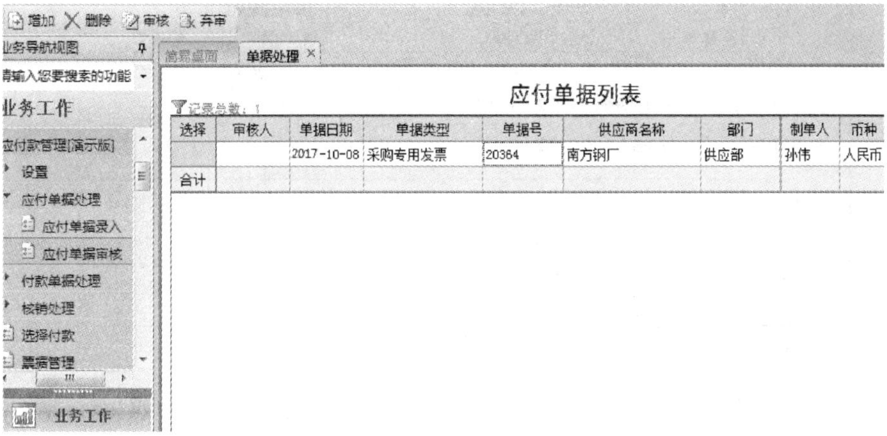

图 4-98　审核应付单据

②双击单据号为“20364”的记录，点击弹出的“采购发票”窗口里工具栏的“审核”，系统提示：“是否立即制单？”如图 4-99 所示。

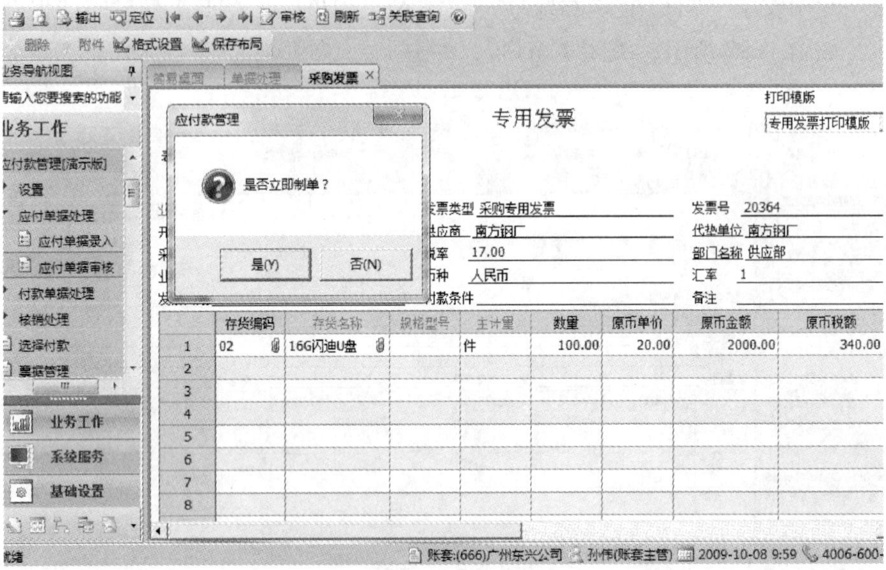

图 4-99　制单

③点击“是（Y）”，在弹出的“填制凭证”窗口修改摘要后，点击“保存”，如图 4-100 所示，关闭本窗口。

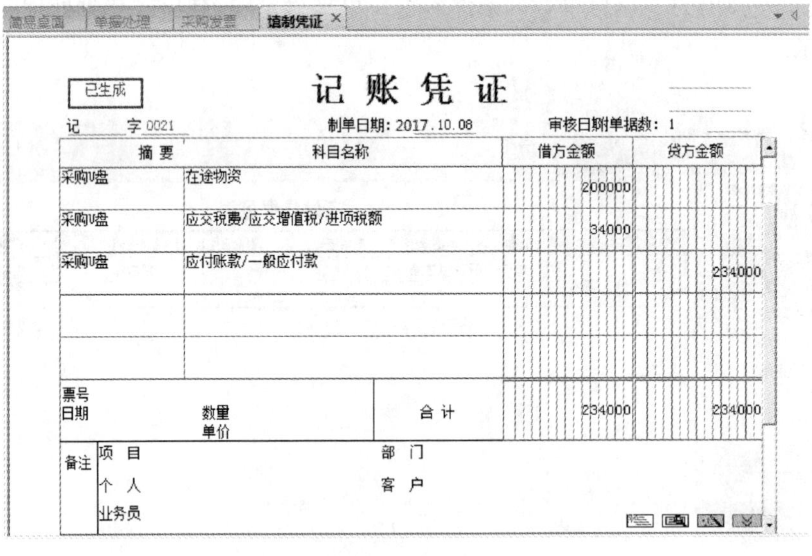

图 4-100　系统生成的记账凭证

（3）将采购入库单记账并制单。

①点击“供应链”—“存货核算”—“业务核算”—“结算成本处理”，在弹出的“暂估处理查询”窗口，点击“全选”“确定”，在弹出的“结算成本处理”窗口选择 9 月

20 日的记录，点击工具栏的“暂估”按钮，系统提示：“暂估处理完成。”如图 4-101 所示，点击“确定”，并关闭本窗口。

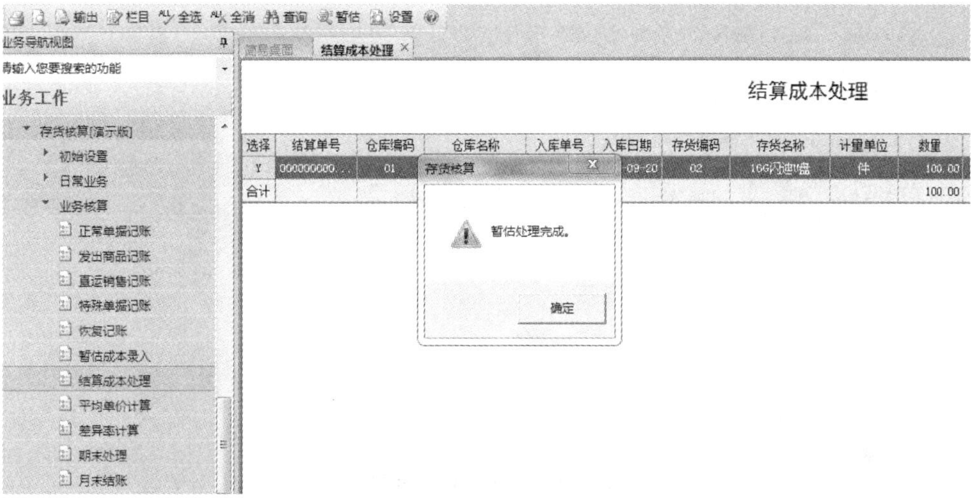

图 4-101　暂估处理

②双击“供应链”—“存货核算”—“财务核算”—“生成凭证”，单击工具栏“选择”按钮—弹出的“查询条件”窗口里“确定”按钮，在弹出的“选择单据”窗口里“单据类型”为“红字回冲单”“蓝字回冲单”的采购入库单记录的“选择”栏分别输入“1”“2”，如图 4-102 所示，点击“确定”按钮。

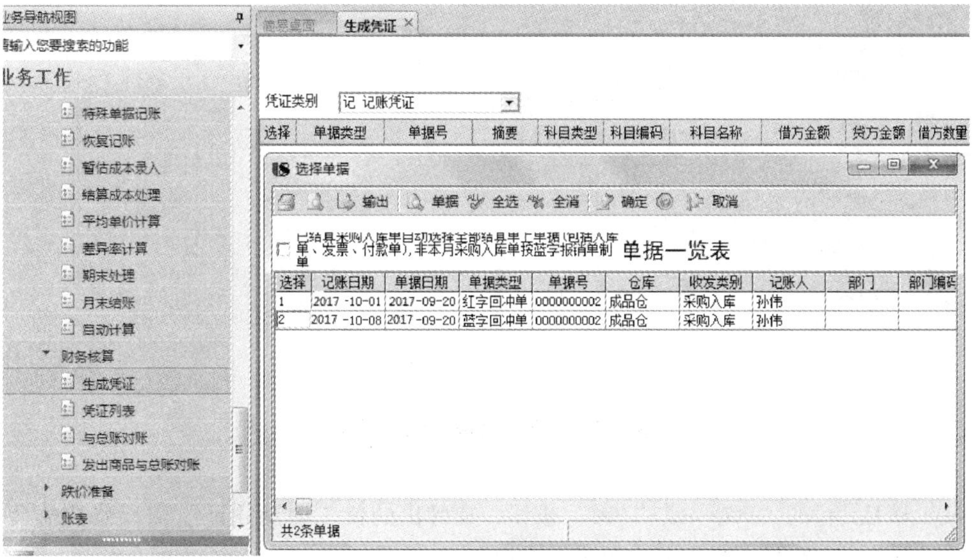

图 4-102　选择单据类型

③在弹出的"生成凭证"窗口，填制合适的科目编码，如图 4-103 所示，点击"生成"按钮。

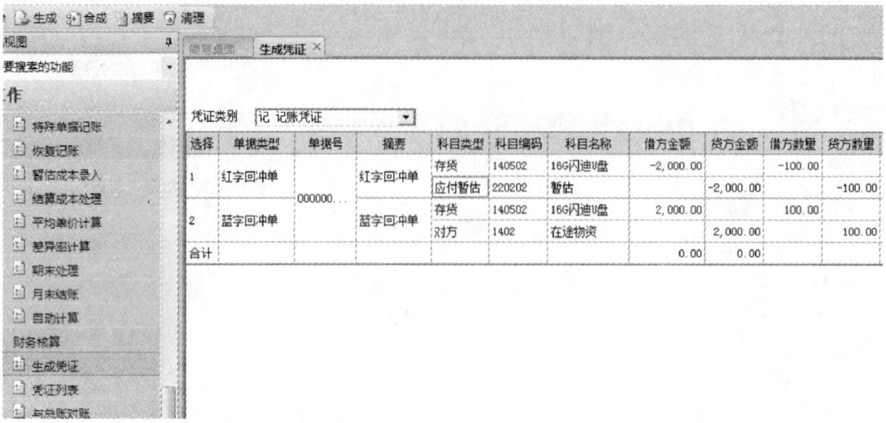

图 4-103　填制科目编码

④在弹出的"填制凭证"窗口修改摘要后，点击"保存"按钮，系统生成正式凭证，如图 4-104 所示。

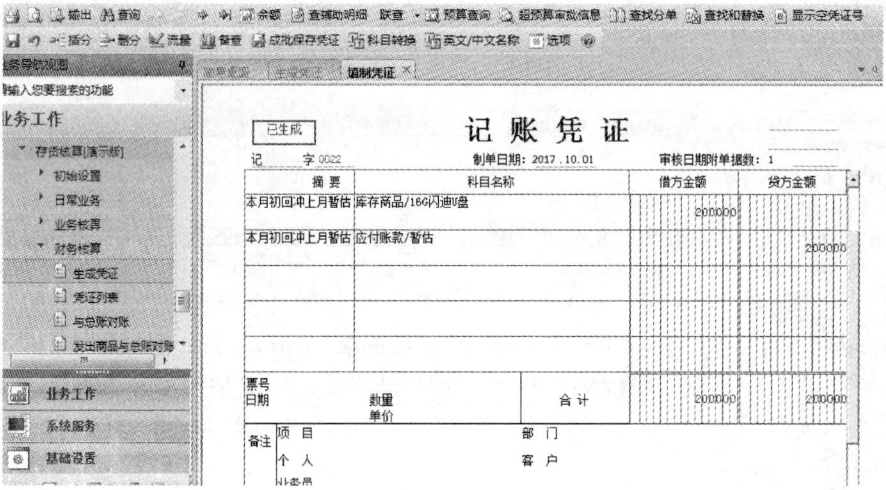

图 4-104　系统生成的记账凭证

⑤点击工具栏的"➡"或"➡|"按钮，在弹出的新"填制凭证"窗口修改摘要后，点击"保存"，如图 4-105 所示，关闭本窗口。

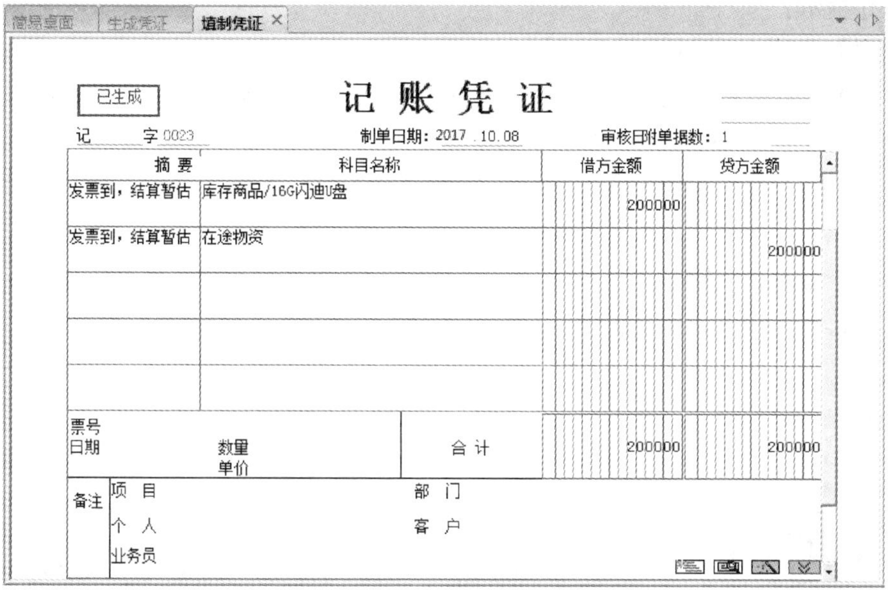

图 4-105　修改摘要

（五）暂估入库业务

【操作资料】

30 日，收到南方钢厂提供 16G 闪迪 U 盘 500 个入库，由于到月底发票仍未收到，确定暂估成本 20 元/个，进行暂估处理。

【知识链接】

业务操作流程如图 4-106 所示。

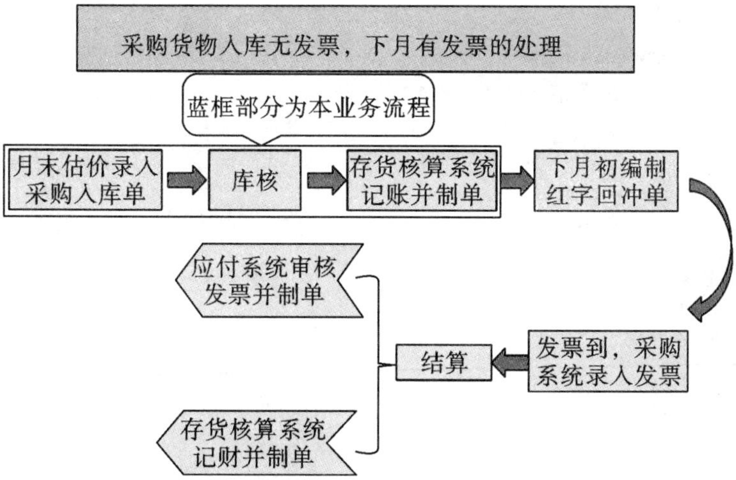

图 4-106　暂估入库业务操作系统

【操作提示】

（1）填制采购入库单。

以“001”账套主管的身份、10 月 30 日注册企业应用平台，点击“业务工作”—“供应链”—“库存管理”—“入库业务”—“采购入库单”-工具栏的“增加”，在“采购入库单”窗口输入相关信息，点击“保存”“审核”按钮，系统提示：“该单据审核成功！”如图 4-107 所示，点击“确定”，并关闭本窗口。

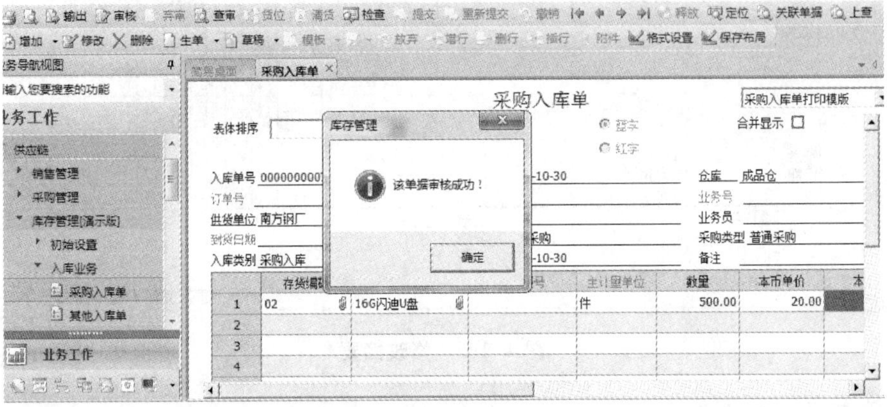

图 4-107　填制采购入库单

（2）将采购入库单记账并制单。

①点击“业务工作”—“供应链”—“存货核算”—“业务核算”—“正常单据记账”—弹出的“查询条件选择”窗口里“确定”，在弹出的“未记账单据一览表”窗口选择记录，点击“记账”按钮，系统提示：“记账成功。”如图 4-108 所示，点击“确定”，并关闭本窗口。

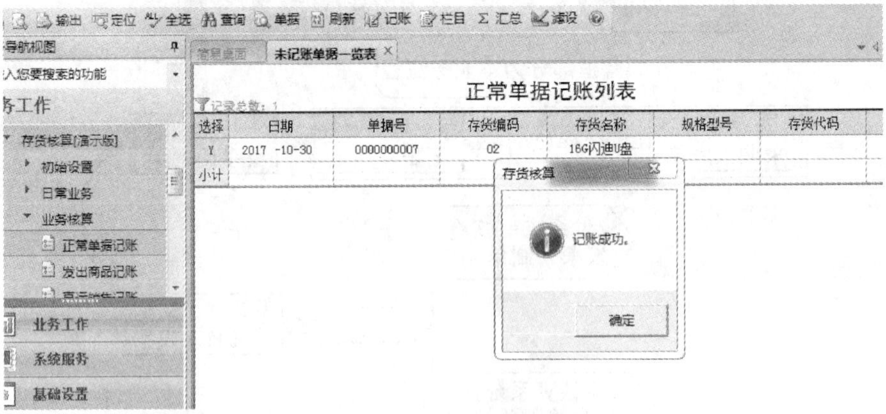

图 4-108　采购入库单记账

②双击“供应链”—“存货核算”—“财务核算”—“生成凭证”，单击工具栏“选择”按钮—弹出的“查询条件”窗口里“确定”按钮，在弹出的“选择单据”窗口里10月30日采购入库单记录的“选择”栏输入“1”，如图4-109所示，点击“确定”按钮。

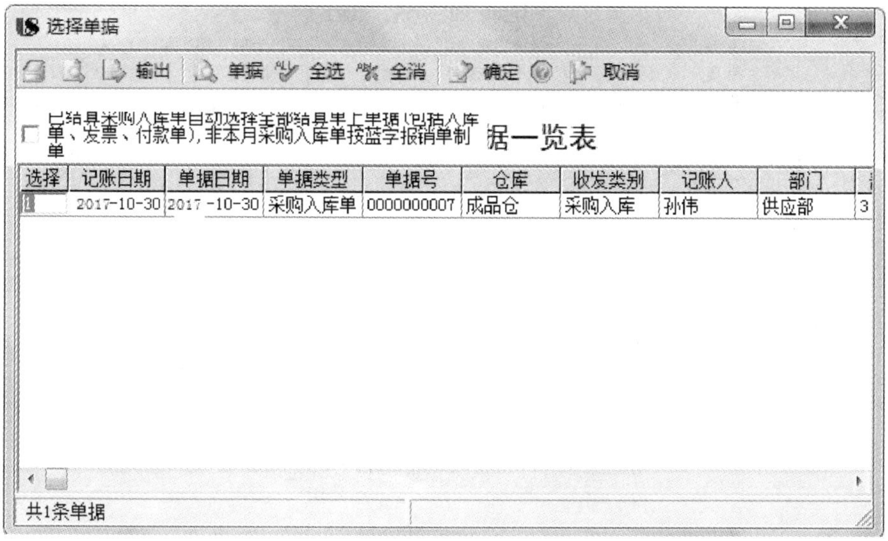

图4-109 选择单据

③在弹出的“生成凭证”窗口，填制合适的科目编码，如图4-110所示，点击“生成”按钮。

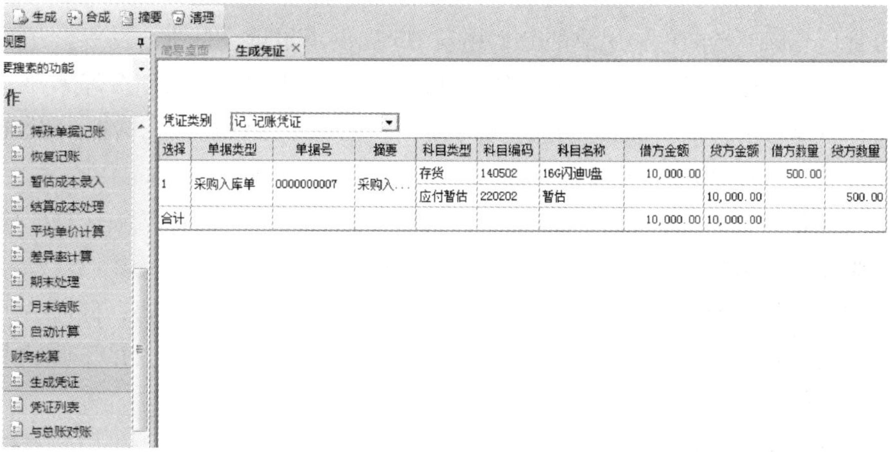

图4-110 填制科目编码

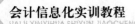

④在弹出的“填制凭证”窗口修改摘要后，点击“保存”按钮，系统生成正式凭证，如图 4-111 所示，关闭本窗口。

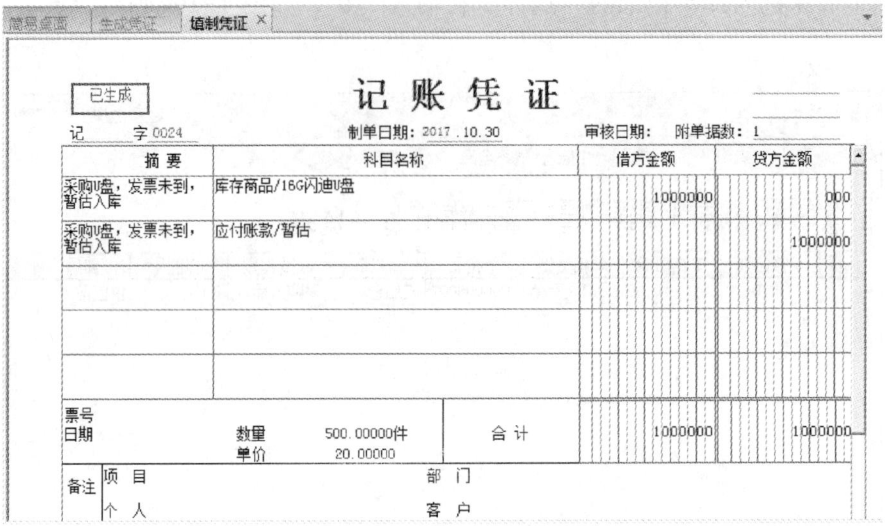

图 4-111 系统生成的记账凭证

任务七 销售业务的日常业务处理

一、知识要点

销售管理是供应链的重要组成部分，用友 U8 提供了报价、订货、发货、开票的完整销售流程，支持普通销售、委托代销、分期付款、直运、零售、销售调拨等多种类型的销售业务，并可以对销售价格和信用进行实时监控。用户可以根据实际情况对系统进行定制，构建自己的销售业务管理平台。销售管理分为四种业务类型：

（1）普通销售业务。普通销售指正常的销售业务，适用于大多数企业的日常销售业务。销售业务涉及销售、应收、库存、记账、生成凭证等环节。

（2）委托代销业务。委托代销业务指企业将商品委托他人进行销售，但商品所有权仍归本企业的销售方式。委托代销商品销售后，受托方与企业进行结算，并开具正式的销售发票，形成销售收入，商品所有权转移。

（3）直运业务。直运业务是指产品无需入库即可完成购销业务，由供应商直接将商品发给企业的客户。结算时，由购销双方分别与企业结算。直运业务包括直运销售业务和直运采购业务，没有实物的出入库，货物流向是直接从供应商到客户，财务结算通过直运销售发票、直运采购发票解决。直运业务适用于如大型电器、汽车、设备等产品的销售。

（4）分期收款业务。分期收款发出商品业务类似于委托代销业务，货物提前发给客户，分期收回货款，收入与成本按照收款情况分期确认。分期收款销售的特点是：一次发货，当时不确认收入，在确认收入的同时配比性的转移成本。

二、实例应用

（一）普通销售业务

【操作资料】

（1）15 日，南方友联公司欲购买 8G 闪迪 U 盘 6 000 个，前来询价，报价为 30 元/个（报价及售价都不含税），填制报价单。

（2）客户了解情况后，要求订购 6 000 个，发货日期为 10 月 16 日。

（3）16 日，发货，并开具销售专用发票，票号为 XS001。

（4）业务部门将销售专用发票交予财务部门。

（5）17 日，财务部收到南方友联公司转账支票一张，金额 210 600 元，票号为 ZZ201。

【知识链接】

普通销售业务处理流程如图 4-112 所示。

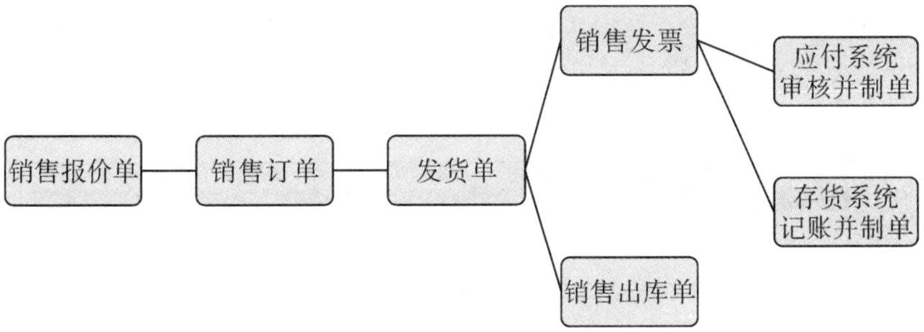

图 4-112　普通销售业务处理系统

【操作提示】

（1）填制销售报价单。

①以“001”账套主管的身份、10 月 15 日注册企业应用平台后，点击“业务工作”—“供应链”—“销售管理”—“销售报价”—“销售报价单”，系统显示“销售报价单”窗口。

②点击“增加”按钮，按操作资料在“销售报价单”中录入或选择相应数据，如图 4-113 所示。输入完成后依次点击“保存”“审核”按钮。

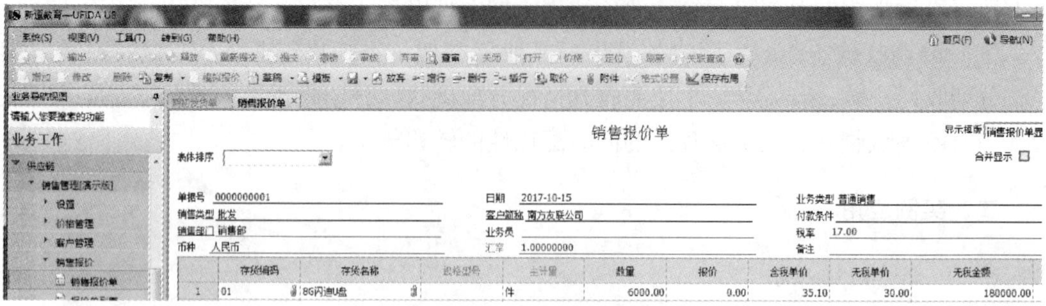

图 4-113 销售报价单

（2）生成销售订单。

①点击“业务工作”—“供应链”—“销售管理”—“销售订货”—“销售订单”，系统显示“销售订单”窗口。

②点击“增加”按钮，选择“生单”—“报价”命令，在弹出的“查询条件选择”窗口中单击“确定”按钮，在“参照生单”窗口中双击选中南方友联公司的报价单，如图 4-114 所示。

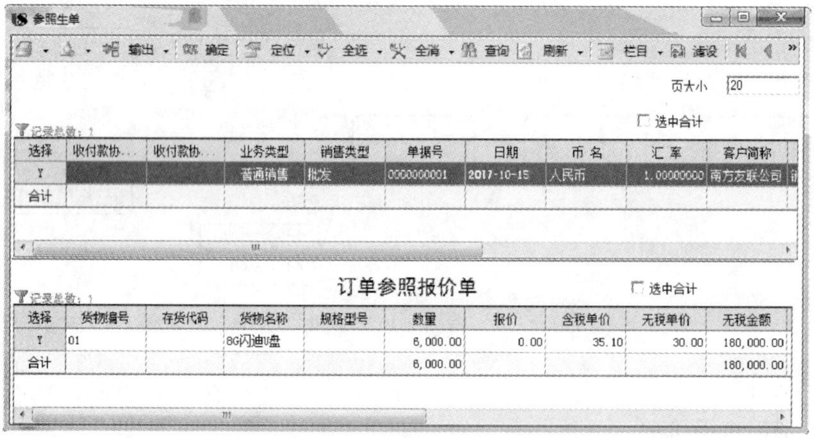

图 4-114 销售订单参照窗口

③点击“确定”按钮，系统自动引入报价单中的数据至销售订单中，修改预发货日期为“2017-10-16”，如图 4-115 所示，依次点击“保存”“审核”按钮。

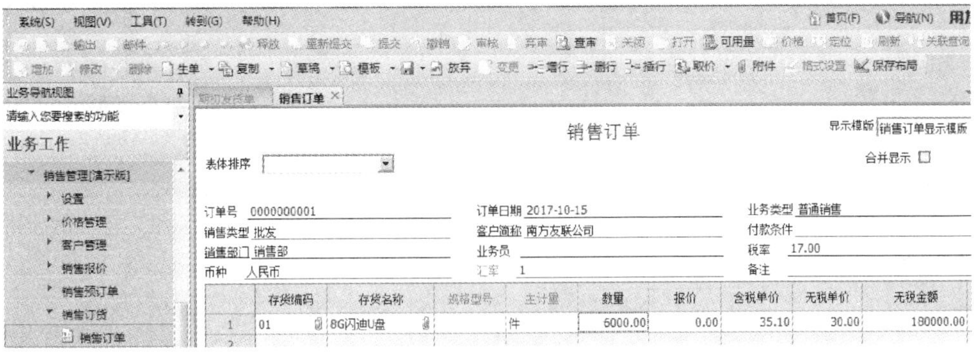

图 4-115　**销售订单**

（3）生成发货单。

①点击“业务工作”—“供应链”—“销售管理”—“销售发货”—“发货单”，系统显示“发货单”窗口。

②点击“增加”按钮，在弹出的“查询条件选择”窗口中单击“确定”按钮，在“参照生单”窗口中双击选中南方友联公司的订单，如图 4-116 所示。

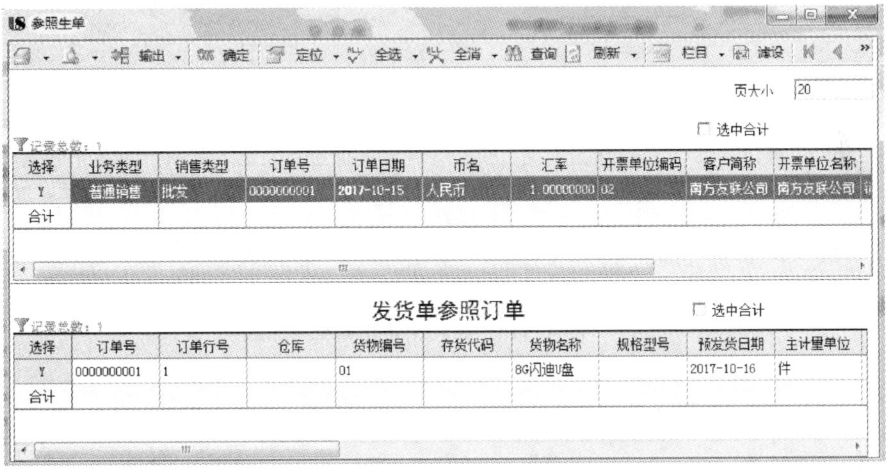

图 4-116　**发货单参照窗口**

③点击“确定”按钮，选择仓库名称为“成品库”，如图 4-117 所示，依次点击“保存”“审核”按钮。

图 4-117　发货单

（4）审核销售出库单。

点击“业务工作”—“供应链”—“库存管理”—“出库业务”—“销售出库单”，在“销售出库单”窗口中，切换到最末张出库单据，单击“审核”按钮，如图 4-118 所示。

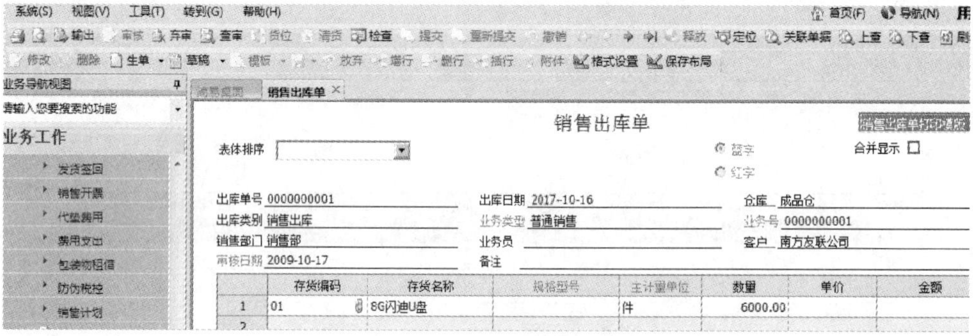

图 4-118　审核销售出库单

（5）生成销售专用发票。

①点击“业务工作”—“供应链”—“销售管理”—“销售开票”—“销售专用发票”，系统显示“销售专用发票”窗口。

②点击“增加”按钮，在弹出的“查询条件选择”窗口中单击“取消”按钮，选择“生单”—“参照发货单”命令，在弹出的“查询条件选择”窗口中单击“确定”按钮，在“参照生单”窗口中双击选中南方友联公司的发货单，如图 4-119 所示。

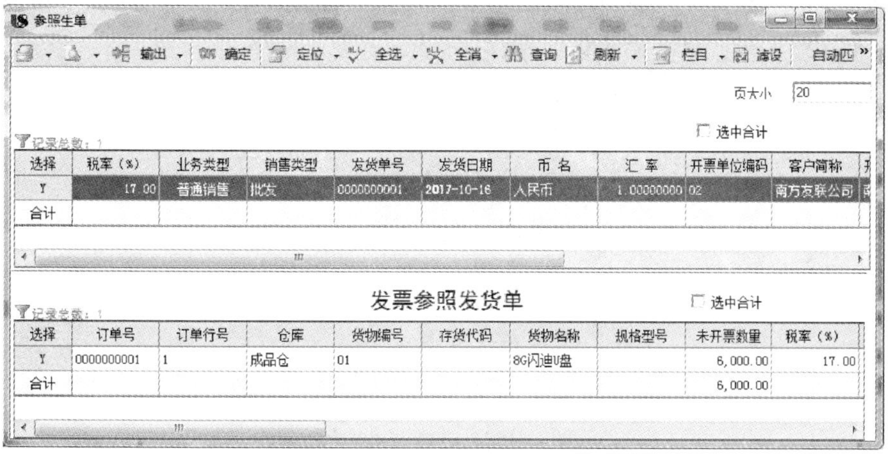

图 4-119 发票生成参照窗口

③点击“确定”按钮，录入发票号“XS001”，如图 4-120 所示，依次点击“保存”“复核”按钮。

图 4-120 发票填制窗口

（6）审核销售发票，并生成凭证。

①点击“业务工作”—“财务会计”—“应收款管理”—“应收单据处理”—“应收单据审核”，在弹出的“应收单查询条件”窗口中单击“确定”按钮，进入应收单据列表，如图 4-121 所示。

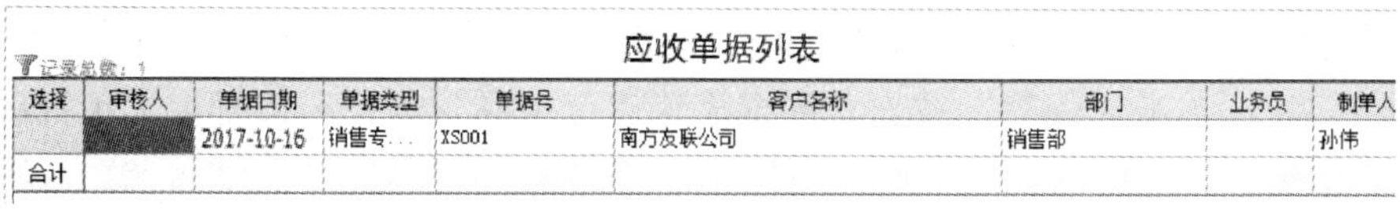
应收单据列表
选择 审核人 单据日期 单据类型 单据号 客户名称 部门 业务员 制单人
2017-10-16 销售专… XS001 南方友联公司 销售部 孙伟
合计

图 4-121 应收单据列表

②双击选中“南方友联公司”的应收单，单击“审核”按钮。系统弹出审核结果提示，如图 4-122 所示，单击“确定”按钮。

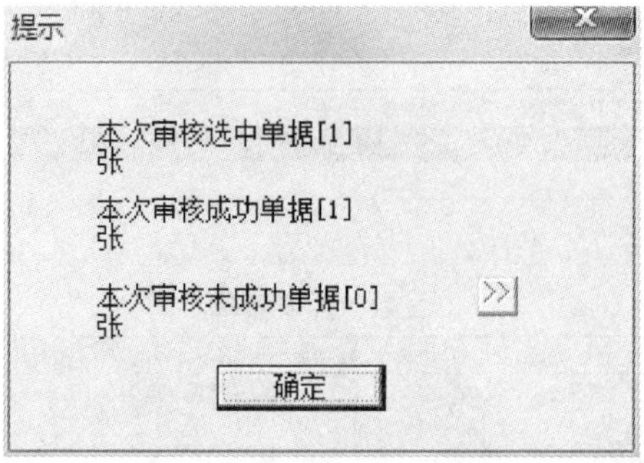

图 4-122　审核结果提示

③点击“业务工作”—“财务会计”—“应收款管理”—“制单处理”，在“制单查询”窗口中选择“发票制单”，如图 4-123 所示，单击“确定”按钮。

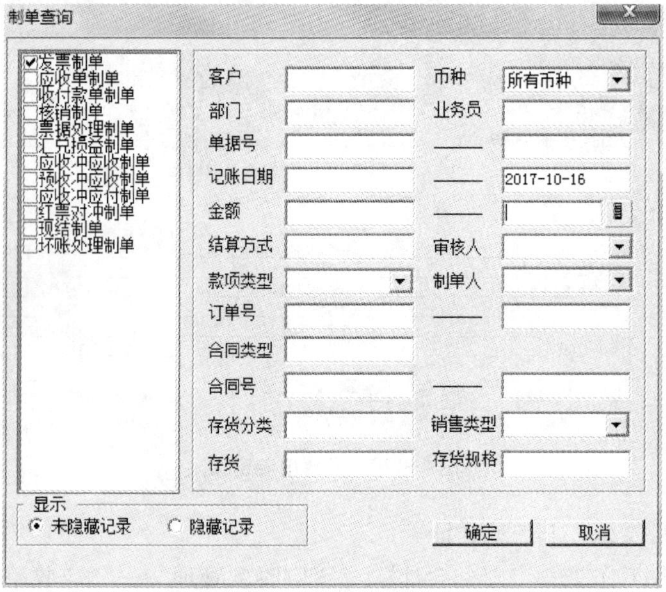

图 4-123　制单查询

④在“销售发票制单”窗口中，双击选择“XS001”的单据，单击“制单”按钮。系统弹出“记账凭证”填制窗口，选中“主营业务收入”科目，修改辅助核算项目名称为“8G 闪迪 U 盘”，单击“保存”按钮，系统显示“已生成”字样，如图 4-124 所示。

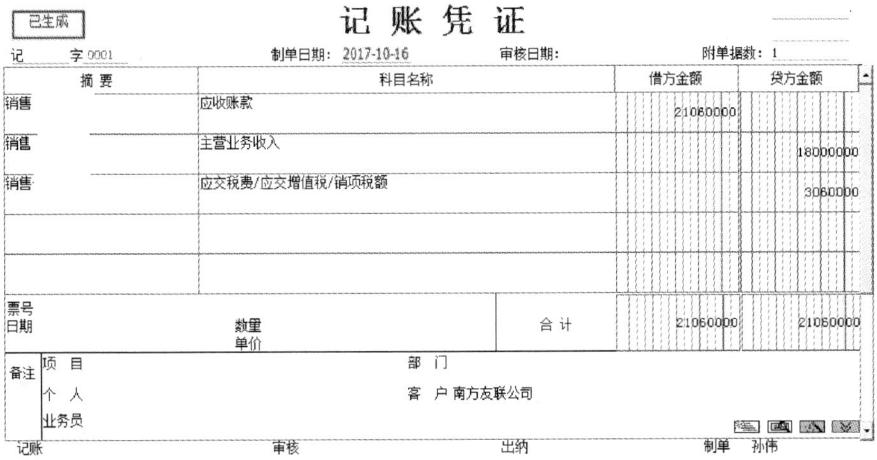

图 4-124　系统生成的记账凭证

（7）填制收款单，并生成凭证。

①以 10 月 17 日为登陆日期重注册，点击“业务工作”—“财务会计”—“应收款管理”—“收款单据处理”—“收款单据录入”，在弹出的“收款单”界面中单击“增加”按钮，录入相应收款数据，如图 4-125 所示，单击“保存”按钮。

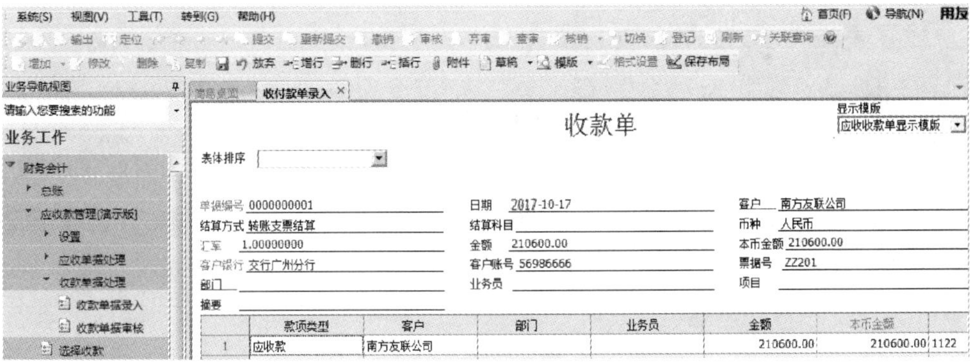

图 4-125　填制收款单

②在“收款单”窗口中，单击“审核”按钮，系统提示“是否立即制单”，单击“是”按钮，弹出“记账凭证”窗口，修改摘要后，单击“保存”按钮，系统显示“已生成”字样，如图 4-126 所示，关闭记账凭证窗口。

已生成

记 账 凭 证

记 字 0002　　制单日期：2017.10.17　　审核日期：　　附单据数：1

摘要	科目名称	借方金额	贷方金额
收到货款	银行存款/工行存款	21060000	
收到货款	应收账款		21060000
票号 202 - ZZ201 日期 2017.10.17　数量 单价	合计	21060000	21060000

备注　项目　　部门
个人　　客户
业务员

记账　　审核　　出纳　　制单 孙伟

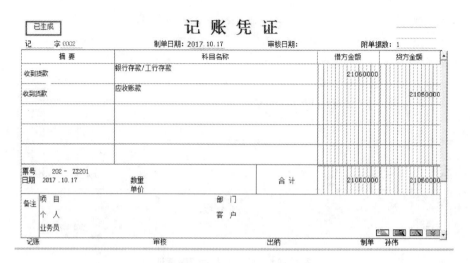

图 4-126　收款单生成记账凭证

③在“收款单”窗口，点击工具栏的“核销”按钮—弹出的“核销条件”窗口里“确定”按钮，在“单据核销”窗口，单据类型为“销售专用发票”的记录的“本次结算”栏输入“210600”，如图 4-127 所示，点击“保存”按钮，关闭“单据核销”窗口、“收款单”窗口。

简易桌面　收付款单录入　单据核销

单据日期	单据类型	单据编号	客户	款项类型	结算方式	币种	汇率	原币金额	原币余额	本次结算金额	订单号
2017-10-17	收款单	0000000002	南方友联公司	应收款	转账支...	人民币	1.00000000	210,600.00	210,600.00	210,600.00	
合计								210,600.00	210,600.00	210,600.00	

单据日期	单据类型	单据编号	到期日	客户	币种	原币金额	原币余额	可享受...	本...	本次结算	订单号	凭证号
2017-09-30	其他应收单	0000000002	2017-09-30	南方友联公司	人民币	200,000.00	180,000.00	0.00				
2017-10-16	销售专用发票	XS001	2017-10-16	南方友联公司	人民币	210,600.00	210,600.00	0.00	0.00	210,600.00	0000000001	记-0017
合计						410,600.00	390,600.00	0.00		210,600.00		

图 4-127　单据核销

（8）结转销售成本并制单。

①双击“供应链”—“存货核算”—“业务核算”—“正常单据记账”—弹出的“查询条件选择”窗口里“确定”，在弹出的“未记账单据一览表”窗口选择记录，点击“记账”按钮，如图 4-128 所示，系统提示记账成功的信息。

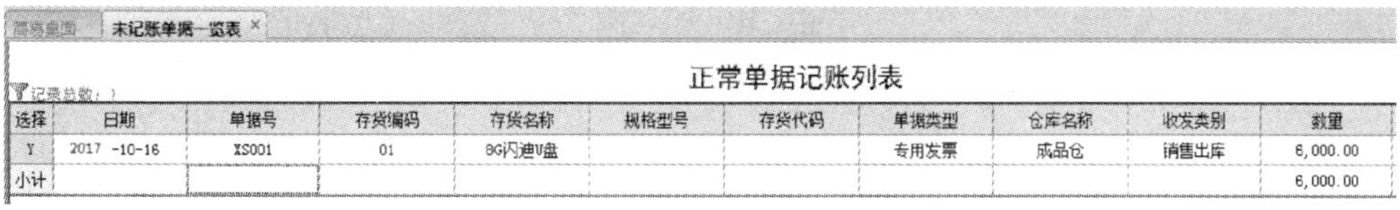

正常单据记账列表

选择	日期	单据号	存货编码	存货名称	规格型号	存货代码	单据类型	仓库名称	收发类别	数量
Y	2017 -10-16	XS001	01	8G闪迪U盘			专用发票	成品仓	销售出库	6,000.00
小计										6,000.00

图 4-128　正常单据记账列表

②双击“供应链”—“存货核算”—“财务核算”—“生成凭证”，单击工具栏“选择”按钮—弹出的“查询条件”窗口里“确定”按钮，在弹出的“选择单据”窗口选择单据记录，如图 4-129 所示，点击“确定”按钮。

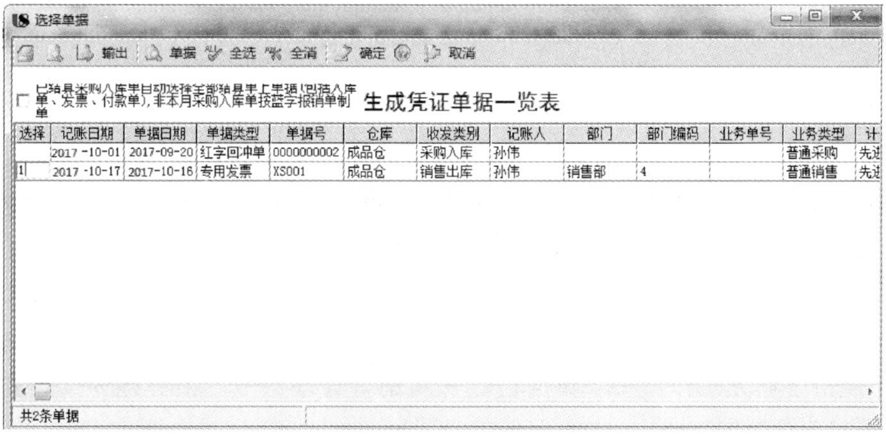

生成凭证单据一览表

选择	记账日期	单据日期	单据类型	单据号	仓库	收发类别	记账人	部门	部门编码	业务单号	业务类型	计
	2017 -10-01	2017-09-20	红字回冲单	0000000002	成品仓	采购入库	孙伟				普通采购	先进
1	2017 -10-17	2017-10-16	专用发票	XS001	成品仓	销售出库	孙伟	销售部	4		普通销售	先进

共2条单据

图 4-129　选择单据

③在弹出的“生成凭证”窗口，填制合适的科目编码，如图 4-130 所示，点击“生成”按钮。

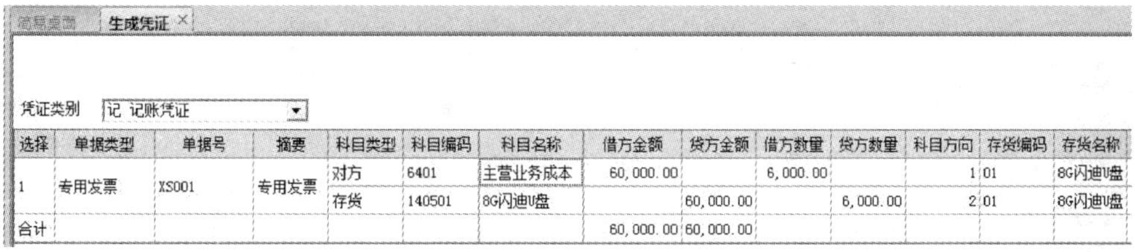

凭证类别　记 记账凭证

选择	单据类型	单据号	摘要	科目类型	科目编码	科目名称	借方金额	贷方金额	借方数量	贷方数量	科目方向	存货编码	存货名称
1	专用发票	XS001	专用发票	对方	6401	主营业务成本	60,000.00		6,000.00		1	01	8G闪迪U盘
				存货	140501	8G闪迪U盘		60,000.00		6,000.00	2	01	8G闪迪U盘
合计							60,000.00	60,000.00					

图 4-130　填制科目编码

④在弹出的“填制凭证”窗口，修改摘要为“结转销售成本”，将“主营业务成本”会计科目的辅助核算项目名称选为“8G 闪迪 U 盘”后，点击“保存”按钮，系统生成正式凭证，如图 4-131 所示，关闭本窗口。

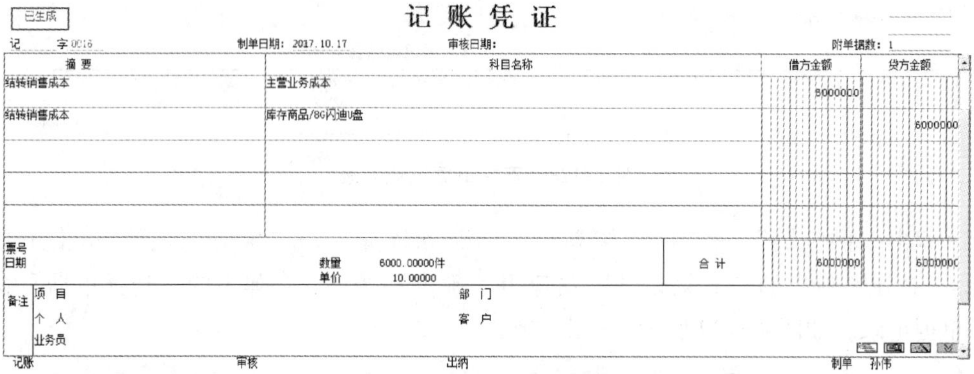

图 4-131　生成记账凭证

（二）现收业务

【操作资料】

17 日，向北京迅达公司出售 8G 闪迪 U 盘 1 000 个，售价为 30 元/个，货物发出，同时开具销售专用发票，票号为 XS002，同时收到客户以转账支票支付的全部货款，支票号为 ZZ202。

【操作提示】

（1）点击“业务工作”—“供应链”—“销售管理”—“销售订货”—“销售订单”，系统显示“销售订单”窗口。

（2）点击“增加”按钮，按操作资料在销售订单填制窗口中录入相关数据，如图 4-132 所示，依次点击“保存”“审核”按钮。

图 4-132　填制销售订单

（3）点击“业务工作”—“供应链”—“销售管理”—“销售发货”—“发货单”，系统显示“发货单”窗口。

（4）点击“增加”按钮，在弹出的“查询条件选择”窗口中单击“确定”按钮，在“参照生单”窗口中双击选中北京迅达公司的订单，点击“确定”按钮，选择仓库名称为“成品库”，如图 4-133 所示，依次点击“保存”“审核”按钮。

图 4-133 发货单

（5）审核销售出库单：点击“业务工作”—“供应链”—“库存管理”—“出库业务”—“销售出库单”，在“销售出库单”窗口中，切换到最末张出库单据，单击“审核”按钮。

（6）填制销售专用发票：点击“业务工作”—“供应链”—“销售管理”—“销售开票”—“销售专用发票”，系统显示“销售专用发票”窗口。点击“增加”按钮，选择“生单”—“参照发货单”命令，在弹出的“查询条件选择”窗口中单击“确定”按钮，在“参照生单”窗口中双击选中北京迅达公司的发货单，点击“确定”按钮，录入发票号“XS002”，如图 4-134 所示，点击“保存”按钮。

图 4-134 发票填制窗口

（7）单击“现结”按钮，在“现结”窗口，按操作资料录入相关数据，如图 4-135 所示。

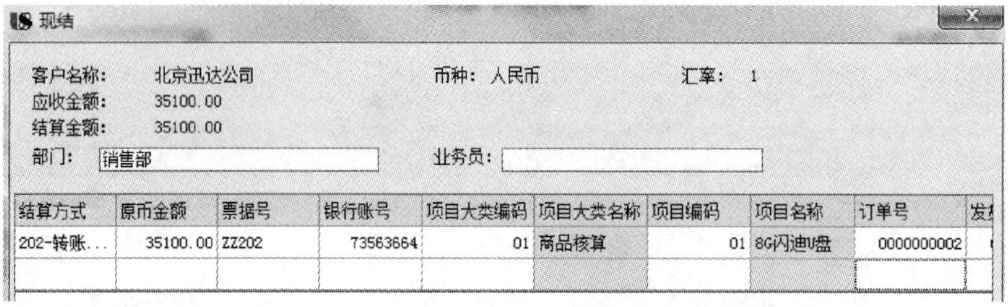

图 4-135 现结

（8）单击“确定”按钮，返回发票填制窗口，在发票左上角显示“现结”字样，表明这是一张现收发票，单击“复核”按钮，如图 4-136 所示。

图 4-136 填制的现收发票

（9）点击“业务工作”—“财务会计”—“应收款管理”—“应收单据处理”—“应收单据审核”，在弹出的“应收单查询条件”窗口中，勾选“包含已现结发票”，如图 4-137 所示，单击“确定”按钮，进入应收单据列表，双击选中编号为“XS002”的单据，单击“审核”按钮。

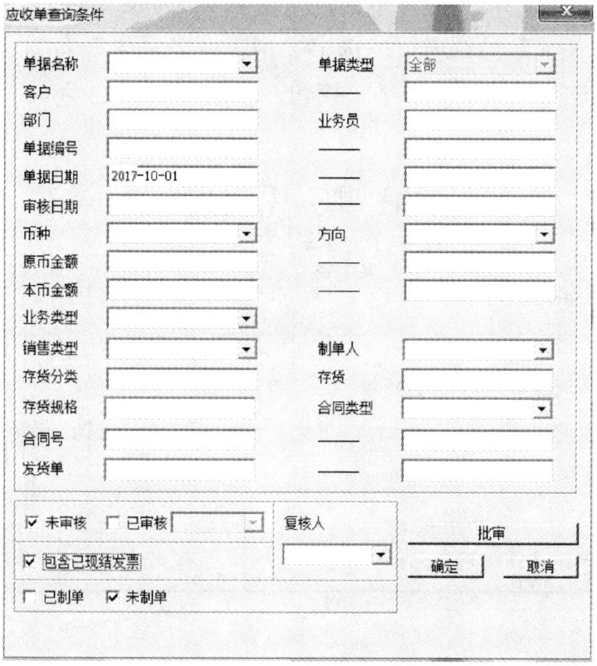

图 4-137　**应收单查询条件窗口**

(10) 点击“业务工作”—“财务会计”—“应收款管理”—“制单处理”，在“制单查询”窗口中，选择“现结制单”，如图 4-138 所示，单击“确定”按钮。

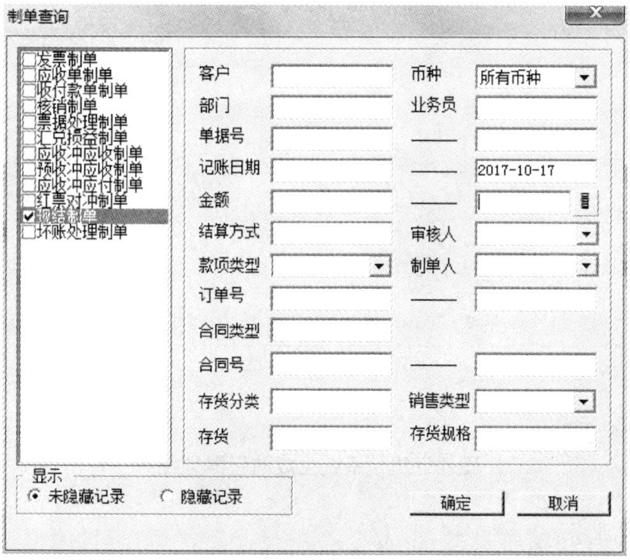

图 4-138　**制单查询**

（11）在“销售发票制单”窗口中，双击选择“XS002”的单据，单击“制单”按钮。系统弹出“记账凭证”填制窗口，选中“主营业务收入”科目，修改辅助核算项目名称为“8G 闪迪 U 盘”，单击“保存”按钮，系统显示“已生成”字样，如图 4-139 所示。

记 账 凭 证

记　　字　　　　制单日期：2017.10.17　　　　审核日期：　　　　附单据数：1

摘要	科目名称	借方金额	贷方金额
现结	银行存款/工行存款	3510000	
现结	主营业务收入		3000000
现结	应交税费/应交增值税/销项税额		510000
票号 202 - ZZ202 日期 2009.10.17　　数量 单价	合计	3510000	3510000
备注	项目 个人 业务员	部门 客户	

记账　　　　审核　　　　出纳　　　　制单　孙伟

图 4-139　系统生成的记账凭证

（12）结转销售成本，并生成凭证，如图 4-140 所示。（操作可参考“结转销售成本并制单”）

记 账 凭 证

记　　字 0030　　　　制单日期：2017.10.17　　　　审核日期：　　　　附单据数：1

摘要	科目名称	借方金额	贷方金额
结转销售成本	主营业务成本	1000000	
结转销售成本	库存商品/8G闪迪U盘		1000000
票号 日期　　数量 1000.00000件 单价 10.00000	合计	1000000	1000000
备注	项目 个人 业务员	部门 客户	

记账　　　　审核　　　　出纳　　　　制单　孙伟

图 4-140　系统生成的记账凭证

（三）销售退货业务

【操作资料】

（1）17 日，向南方友联公司销售 8G 闪迪 U 盘 3 000 个，单价 30 元，货物发出。

（2）18 日，因质量问题，南方友联公司退货 30 个，单价 30 元。当天退货已收回入库。

（3）18 日，开具相应的专用发票，票号为 XS003，数量为 2 970 个。

【操作提示】

（1）填制销售订单和发货单。

①点击“业务工作”—“供应链”—“销售管理”—“销售订货”—“销售订单”，系统显示“销售订单”窗口。点击“增加”按钮，按操作资料在销售订单填制窗口中录入相关数据，依次点击“保存”“审核”按钮。

②点击“业务工作”—“供应链”—“销售管理”—“销售发货”—“发货单”，系统显示“发货单”窗口。点击“增加”按钮，在弹出的“查询条件选择”窗口中单击“确定”按钮，在“参照生单”窗口中双击选中南方友联公司的订单，点击“确定”按钮，选择仓库名称为“成品库”，依次点击“保存”“审核”按钮。

（2）填制销售退货单。

①以 10 月 18 日为登录日期重注册，点击“业务工作”—“供应链”—“销售管理”—“销售发货”—“退货单”，在“退货单”窗口中，单击“增加”按钮，在订单查询窗口中选择订单号为“0000000003”的订单，如图 4-141 所示。

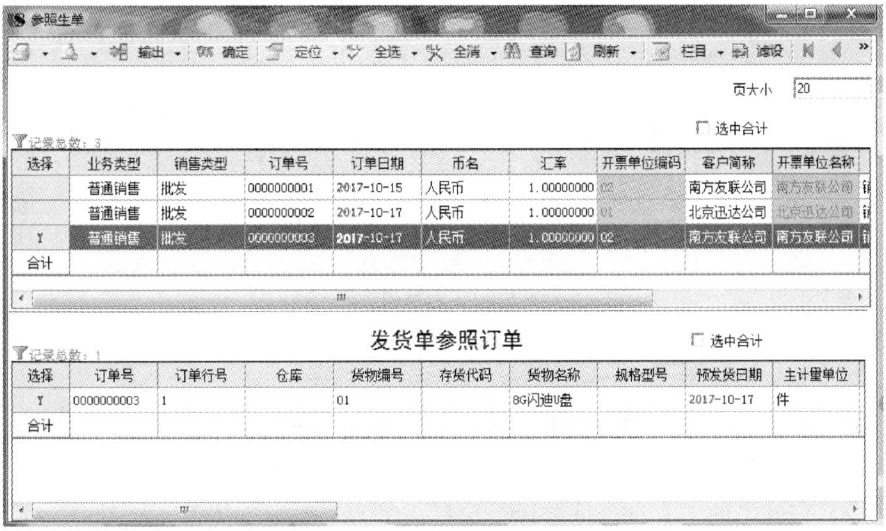

图 4-141　退货单参照窗口

②在“退货单”窗口中，选择仓库名称为“成品仓”，退货数量修改为“-30”，依次点击“保存”“审核”按钮，如图 4-142 所示。

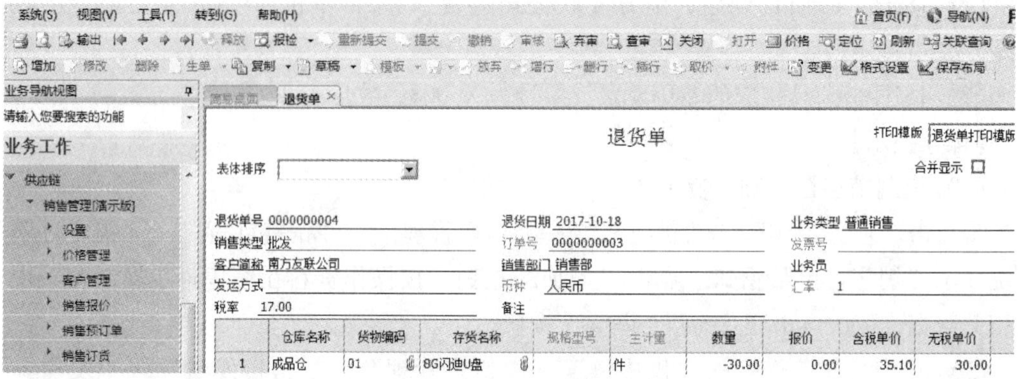

图 4-142 退货单窗口

③点击“业务工作”—“供应链”—“库存管理”—“出库业务”—“销售出库单”，在“销售出库单”窗口中，切换到最末张出库单据，单击“审核”按钮，如图 4-143 所示。

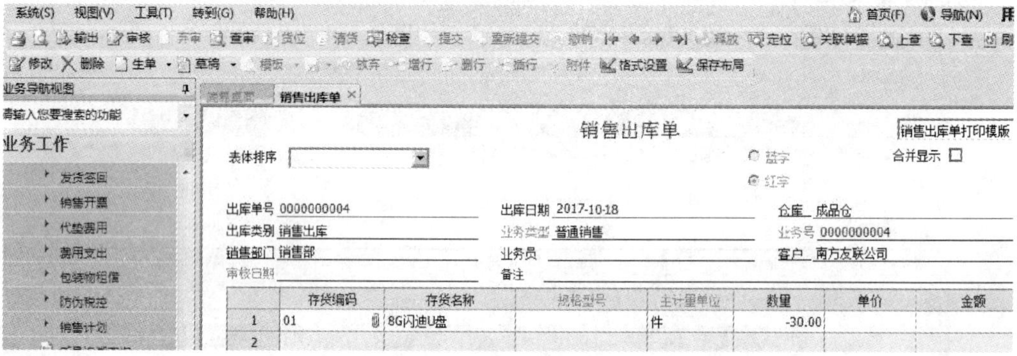

图 4-143 销售出库单

（3）生成销售专用发票。

①点击“业务工作”—“供应链”—“销售管理”—“销售开票”—“销售专用发票”，系统显示“销售专用发票”窗口。点击“增加”按钮，选择“生单”—“参照发货单”命令，在弹出的“查询条件选择”窗口，单击“确定”按钮，如图 4-144 所示。

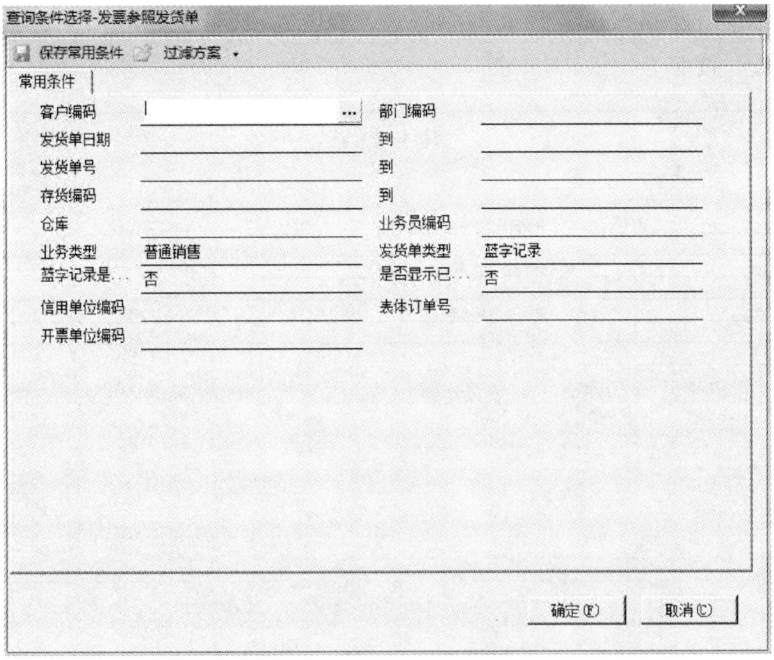

图 4-144　查询条件选择

②在弹出的“参照生单”窗口双击选中南方友联公司的发货单，点击“确定”按钮，如图 4-145 所示。

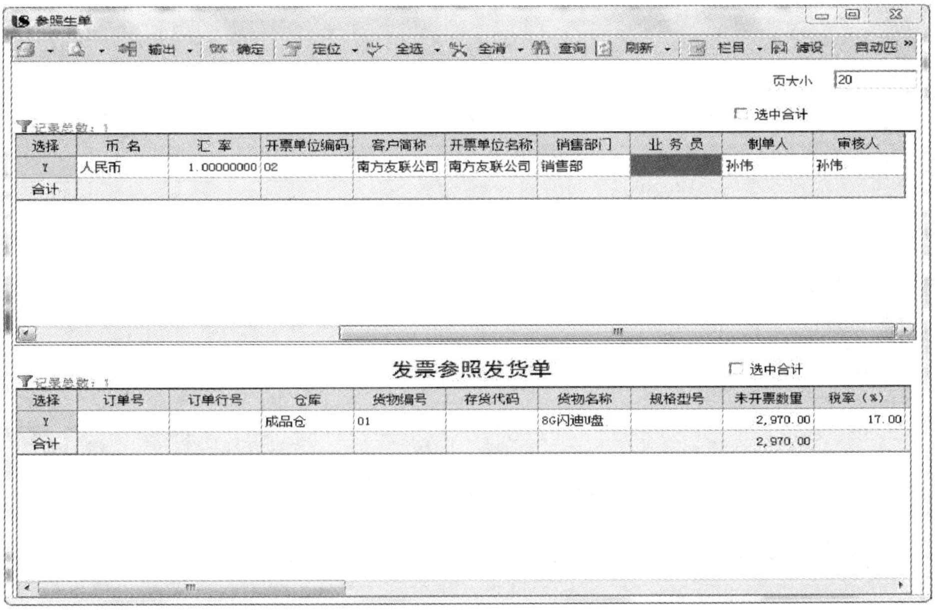

图 4-145　参照出单窗口

③在销售专用发票窗口，录入发票号“XS003”，如图 4-146 所示，依次单击“保存”—“复核”按钮。

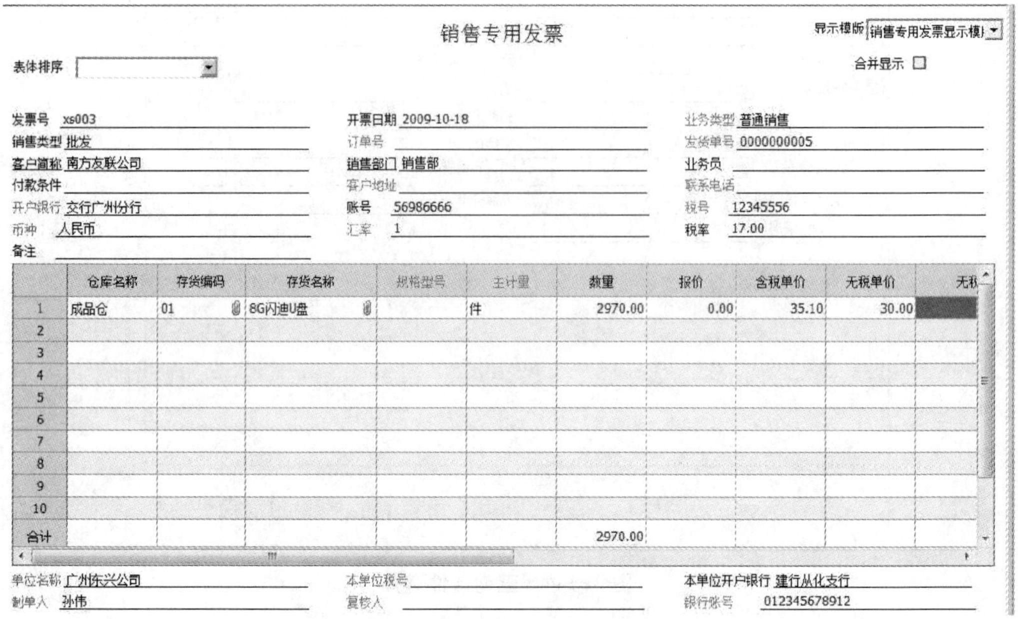

销售专用发票

显示模版 销售专用发票显示模

表体排序

合并显示 □

发票号 xs003　开票日期 2009-10-18　业务类型 普通销售
销售类型 批发　订单号　发货单号 0000000005
客户简称 南方友联公司　销售部门 销售部　业务员
付款条件　客户地址　联系电话
开户银行 交行广州分行　账号 56986666　税号 12345556
币种 人民币　汇率 1　税率 17.00
备注

	仓库名称	存货编码	存货名称	规格型号	主计量	数量	报价	含税单价	无税单价	无税
1	成品仓	01	8G闪迪U盘		件	2970.00	0.00	35.10	30.00	
2										
3										
4										
5										
6										
7										
8										
9										
10										
合计						2970.00				

单位名称 广州东兴公司　本单位税号　本单位开户银行 建行从化支行
制单人 孙伟　复核人　银行账号 012345678912

图 4-146　销售专用发票

（4）审核销售发票并生成凭证，如图 4-147 所示。（操作可参考“审核采购发票并制单”）

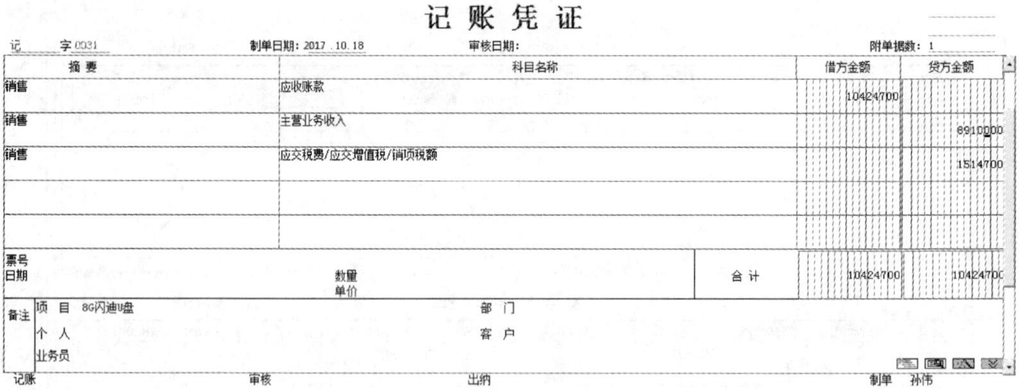

记 账 凭 证

记　字 0031　制单日期：2017.10.18　审核日期：　附单据数：1

摘要	科目名称	借方金额	贷方金额
销售	应收账款	10424700	
销售	主营业务收入		8910000
销售	应交税费/应交增值税/销项税额		1514700
票号 日期	数量 单价 　合计	10424700	10424700

备注　项　目 8G闪迪U盘　部　门
个　人　客　户
业务员

记账　审核　出纳　制单 孙伟

图 4-147　生成记账凭证

（5）结转销售成本，并生成凭证，如图 4-148 所示。（操作可参考“结转销售成本并制单”）

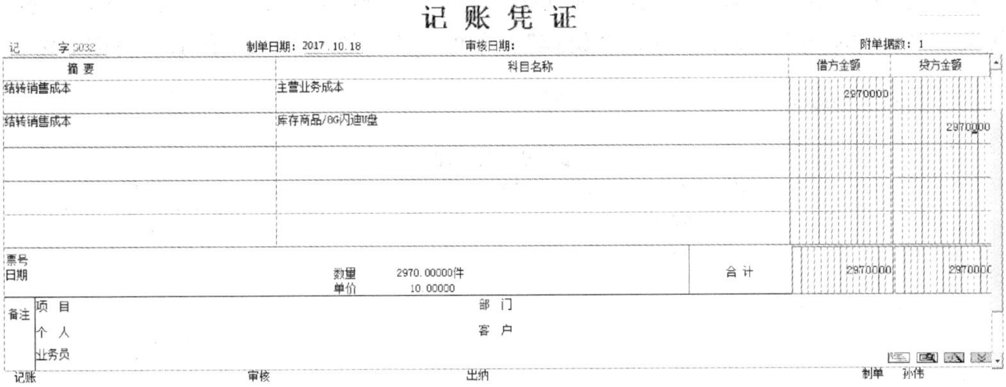
记 账 凭 证

记　字 0032　制单日期：2017.10.18　审核日期：　附单据数：1

摘要	科目名称	借方金额	贷方金额
结转销售成本	主营业务成本	2970000	
结转销售成本	库存商品/8G闪迪U盘		2970000
票号 日期	数量 2970.00000件 单价 10.00000　合计	2970000	2970000

备注　项目　部门

个人　客户

业务员

记账　审核　出纳　制单 孙伟

图 4-148　生成记账凭证

（四）坏账准备计提

【操作资料】

10 月 31 日 计提坏账准备。摘要为：计提坏账准备。

【操作提示】

（1）以“001”账套主管的身份、10 月 31 日注册企业应用平台，点击“业务工作”—“财务会计”—“应收款管理”—“坏账处理”—“计提坏账准备”，系统弹出“应收账款百分比法”窗口，如图 4-149 所示。

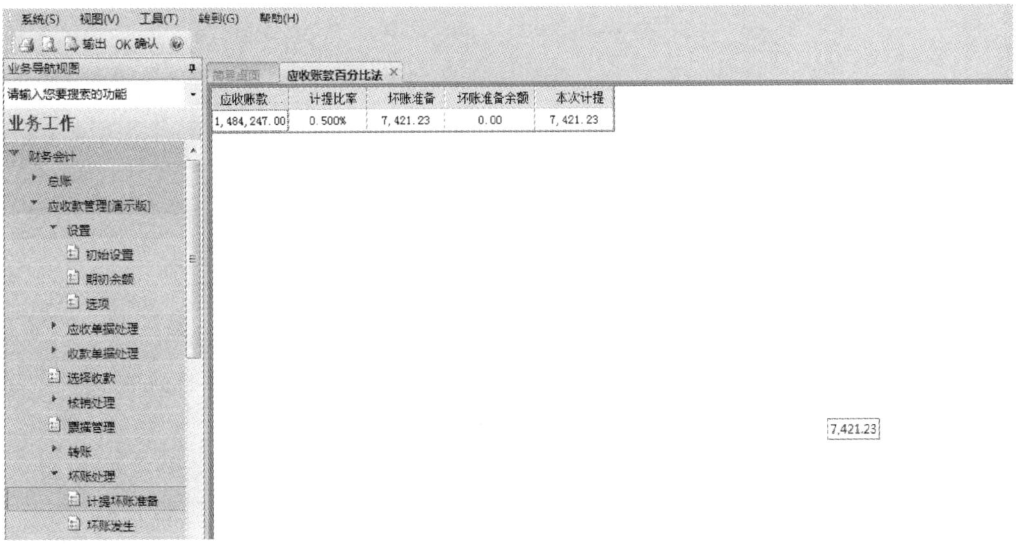

图 4-149　计提坏账准备

（2）点击工具栏“确认”按钮—弹出的“是否立即制单”窗口里“是（Y）”按钮，系统弹出“填制凭证”窗口，点击“保存”，生成凭证，如图 4-150 所示，关闭本窗口。

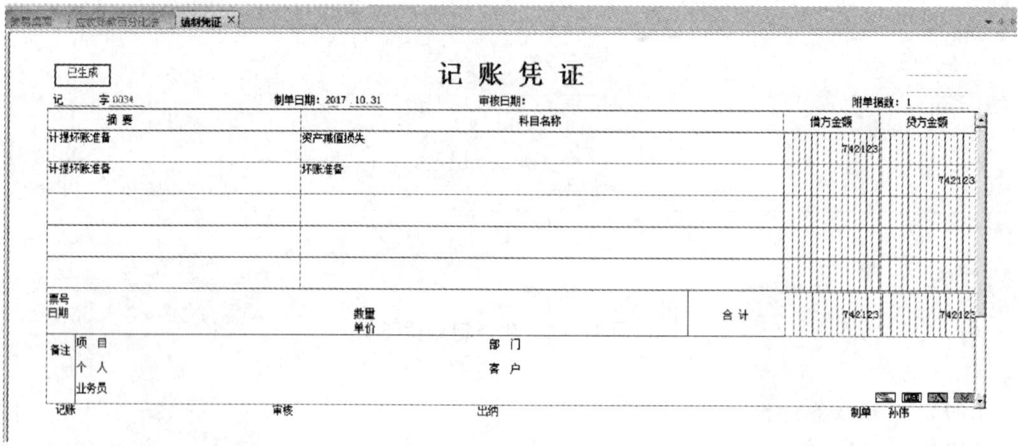

图 4-150 系统生成的记账凭证

项目五　月末处理

能力目标

能利用软件功能对模拟账套涉及的总账模块、工资模块、固定资产模块、应收应付管理模块、供应链模块作期末业务处理。

知识目标

了解期末业务的特点与处理顺序，了解期末对账与结账的原理，掌握利用自动转账凭证生成传递记账凭证的方法，掌握期末结账的操作技术。

月末处理实训资料总览

期末业务

（1）31 日，对之前所有记账凭证执行出纳签字、审核、记账，结转本月未交增值税，摘要为：转出未交增值税；计提本月应交城建税（7%）、教育费附加（3%），摘要为：计提随征税；换操作员审核、记账。

（2）31 日，结转损益（分收入类及支出类，自动生成）；换操作员审核、记账。

（3）31 日，计提并结转所得税费用（计提时摘要为：计提所得税）；换操作员审核、记账。

（4）结账。

任务一 总账系统月末处理

一、知识要点

期末业务处理是指会计人员将本月所发生的日常经济业务全部登记入账后，在每个会计期末需要完成的一些特定的会计工作。

总账系统期末业务处理的内容主要包括：转账定义、转账生成、对账、结账。

转账定义是把凭证的摘要、会计科目、借贷方向以及金额的计算公式预先设置成凭证模板，称为自动转账分录，待需要转账时调用相应的自动转账分录生成凭证即可。

转账生成是指在自动转账定义完成后，用户每月月末只需要执行转账生成功能，即可快速生成转账凭证，并被保存到未记账凭证中。

对账，在会计电算化环境下，系统提供自动对账功能，即系统根据用户设置的对账条件进行逐笔检查，对达到对账标准的记录进行勾对，未勾对的即为未达账项。系统进行自动对账的条件一般包括业务发生的日期、结算方式、结算票号、发生金额相同等。其中，发生金额相同是对账的基本条件，对于其他条件，用户可以根据需要自定义选择。

结账是为了总结某一个会计期间内的经济活动的财务收支状况，据以编制财务会计报表，而对各种账簿的本期发生额和期末余额进行的计算总结。直观地说，就是结算各种账簿记录，它是在将一定时期内所发生的经济业务全部登记入账的基础上，依据各种账簿的记录结算出本期发生额和期末余额的过程。

二、实例应用

（一）期末出纳签字、审核、记账

【操作资料】

31 日，对之前所有记账凭证执行出纳签字、审核、记账。

【操作提示】

（1）出纳签字。

①以“002”出纳的身份、10 月 31 日注册企业应用平台，点击“业务工作”—“财务会计”—“总账”—“凭证”—“出纳签字”—弹出的“出纳签字”窗口里“确定”，弹出“出纳签字列表”窗口，如图 5-1 所示。

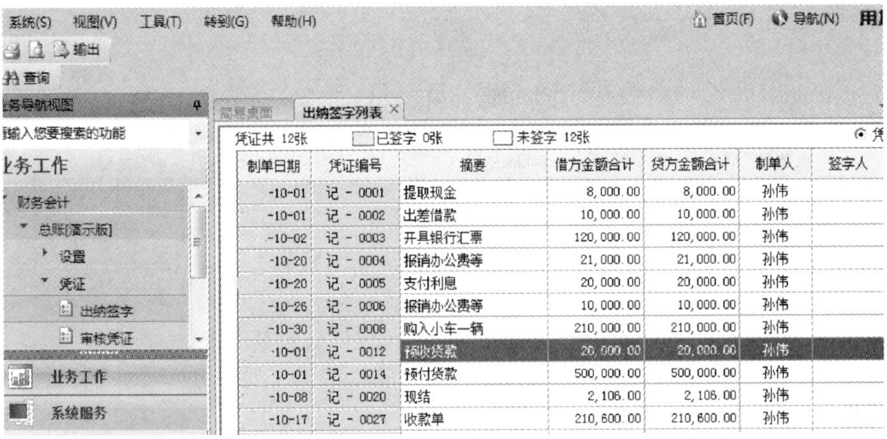

图 5-1 出纳签字列表

②双击任一记账凭证记录，在弹出的“记账凭证”窗口，点击工具栏“批处理”右边的“▾”—弹出的下拉菜单的“成批出纳签字”，弹出签字成功的信息窗口，如图 5-2 所示。

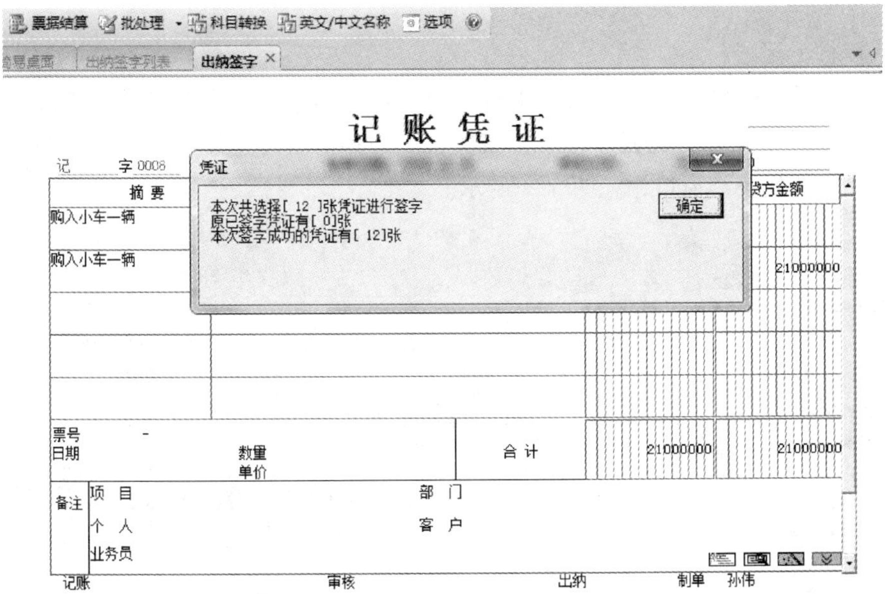

图 5-2 出纳签字

③点击“确定”—弹出的窗口里“是（Y）”，出纳签字完成，如图 5-3 所示。

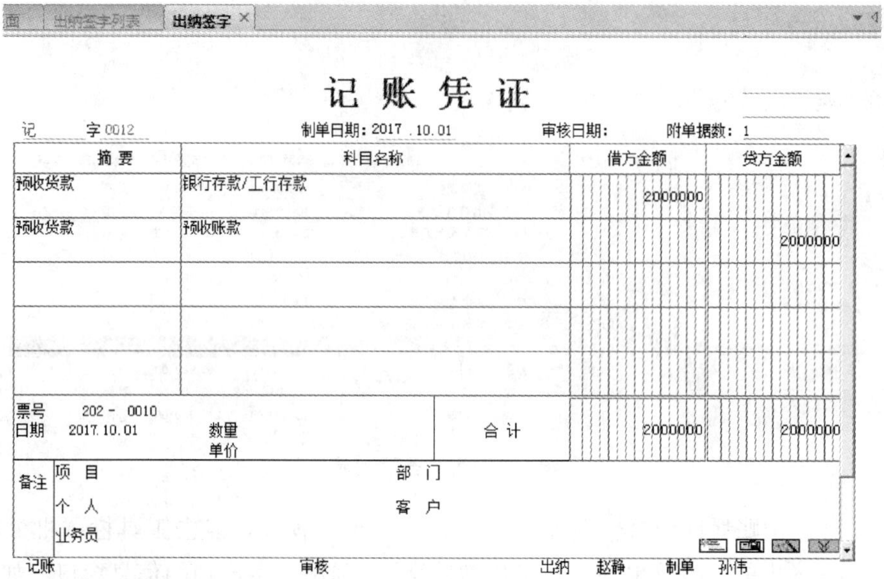

图 5-3 系统生成的记账凭证

（2）审核、记账。

①以“003”李丽的身份、10 月 31 日注册企业应用平台，点击“业务工作”—“财务会计”—“总账”—“凭证”—“审核凭证”—弹出的“凭证审核”窗口里“确定”，弹出“凭证审核列表”窗口，如图 5-4 所示。

制单日期	凭证编号	摘要	借方金额合计	贷方金额合计	制单人	审核人
-10-01	记 - 0001	提取现金	8,000.00	8,000.00	孙伟	
-10-01	记 - 0002	出差借款	10,000.00	10,000.00	孙伟	
-10-02	记 - 0003	开具银行汇票	120,000.00	120,000.00	孙伟	
-10-20	记 - 0004	报销办公费等	21,000.00	21,000.00	孙伟	
-10-20	记 - 0005	支付利息	20,000.00	20,000.00	孙伟	
-10-26	记 - 0006	报销办公费等	10,000.00	10,000.00	孙伟	
-10-30	记 - 0007	投资设备入股	1,500,000.00	1,500,000.00	孙伟	
-10-30	记 - 0008	购入小车一辆	210,000.00	210,000.00	孙伟	
-10-31	记 - 0009	计提第[10]期间折旧	39,680.00	39,680.00	孙伟	
-10-31	记 - 0010	计提工资	24,350.00	24,350.00	孙伟	
-10-31	记 - 0011	计提福利费	3,409.00	3,409.00	孙伟	
-10-01	记 - 0012	预收货款	20,000.00	20,000.00	孙伟	
-10-01	记 - 0013	预收冲应收	0.00	0.00	孙伟	

图 5-4 凭证审核列表

②双击此窗口里任一记账凭证记录，在弹出的“记账凭证”窗口，点击工具栏“批处理”右边的“▼”—弹出的下拉菜单的“成批审核凭证”，弹出审核成功的信息窗口，如图 5-5 所示。

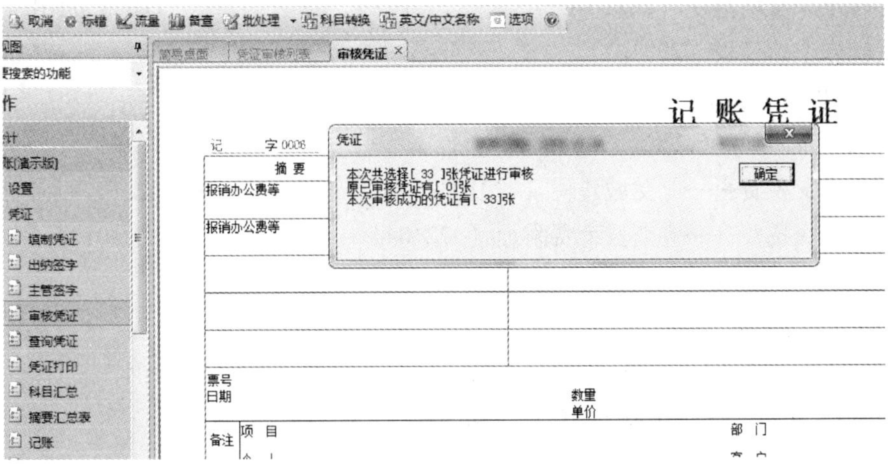

图 5-5　审核凭证

③点击“确定”—弹出的窗口里“是（Y）”，审核完成，关闭本窗口。

④点击“业务工作”—“财务会计”—“总账”—“凭证”—“记账”，弹出“记账”窗口，如图 5-6 所示。

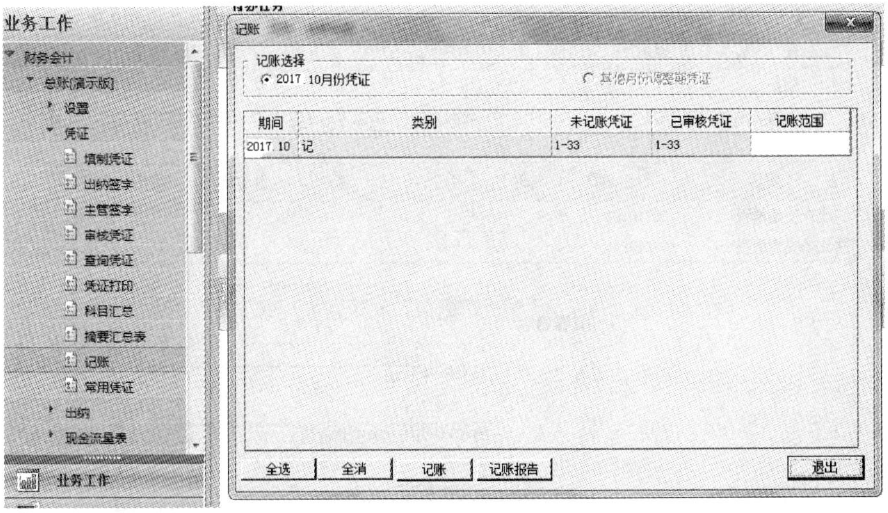

图 5-6　记账

⑤点击“全选”—“记账”，按系统提示逐步操作，最后提示：“记账完毕!”点击“确定”，并退出“记账”窗口。

（二）期末转账定义

【操作资料】

（1）广州东兴公司10月末转出应交未交增值税。

借：转出未交增值税（22210103）　　QM(222101,月)

　贷：未交增值税（222102）　　JG（）

（2）广州东兴公司10月缴纳城建税和教育费附加。

借：税金及附加（6403）　　QM(222101,月)＊0.1

　贷：应交税费——应交城建税（222103）　　QM(222101,月)＊0.07

　　　应交税费——应交教育费附加（222104）　　QM(222101,月)＊0.03

（3）广州东兴公司10月计提所得税。

借：所得税费用（6801）　　JG()

　贷：应交税费——应交所得税（222105）　　QM(4103,月)＊0.25

（4）对广州东兴公司2017年10月的期间损益进行结转定义。

【操作提示】

（1）定义“转出未交增值税”公式。

①单击“总账”—“期末”—“转账定义”—“自定义转账”，点击“增加”，在弹出的“转账目录”对话框，依次填写转账序号、转账说明和凭证类别，如图5-7所示，点击“确定”。

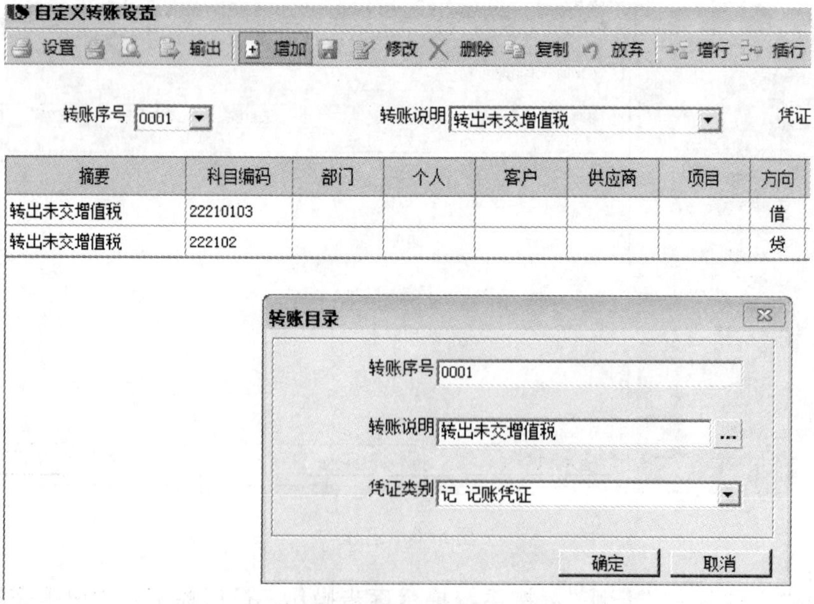

图5-7　自定义转账设置

②单击“增行”，在“科目编码”栏中输入“22210103”，在“方向”栏选择“借”，点击“金额公式”，在“金额公式”栏中单击“…”。如图 5-8。

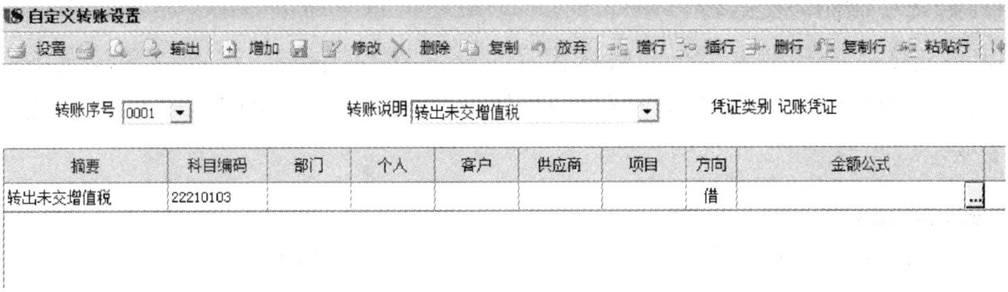

图 5-8　自定义转账设置

③在“公式向导”对话框中选“期末余额，QM”，单击“下一步”，之后在“科目”栏填写“222101”，如图 5-9 所示，单击“完成”。

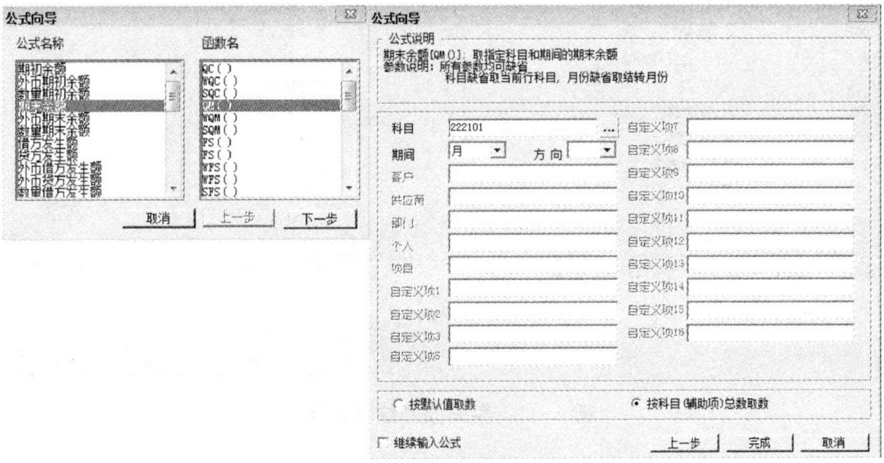

图 5-9　公式向导

④同理，输入第二行的相关资料，如图 5-10 所示。

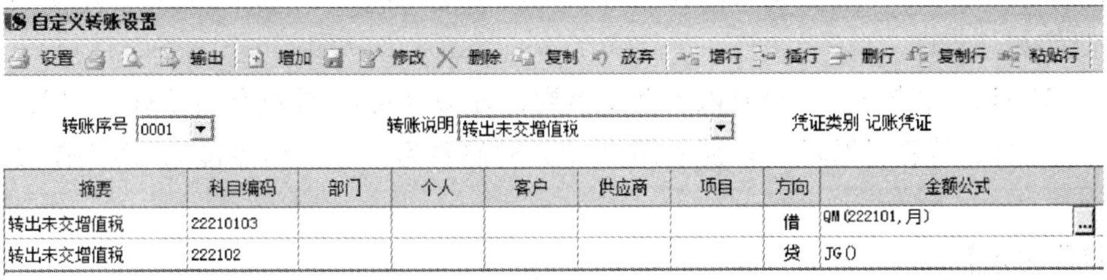

图 5-10　自定义转账设置

（2）定义计提随征税、企业所得税公式。

操作资料中经济业务（2）和（3）的自定义结转公式按相同方法设置。

（3）定义“期间损益结转”。

单击“总账”—“期末”—“转账定义”—“期间损益”，进入“期间损益结转设置”，选择“记账类别”，在“本年利润科目”编码栏填写“4103”，单击“确定”。如图 5-11 所示。

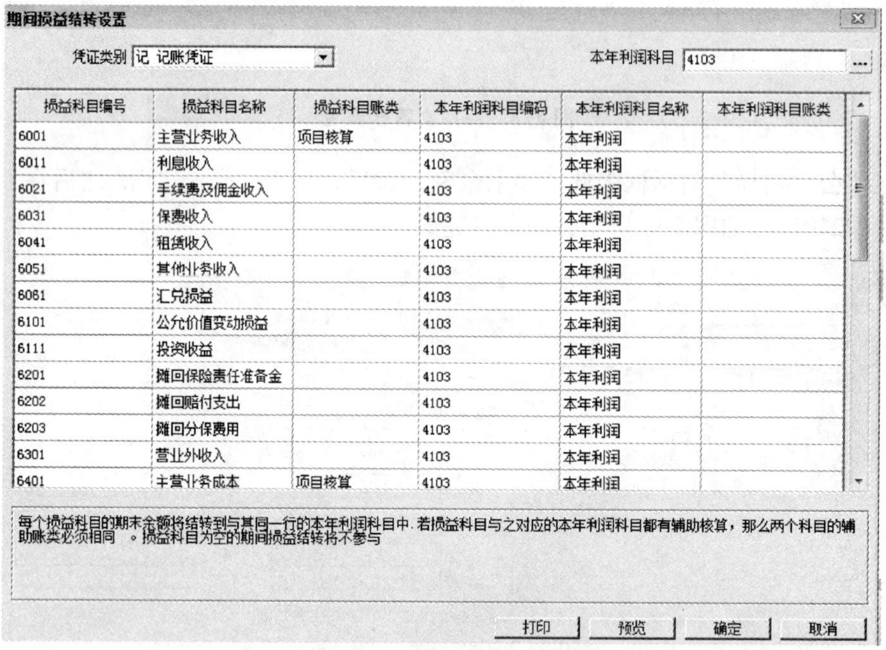
期间损益结转设置
凭证类别 记 记账凭证
本年利润科目 4103
每个损益科目的期末余额将结转到与其同一行的本年利润科目中。若损益科目与之对应的本年利润科目都有辅助核算，那么两个科目的辅助账类必须相同 。损益科目为空的期间损益结转将不参与
打印
预览
确定
取消

损益科目编号	损益科目名称	损益科目账类	本年利润科目编码	本年利润科目名称	本年利润科目账类
6001	主营业务收入	项目核算	4103	本年利润	
6011	利息收入		4103	本年利润	
6021	手续费及佣金收入		4103	本年利润	
6031	保费收入		4103	本年利润	
6041	租赁收入		4103	本年利润	
6051	其他业务收入		4103	本年利润	
6061	汇兑损益		4103	本年利润	
6101	公允价值变动损益		4103	本年利润	
6111	投资收益		4103	本年利润	
6201	摊回保险责任准备金		4103	本年利润	
6202	摊回赔付支出		4103	本年利润	
6203	摊回分保费用		4103	本年利润	
6301	营业外收入		4103	本年利润	
6401	主营业务成本	项目核算	4103	本年利润	

图 5-11　期间损益结转设置

（三）期末转账凭证生成

【操作资料】

（1）31 日，结转本月未交增值税，摘要为：转出未交增值税。

（2）31 日，计提本月应交城建税（7%）、教育费附加（3%），摘要为：计提随征税；换操作员审核、记账。

（3）31 日，结转损益（分收入类及支出类，自动生成）；换操作员审核、记账。

（4）31 日，计提并结转所得税费用（计提时摘要为：计提所得税）；换操作员审核、记账。

【操作提示】

（1）结转本月未交增值税。

①操作员“003”登录，然后审核并记账。（如果前面已操作，不用再做。）

②单击“总账”—“期末”—“转账生成”，弹出“转账生成”对话框，如图 5-12 所示。

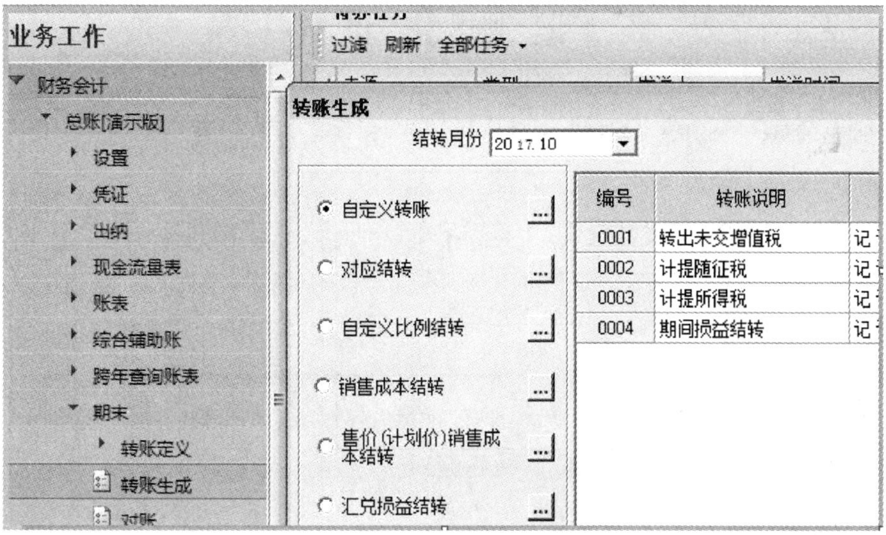

图 5-12　**转账生成**

③在“转账生成”对话框里，选“自定义转账”，然后双击编号“0001”所在行和“是否结转”栏相交处，出现“Y”，如图 5-13 所示，点击“确定”。

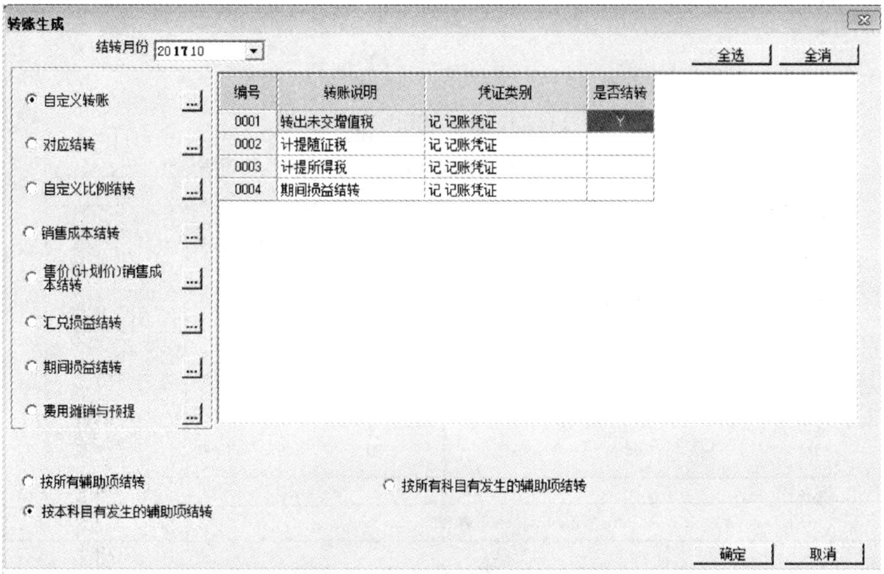

图 5-13　**自定义转账窗口**

④系统开始自动生成凭证，然后单击“保存”，凭证左上角显示“已生成”，如图 5-14 所示。

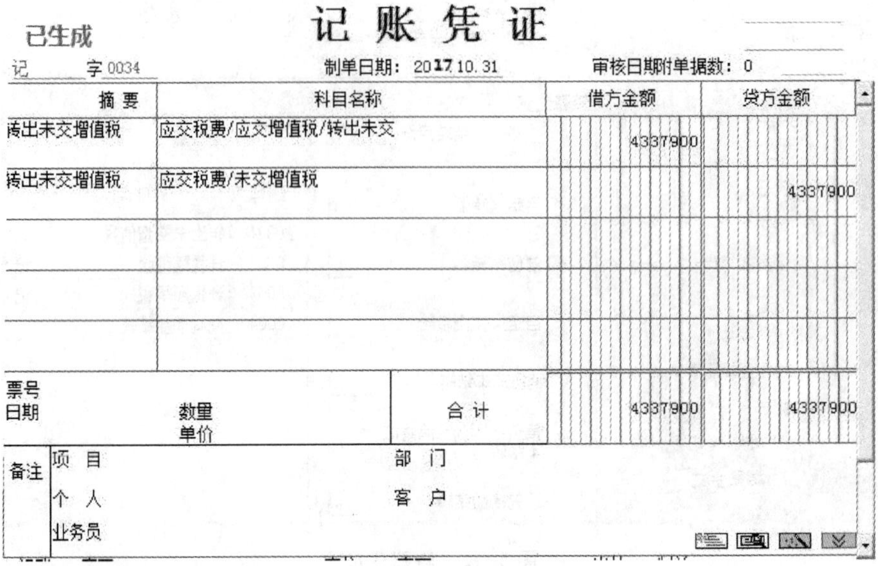

已生成　记账凭证

记　字 0034　　制单日期：2017.10.31　　审核日期附单据数：0

摘要	科目名称	借方金额	贷方金额
转出未交增值税	应交税费/应交增值税/转出未交	4337900	
转出未交增值税	应交税费/未交增值税		4337900
票号 日期　数量 单价	合计	4337900	4337900

备注　项目　部门　个人　客户　业务员

图 5-14　系统生成的记账凭证

（2）计提随征税并审核、记账。

①对于经济业务（2），按同样方法选定“0002”转账定义公式，生成转账凭证，如图 5-15 所示。

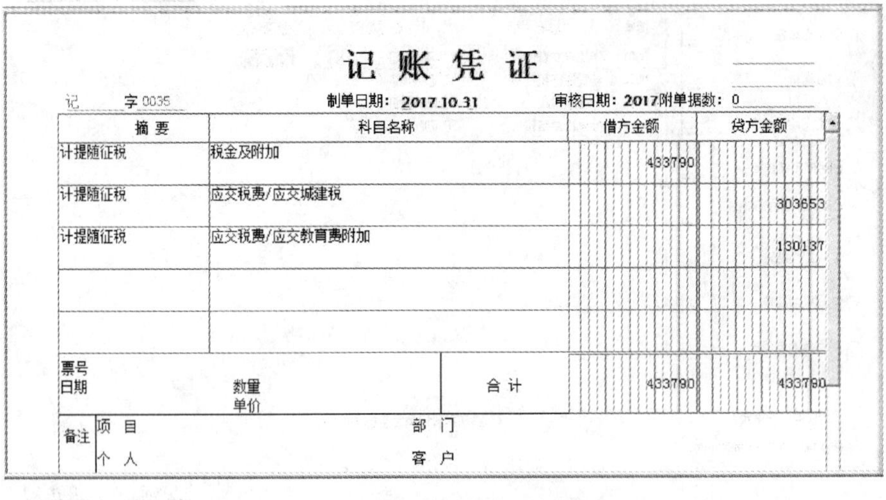

记账凭证

记　字 0035　　制单日期：2017.10.31　　审核日期：2017附单据数：0

摘要	科目名称	借方金额	贷方金额
计提随征税	税金及附加	433790	
计提随征税	应交税费/应交城建税		303653
计提随征税	应交税费/应交教育费附加		130137
票号 日期　数量 单价	合计	433790	433790

备注　项目　部门　个人　客户

图 5-15　系统生成的记账凭证

②换操作员“001”登录，审核并记账。（操作步骤见“期末出纳签字、审核、记账”）

（3）按收入、支出类分别“结转期间损益”。

①操作员“003”重新登录，对经济业务（4）操作。单击“总账”—“期末”—“转账生成”，在弹出的“转账生成”对话框，选“期间损益结转”，在“类型”栏选择“收入”，单击“全选”，如图 5-16 所示。

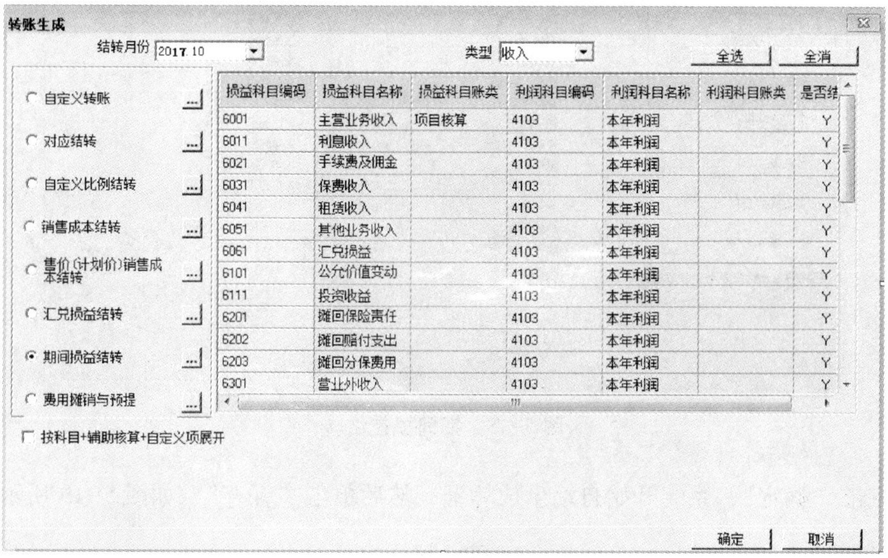

转账生成
结转月份 2017.10
类型 收入
全选
全消
自定义转账
对应结转
自定义比例结转
销售成本结转
售价(计划价)销售成本结转
汇兑损益结转
期间损益结转
费用摊销与预提
损益科目编码 | 损益科目名称 | 损益科目账类 | 利润科目编码 | 利润科目名称 | 利润科目账类 | 是否结
6001 | 主营业务收入 | 项目核算 | 4103 | 本年利润 | | Y
6011 | 利息收入 | | 4103 | 本年利润 | | Y
6021 | 手续费及佣金 | | 4103 | 本年利润 | | Y
6031 | 保费收入 | | 4103 | 本年利润 | | Y
6041 | 租赁收入 | | 4103 | 本年利润 | | Y
6051 | 其他业务收入 | | 4103 | 本年利润 | | Y
6061 | 汇兑损益 | | 4103 | 本年利润 | | Y
6101 | 公允价值变动 | | 4103 | 本年利润 | | Y
6111 | 投资收益 | | 4103 | 本年利润 | | Y
6201 | 摊回保险责任 | | 4103 | 本年利润 | | Y
6202 | 摊回赔付支出 | | 4103 | 本年利润 | | Y
6203 | 摊回分保费用 | | 4103 | 本年利润 | | Y
6301 | 营业外收入 | | 4103 | 本年利润 | | Y
按科目+辅助核算+自定义项展开
确定
取消

图 5-16　期间损益结转

②点击“确定”，系统开始自动生成凭证，然后单击“保存”，凭证左上角显示“已生成”，如图 5-17 所示。

图 5-17　系统生成的记账凭证

③按支出类结转损益。单击“总账”—“期末”—“转账生成”，在弹出的“转账生成”对话框，选“期间损益结转”，在“类型”栏选择“支出”，单击“全选”，如图5-18所示。

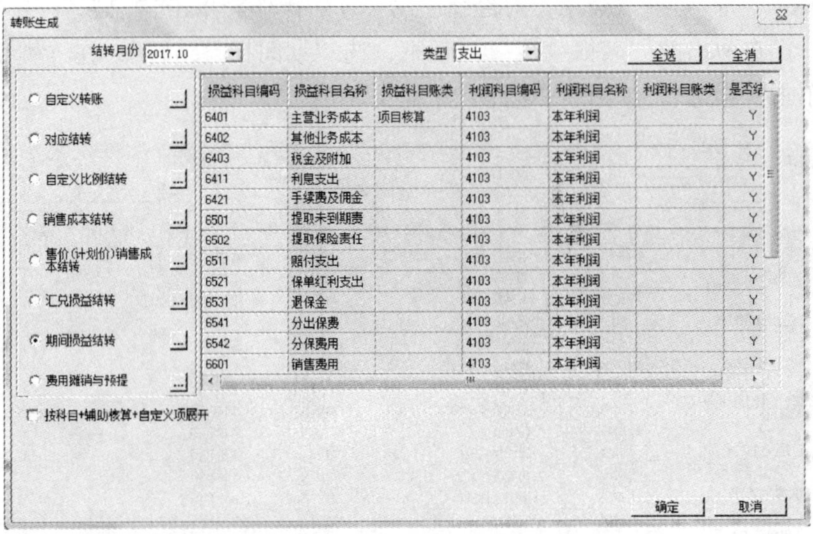

损益科目编码	损益科目名称	损益科目账类	利润科目编码	利润科目名称	利润科目账类	是否结
6401	主营业务成本	项目核算	4103	本年利润		Y
6402	其他业务成本		4103	本年利润		Y
6403	税金及附加		4103	本年利润		Y
6411	利息支出		4103	本年利润		Y
6421	手续费及佣金		4103	本年利润		Y
6501	提取未到期责		4103	本年利润		Y
6502	提取保险责任		4103	本年利润		Y
6511	赔付支出		4103	本年利润		Y
6521	保单红利支出		4103	本年利润		Y
6531	退保金		4103	本年利润		Y
6541	分出保费		4103	本年利润		Y
6542	分保费用		4103	本年利润		Y
6601	销售费用		4103	本年利润		Y

图5-18　期间损益结转

④点击“确定”，系统开始自动生成凭证，然后单击“保存”，如图5-19所示。

摘要	科目名称	借方金额	贷方金额
期间损益结转	本年利润	22989813	000
期间损益结转	主营业务成本		9970000
期间损益结转	税金及附加		433790
期间损益结转	销售费用		2376100
期间损益结转	管理费用		7467800
票号 日期 数量 单价	合计	22989813	22989813

图5-19　系统生成的记账凭证

（4）计提并结转企业所得税。

①换操作员“001”重注册企业应用平台，审核并记账。操作员“003”重新注册，对于经济业务（3），按与经济业务（1）和（2）相同的方法生成转账凭证，如图5-20所示。

记 账 凭 证

记　字 0038　　制单日期：2017.10.31　　审核日期：　　附单据数：0

摘要	科目名称	借方金额	贷方金额
计提所得税	所得税费用	1730047	
计提所得税	应交税费/应交所得税		1730047
票号 日期　　数量 单价	合计	1730047	1730047
备注	项目　　部门 个人　　客户		

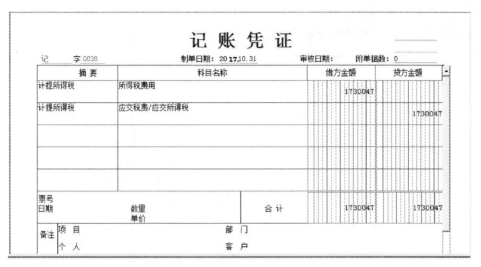

图 5-20　系统生成的记账凭证

②换操作员审核、记账后，再执行一次期间损益结转生成凭证，如图 5-21 所示。

记 账 凭 证

记　字 0039　　制单日期：2017.10.31　　审核日期：2017.10.31　　附单据数：0

摘要	科目名称	借方金额	贷方金额
期间损益结转	本年利润	1730047	
期间损益结转	所得税费用		1730047
票号 日期　　数量 单价	合计	1730047	1730047
备注	项目　　部门 个人　　客户		

图 5-21　系统生成的记账凭证

③再换操作员重新注册，审核、记账所有后续记账凭证，以确保所有记账凭证全部记账。

任务二　结账

一、知识要点

结账是指在一定时期内发生的全部经济业务登记入账的基础上，计算并记录本期发生额和期末余额后，将余额结转下期或新的账簿的会计行为。结账可以检查本期内日常发生的经济业务是否已全部登记入账，若发现漏账、错账，应及时补记、更正；可以总结某一个会计期间内的经济活动的财务收支状况，据以编制财务会计报表。

“业财一体化”系统结账流程如图 5-22 所示。

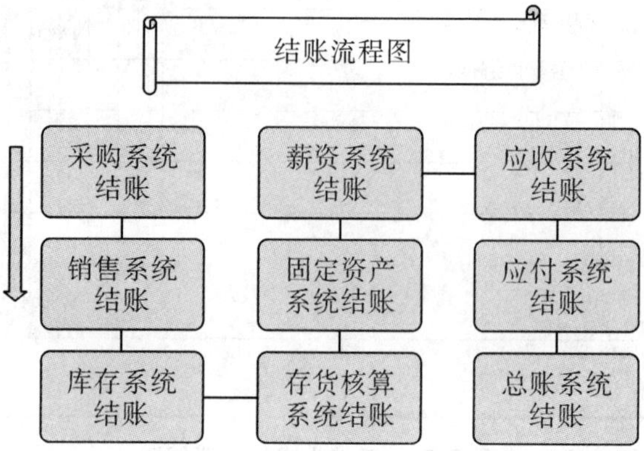

图 5-22 “业务一体化”系统结账流程图

二、实例应用

【操作资料】

期末，对各子系统及总账系统结账。

【知识链接】

（1）结账。

①结账只能由有结账权限的人进行。

②本月还有未记账凭证时，则本月不能结账。

③结账必须按月连续进行，上月未结账，则本月不能结账。

④若总账与明细账对账不符，则不能结账。

⑤如果与其他系统联合使用，其他子系统未全部结账，则本月不能结账。

⑥结账前，要进行数据备份。

⑦结账后除查询外，不得再对本月业务进行任何操作。

（2）取消结账。

①执行“期末”—“结账”命令，进入“结账”窗口。

②选择要取消结账的月份“2017-10”。

③按“Ctrl+Shift+F6”键，激活“取消结账”功能。

④输入口令，单击“确认”按钮，系统显示取消结账标志。

【操作提示】

（1）采购系统结账。

①以“001”账套主管的身份、10 月 31 日注册企业应用平台，点击“业务工作”—“供应链”—“采购管理”—“月末结账”，在弹出的“结账”窗口，选定需结账的会计月份数“10”，点击“结账”，弹出“……是否关闭订单?”提示框，如图 5-23 所示。

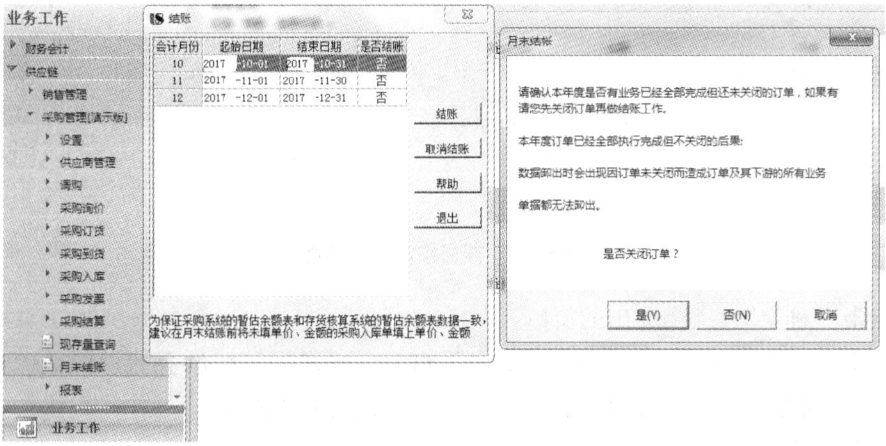

图 5-23　月末结账

②点击“否（N）”，本系统结账完成，退出结账窗口。

（2）销售系统结账。

点击“业务工作”—“供应链”—“销售管理”—“月末结账”，在弹出的“结账”窗口，选定需结账的会计月份数“10”，点击“结账”，弹出“……是否关闭订单?”提示框，点击“否（N）”，本系统结账完成，退出结账窗口。

（3）库存系统结账。

点击“业务工作”—“供应链”—“库存管理”—“月末结账”，在弹出的“结账”窗口，选定需结账的会计月份数“10”，点击“结账”，弹出“……是否继续结账?”提示框，点击“是（Y）”，本系统结账完成，退出结账窗口。

（4）存货核算系统结账。

①点击“业务工作”—“供应链”—“存货核算”—“业务核算”—“期末处理”，在弹出的“期末处理-10 月”窗口，点击“处理”，弹出“期末处理完毕!”提示框，如图 5-24 所示。

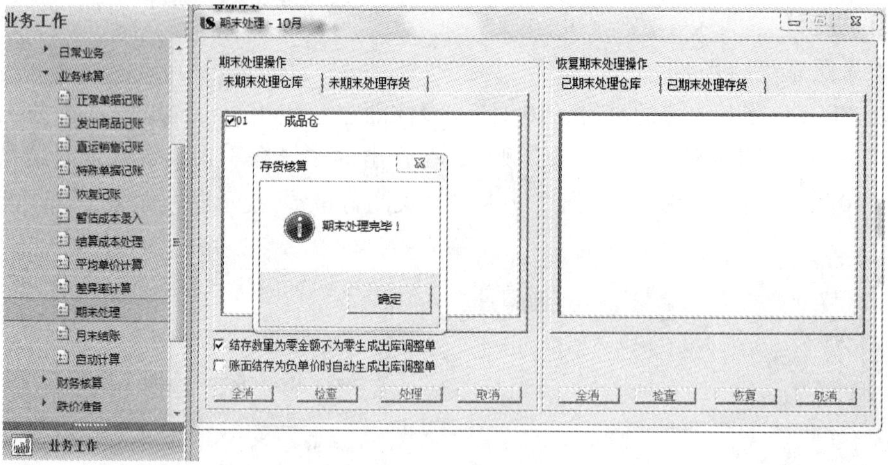

图 5-24　存货核算系统结账

②点击“确定”，关闭弹出的窗口。

③双击“月末结账”，在弹出的“结账”窗口，选定需结账的会计月份数“10”，点击“结账”，弹出“月末结账完成！……”提示框，点击“确定”。

（5）固定资产系统结账。

①点击“业务工作”—“财务会计”—“固定资产”—“处理”—“对账”，系统提示“……结果：平衡”，如图 5-25 所示，点击“确定”。（如果系统提示“……结果：不平衡”，则查明原因，处理好，直至总账与固定资产系统账相符）

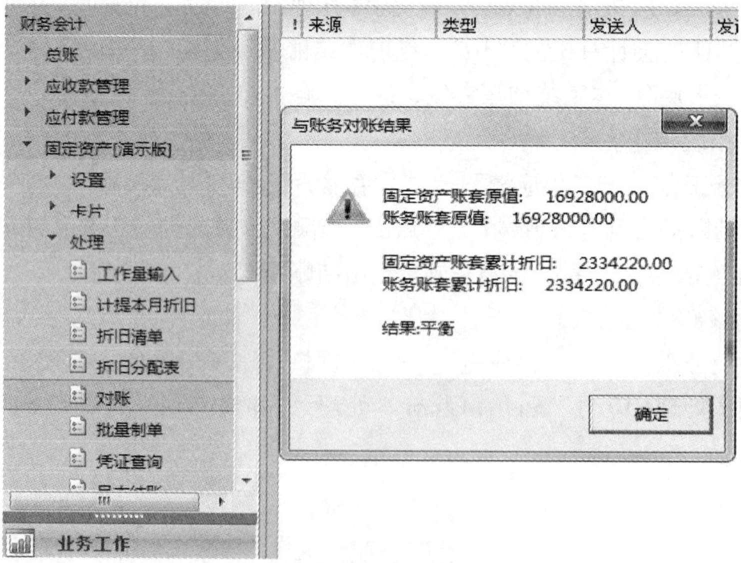

图 5-25　固定资产系统结账

②点击“业务工作”—“财务会计”—“固定资产”—“处理”—“月末结账”-弹出的“月末结账…”窗口里“开始结账”—弹出的“与账务对账结果”窗口里“确定”，系统提示：“月末结账成功完成！……”，点击“确定”按钮。

（6）薪资系统结账。

点击“业务工作”—“人力资源”—“薪资管理”—“业务处理”—“月末处理”—弹出的“月末处理”窗口里“确定”，弹出“……继续月末处理吗?”提示框，点击“是（Y）”，弹出“……是否选择清零项?”提示框，点击“否（N）”，系统提示：“月末处理完毕!”，点击“确定”。

（7）应收系统结账。

①点击“业务工作”—“财务会计”—“应收款管理”—“期末处理”—“月末结账”，在弹出的“月末处理”窗口“十月”的“结账标志”栏双击，出现“Y”，如图5-26所示。

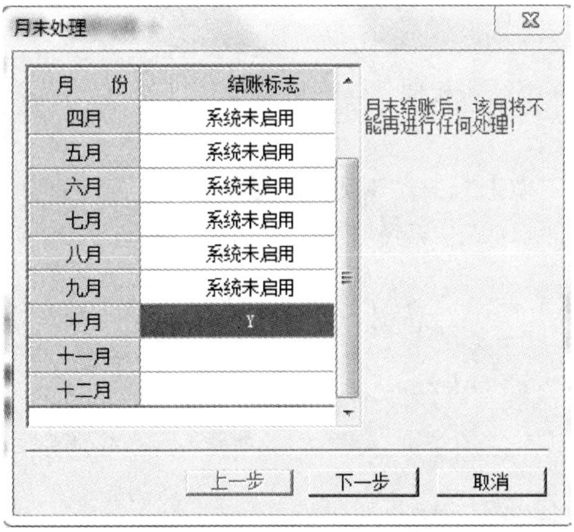

图5-26　应收系统月末结账

②点击“下一步”，“处理情况”栏完全为“是”，如图5-27所示。

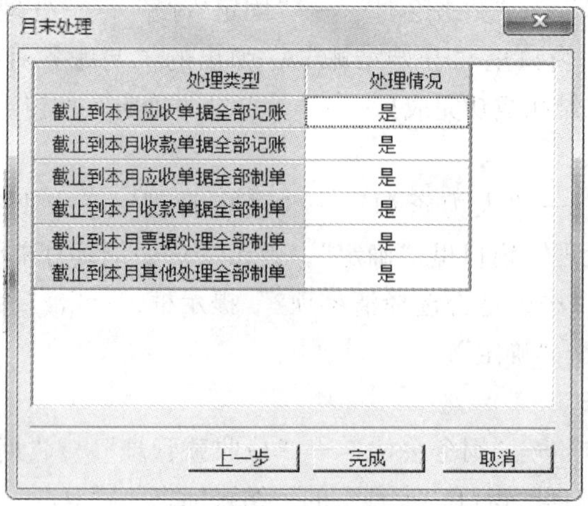

图 5-27 完成结账

③点击“完成”，系统提示：“10 月份结账成功”，点击“确定”。

（8）应付系统结账。

本系统结账与应收系统结账相似，请直接参考“（7）应收系统结账”。

（9）总账系统结账。

①单击“总账”—“期末”—“对账”，在“对账”对话框中双击需要对账月份的“是否对账”，然后点击“对账”，系统开始自动对账，如图 5-28 所示。

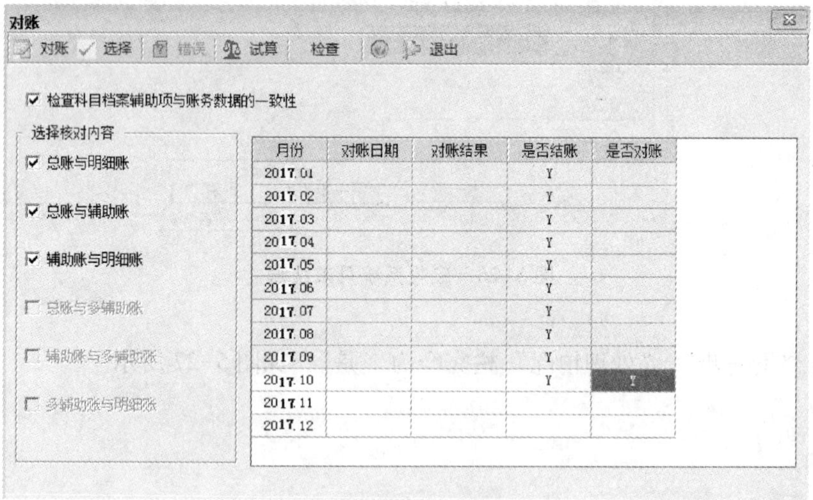

图 5-28 对账

②单击“总账”—“期末”—“结账”，在“结账”对话框中，选定结账月份“2017. 10”，点击“下一步”，单击“对账”，之后点击“下一步”，在“结账月度工作报

告”中点击“下一步”，进入下一个界面，单击“结账”，系统进行结账。如图 5-29、图 5-30、图 5-31、图 5-32。

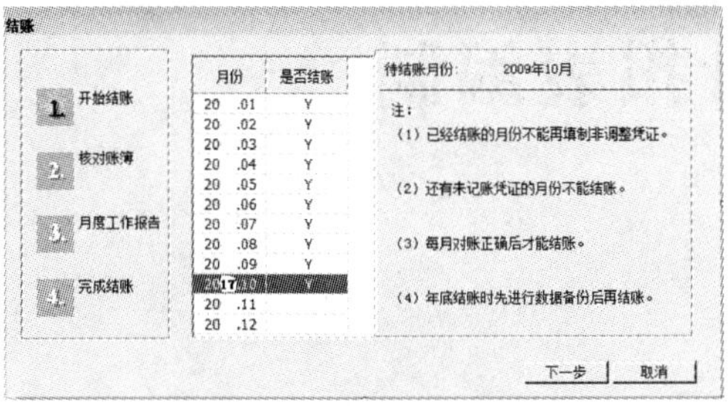

图 5-29 选定月份

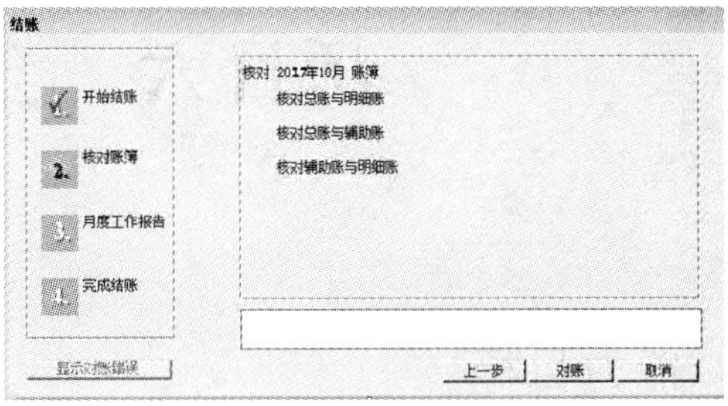

图 5-30 核对账簿

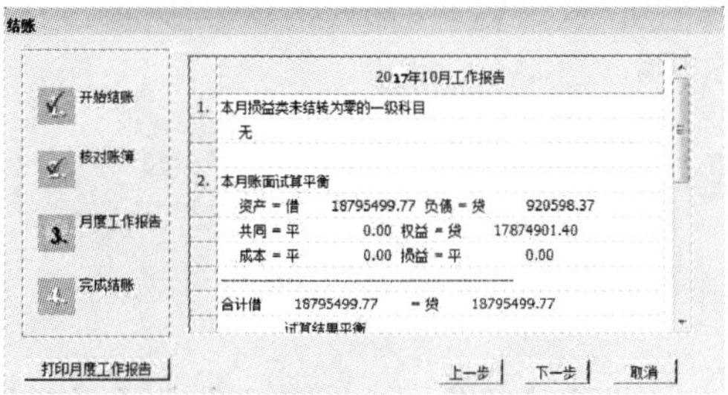

图 5-31 月末工作报告

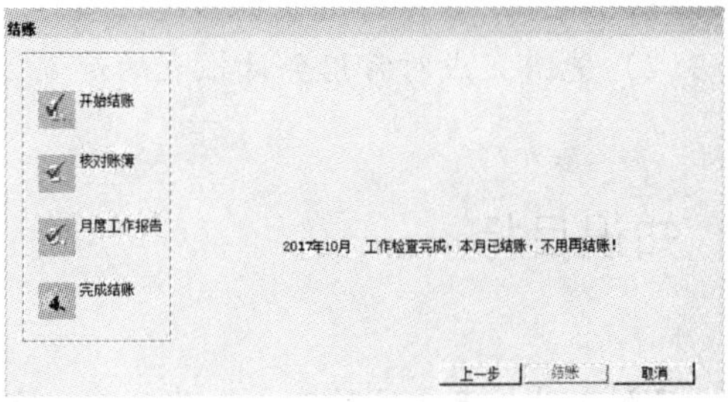

图 5-32 完成结账

【知识链接】

1. 结转已销售商品成本，需要先审核并记账。

2. 结转所得税费用，也需要先审核和记账。

项目六　会计报表编制

能力目标

（1）能够利用报表模板生成会计报表。
（2）能够完成对常用会计报表的设置、编制与输出。

知识目标

了解会计报表系统的基本工作原理，掌握自定义报表结构的方法、单元取数规则和报表公式的编写，掌握会计报表编制、输出的步骤与方法。

一、知识要点

会计报表子系统直接面向内外报表使用者的会计信息需要，取数于各个子系统会计核算的结果，进行相应的加工处理。会计报表子系统是专门提供各种会计报表的子系统，是会计信息系统中的一个重要子系统。

会计报表处理子系统的目标就是根据账务处理系统、其他会计核算系统、会计报表系统本身、其他系统数据来源，按照用户定义报表格式的方式，自动获取数据和自动生成报表，并按用户需求对报表进行各种分析。

1. 报表处理系统编制报表的数据处理基本流程

（1）报表格式设计。报表格式设计相当于手工会计环境下绘制或取得一张空白的会计报表。格式设计包括定义报表尺寸（报表的行数和列数）、设置组合单元、绘制表格线、输入报表项目（包括表头、表体和表尾项目）、设置行高及列宽、定义单元格风格（包括字形、字体、字号、颜色、图案、是否折行显示等）、设置单元属性（包括表样、字符和数值属性）和确定关键字位置等。

（2）报表公式定义。报表公式决定了报表的数据来源及报表数据计算等，报表公式包括计算公式、审核公式和舍位平衡公式等。系统提供了绝对单元公式和相对单元公式，可以方便、迅速地定义计算公式、审核公式、舍位平衡公式；还提供了种类丰富的函数，在系统向导的引导下轻松地从用友账务及其他子系统中提取数据并生成财务报表。

（3）报表数据处理。报表格式设计完成之后，报表处理系统可以根据定义的报表格式和公式，从账务处理系统、其他相关子系统或已生成的报表文件中自动获取数据，并计算各个报表项目的数值，依据审核公式校验报表勾稽关系，依据平衡公式进行舍位平衡操作，将计算结果保存于报表文件中。报表格式一次性定义后，可用于不同会计期的报表计算，具有一次性定义、多次使用的效果。

（4）输出报表。根据生成的报表或报表格式文件，输出会计报表。

2. 使用报表模板生成报表

财务报表系统中按照会计制度提供了不同行业的标准财务报表模板，简化了用户的报表格式设计工作。

调用资产负债表模板，生成资产负债表数据。

3. 自定义报表

除了利用系统预置的报表模板生成报表之外，还可以利用自定义报表功能定义企业所需的管理报表。

（1）报表格式定义。包括设置报表尺寸（指设置报表的行数和列数）、定义组合单元、画表格线、输入报表项目（主要包括表头内容、表体项目和表尾项目等）、定义报表行高和列宽、设置单元风格（指单元内容的字体、字号、字型、对齐方式、颜色图案等）、设置关键字和调整关键字位置。

（2）报表公式定义。报表格式设计完毕后，需填写报表数据，这样就得到了包含格式和数据的完整报表。

（3）生成报表数据。主要是通过报表系统的计算功能，利用前面设置的报表计算公式对报表数据进行自动运算。生成报表数据分成两步：一是输入关键字，二是表页重算。

二、实例应用

（一）常用报表生成

【操作资料】

利用报表模板分别生成广州东兴公司 2017 年 10 月“利润表”“资产负债表”。取数后，分别以“资产负债表. XML”“利润表. XML”为文件名保存在“c：\ work”中。

【操作提示】

（1）在企业应用平台，点击“业务工作”—“财务会计”—“UFO 报表”，打开

"UFO 报表"，单击左上角"文件"—"新建"—上面菜单栏"格式"—"报表模板"，选择行业为：2007 年新会计制度科目，财务报表为：资产负债表。然后点击"确认"按钮，如图 6-1 所示。

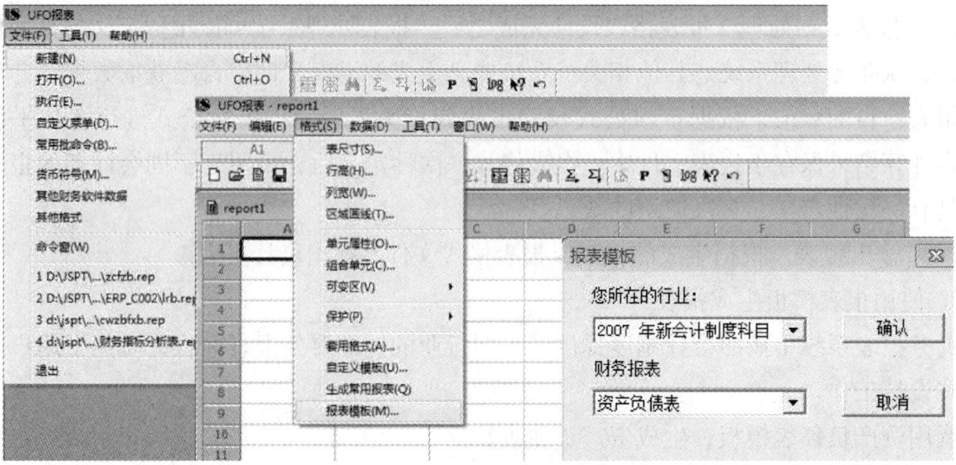

图 6-1　选择报表模板

（2）出现"模板格式将覆盖本表格式！是否继续?"，单击"确定"，接着弹出"资产负债表"。如图 6-2 所示。

图 6-2　生成资产负债表

（3）在"资产负债表"的左下角，点击"格式"按钮，变成"数据"后，报表进入数据状态，如图 6-3 所示。

资产负债表

会企01表

编制单位：　　　　　　　　　年　　　月　　　日　　　　　　单位：元

资　产	行次	期末余额	年初余额	负债和所有者权益（或股东权益）	行次	期末余额	年初余额
流动资产：				流动负债：			
货币资金	1			短期借款	32		
交易性金融资产	2			交易性金融负债	33		
应收票据	3			应付票据	34		
应收账款	演示数据			应付账款	35		
预付款项	5			预收款项	36		
应收利息	6			应付职工薪酬	37		
应收股利	7			应交税费	38		
其他应收款	8			应付利息	39		
存货	9			应付股利	40		
一年内到期的非流动资产	10			其他应付款	41		
其他流动资产	11			一年内到期的非流动负债	42		
流动资产合计	12			其他流动负债	43		

数据　第1页

图 6-3　资产负债表

（4）点击工具栏上的“数据”—“关键字”—“录入”，系统弹出“录入关键字”，如图 6-4 所示。

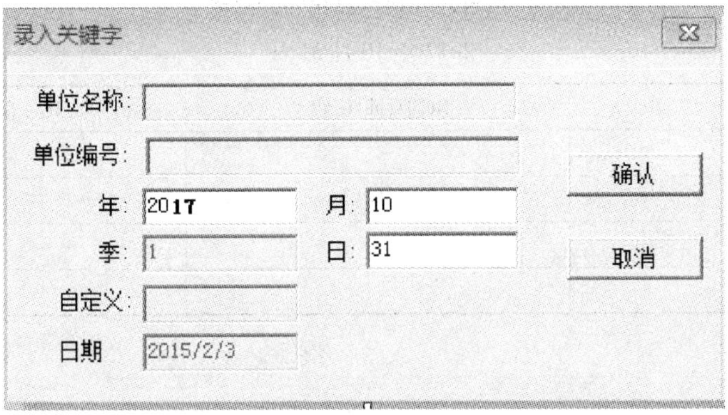

图 6-4　录入关键字

（5）将年月日分别设置成“2017”“10”“31”，点击“确认”，系统弹出“是否重算第 1 页”对话框，如图 6-5 所示，点击“是”，然后生成界面如图 6-6 所示。

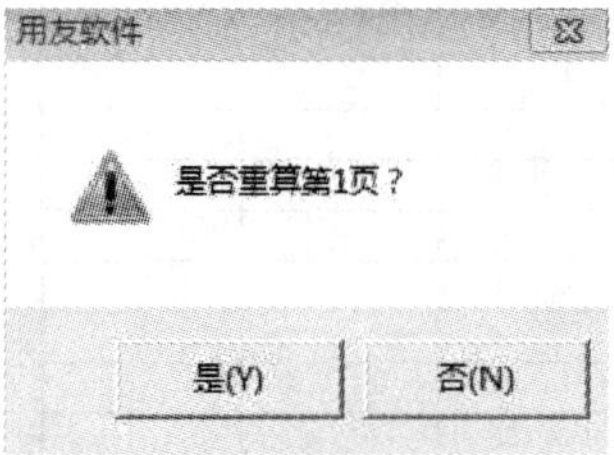

图 6-5　系统提示

图 6-6　系统生成的资产负债表

（6）以“资产负债表. XML”为文件名保存在“c：\ work”中。

（7）同理，可生成“利润表”。

（二）自定义报表编制

【操作资料】

根据表 6-1 所示表格，自定义广州东兴公司产品销售分析表，以“广州东兴公司产品销售分析表.xml”保存在“c：\ work”中。

表 6-1　　　　广州东兴公司产品销售分析表

2017 年 10 月 31 日　　　　单位：元

	8G 闪迪 U 盘	16G 闪迪 U 盘
产品销售收入		
产品销售成本		
毛利		
毛利率		

制表人：孙伟

表样如下：

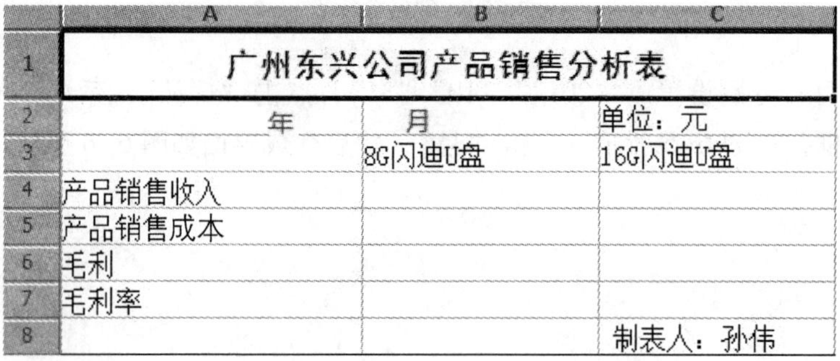

【操作提示】

（1）点击“业务工作”—“财务会计”—“UFO 报表”，打开“UFO 报表”，单击左上角“文件”—“新建”—上面工具栏“格式”—“表尺寸”，在行数、列数后分别输入“8”和“3”，单击“确认”，如图 6-7 所示。

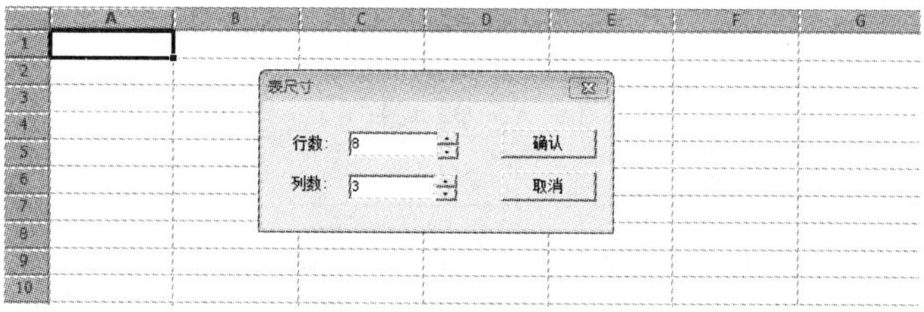

图 6-7　设置表尺寸

（2）在格式状态下，选中“A1:C1”，在菜单栏点击“格式”—“行高”，输入行高“10”，点击“确认”，如图 6-8 所示。

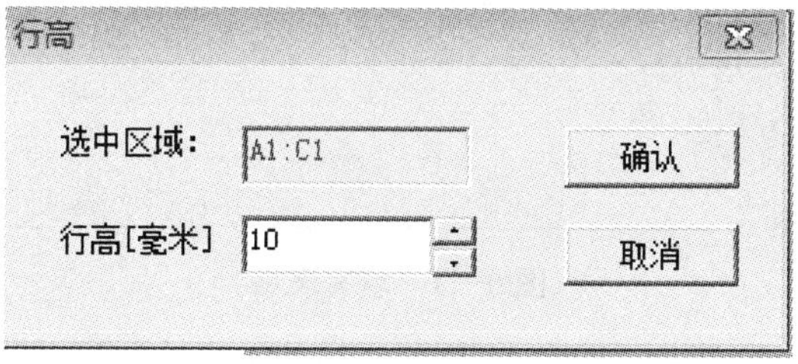

图 6-8　设置行高

（3）选中“A3:C7”，在菜单栏点击“格式”—“区域画线”—“网线”—“确认”，如图 6-9 所示。

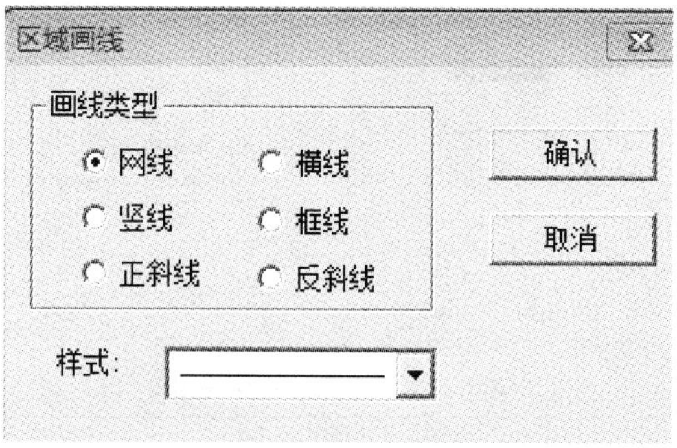

图 6-9　设置区域画线

（4）选中“A1:C1”，在菜单栏点击“格式”—“组合单元”—“按行组合”，如图 6-10 所示。

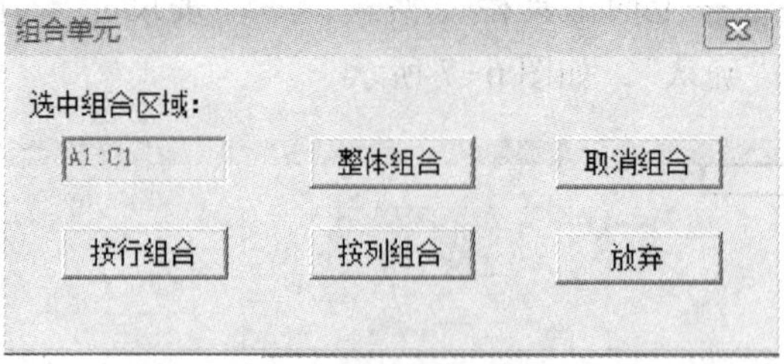

图 6-10 设置组合单元

（5）选中“A1”，输入“广州东兴公司产品销售分析表”；选中“C2”，输入“单位：元”；选中“A4”，输入“产品销售收入”。其他都按同样方法输入。如图 6-11 所示。

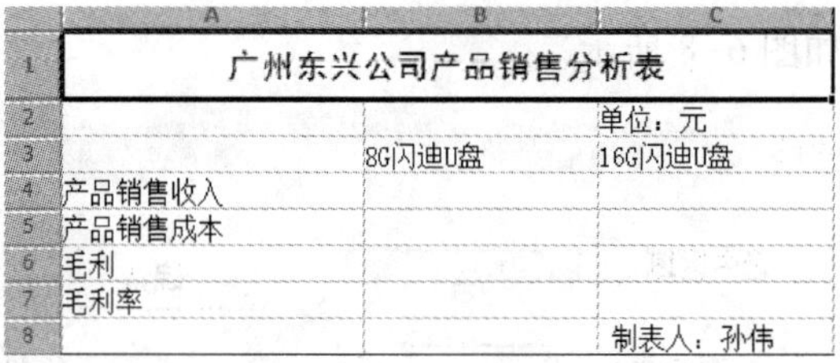

	A	B	C
1	广州东兴公司产品销售分析表		
2			单位：元
3		8G闪迪U盘	16G闪迪U盘
4	产品销售收入		
5	产品销售成本		
6	毛利		
7	毛利率		
8			制表人：孙伟

图 6-11 填写表格

（6）选中标题处，点击“格式”—“单元属性”—“字体图案”，选字体“黑体”、字型“普通”和字号“14 号”—“对齐”的水平方向和垂直方向选“居中”。如图 6-12 所示。

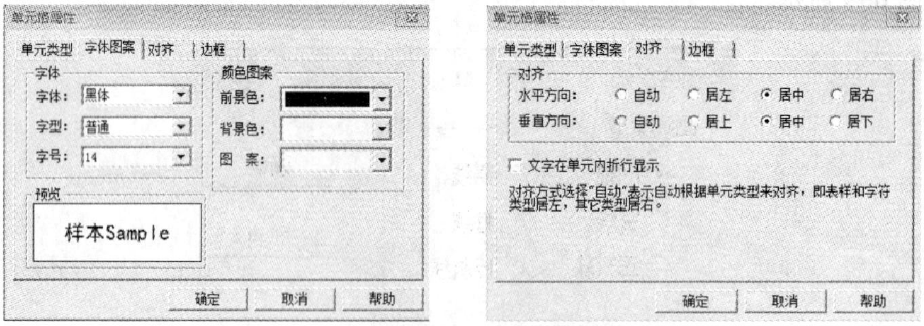

图 6-12 设置单元格属性

（7）选中“B2”，点击“数据”—“关键字”—“设置”，在“设置关键字”栏选定“年”，点击“确定”。同理，设置“月”。如图 6-13 所示。

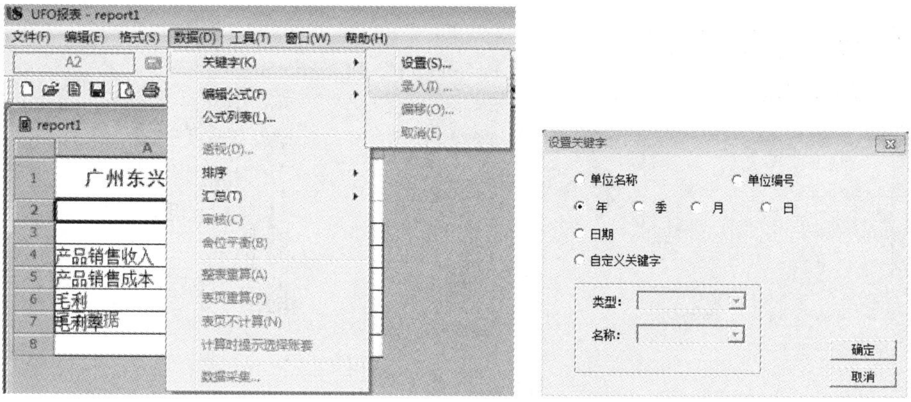

图 6-13　**设置关键字**

（8）选中“B2”，点击“数据”—“关键字”—“偏移”，在“年”后输入“-50”，“月”后输入“-10”。如图 6-14 所示。

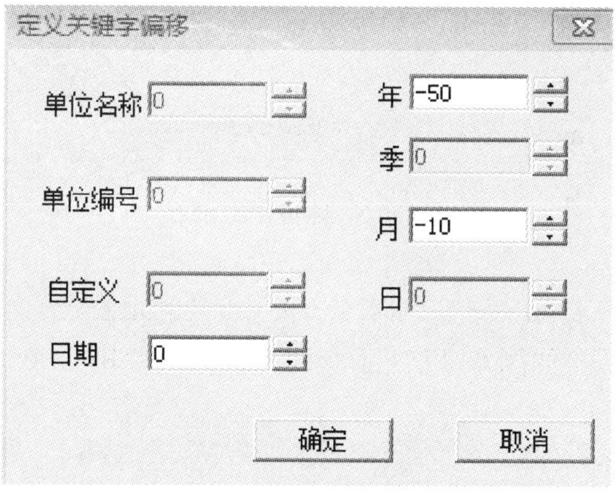

图 6-14　**定义关键字偏移**

（9）选中“B4”，“数据”—“编辑公式”—“单元公式”—“函数向导”，单击“用友财务函数”“发生（FS）”，点击“下一步”—“参照”，在“用友账务函数”的“科目”栏输入“6001”，方向选“贷”，项目编码选“01，8G 闪迪 U 盘”，点击“确定”“确认”，如图 6-15 和图 6-16 所示。如图其他公式同理。

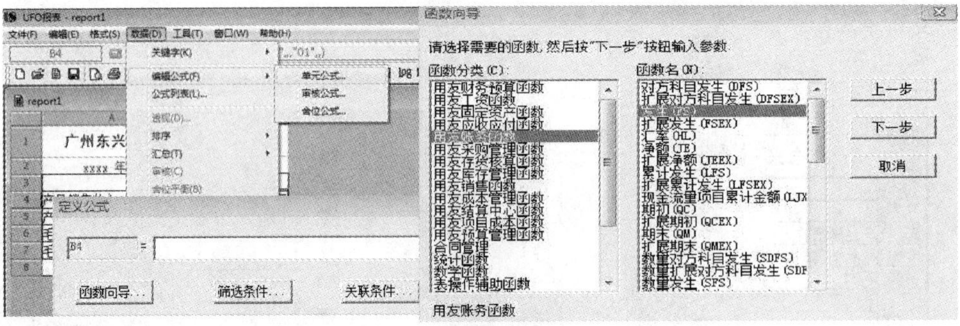

图 6-15　选择函数

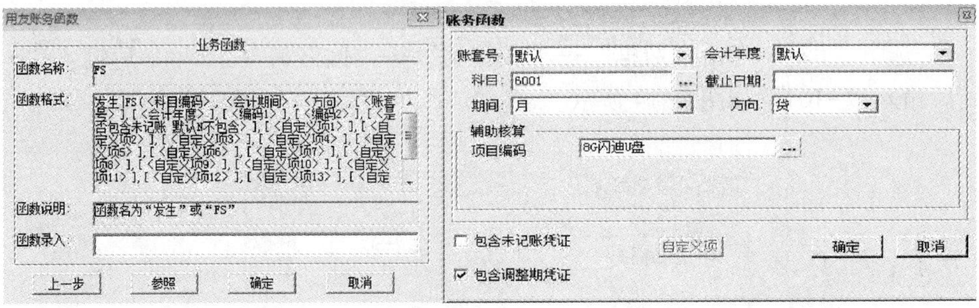

图 6-16　账务函数设置

选中"B6"，点击"数据"—"编辑公式"—"单元公式"，在"定义公式"中输入"B4-B5"，点击"确认"。如图 6-17 所示。同理，输入"B7=B6/B4"等的单元公式。

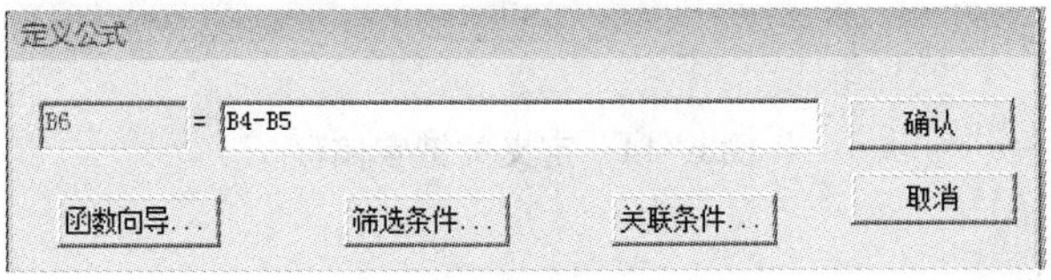

图 6-17　定义公式

（10）点击界面左下角"格式"，使界面处于"数据"状态。点击"数据"—"关键字"—"录入"，在"录入关键字"中输入关键字年为"2017"，月为"10"，点击"确认"。弹出"是否重算第 1 页？"，单击"是"。如图 6-18 所示。

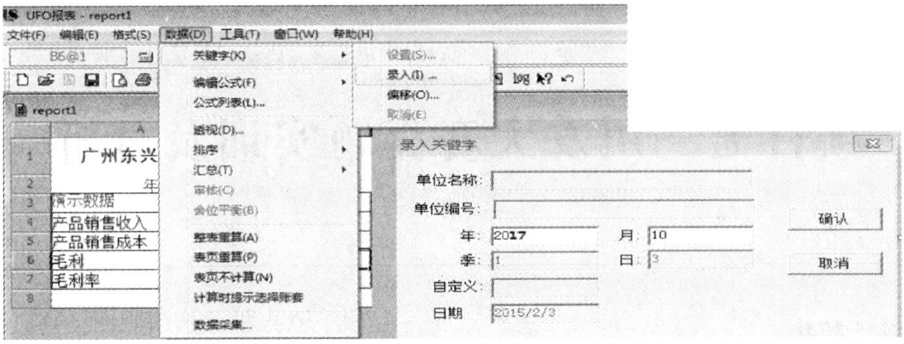

图 6-18　录入关键字

（11）单击“文件”，选择“另存为”，以“广州东兴公司产品销售分析表. XML”为文件名保存在“c：\ work”中。

【知识链接】

1. UFO 报表提供了 4 种关键字，分别是“单位名称”“年”“月”“日”。同时报表还增加了一个自定义关键字。

2. 关键字位置可以偏移，负数表示向左移动，正数表示向右移动。

项目七　用友大赛真题实训及解析

内容摘要

本章筛选历届“用友杯”信息化大赛和高职会计技能大赛（信息化部分）真题，并对今后大赛考题作了预测。本章各操作任务互不重复，基本覆盖了用友 U8V10.1 各个知识点。本章对操作题中的难点和重点作了归纳、解析、小结，同时还为各操作题编写了阅卷程序，以供考生自我检测。

一、企业背景资料

上海中远有限公司（简称中远公司，账套号：801）是专门从事电器批发的商贸企业，公司于 2015 年 5 月 1 日启用用友 U8V10.1 会计信息系统软件。该软件已启用总账、薪资管理、固定资产、采购管理、销售管理、库存管理、存货核算、应收款管理、应付款管理模块。

（1）企业软件操作员及权限如表 7-1 所示，其中操作员马尚（8011）负责除凭证审核、出纳签字、记账操作外的所有操作，操作员何明（8013）负责凭证审核、记账的所有操作。

表 7-1　　软件应用操作员及操作权限分工表

编码	人员姓名	隶属部门	口令	权　　限
8011	马尚	财务部	无	账套主管
8012	邹运	财务部	无	账套主管
8013	何明	财务部	无	具有财务会计所有权限

（2）科目设置要求：“应付账款”科目下设“暂估应付账款”和“一般应付账款”两个二级科目，其中“一般应付账款”科目设置为受控于应付款系统、“暂估应付账款”科目设置为不受控于应付款系统。

（3）辅助核算要求：

① 客户往来：应收账款、预收账款。

② 供应商往来：一般应付账款、预付账款。

③ 部门核算：对“应付职工薪酬”和“管理费用”科目的二级科目进行部门核算。

④ 项目核算：对“在途物资”“库存商品”“主营业务收入”“主营业务成本”科目进行项目核算。

（4）企业采用复式记账凭证，录入或生成“记账凭证”均由指定的会计人员操作，除特殊规定外由原始单据生成的记账凭证，不采用合并制单。出库单与入库单原始凭证以软件系统生成的为准。

（5）由单位承担并缴纳的养老保险、医疗保险、失业保险、工伤保险、生育保险、住房公积金分别按照上年度缴费职工月平均工资的 20%、10%、1%、1%、0.8%、12%计算；职工个人承担的养老保险、医疗保险、失业保险、住房公积金分别按照本人上月平均工资总额的 8%、2%、0.2%、12%计算。按工资总额的 2%计提工会经费，按工资总额的 2.5%计提职工教育经费。各类社会保险金当月计提，下月缴纳。按照国家有关规定，单位代扣个人所得税，其费用扣除标准为 5 000 元。

（6）企业固定资产包括房屋及建筑物、机器设备、交通运输设备和办公设备，均为在用状态；采用平均年限法按月计提折旧；同期增加多个固定资产时，不采用合并制单。

（7）存货的核算方法：存货包括各种电器、包装材料等。各类存货按照实际成本核算，发出存货成本计算采用“先进先出法”按仓库进行核算，存货对方科目均使用“在途物资”科目。

（8）税费的会计处理：公司为一般纳税人，增值税税率为 17%，按月缴纳，运费按 7%作进项税额抵扣；按当期应交增值税的 7%、3%、2%计算城市维护建设税、教育费附加和地方教育费附加；企业所得税的计税依据为应纳税所得额，税率为 25%，按月预计，按季预缴，全年汇算清缴。缴纳税款和各类社会保险按银行开具的原始凭证分别编制记账凭证。

二、工作任务

在进行操作前，请做好以下几点：

（1）先引入 801 账套，备份路径为 C:\BAK\801。

（2）将系统日期格式设为“yyyy-mm-dd”。

（3）凡任务中未指明具体操作日期的，均设其操作日期为 2015 年 5 月 2 日。

【任务 1】根据表 7-2 资料，完成项目大类“商品项目管理”相应设置。（本题 4 分）

表 7-2 项目资料

项目分类	1. 播放器	2. 音箱
项目目录	101. 普通播放器-NK、102. 高清播放器-NS	201. 普通音箱-YM、202. 组合音箱-YT
核算科目	1402 在途物资、1405 库存商品、6001 主营业务收入、6401 主营业务成本	

【任务 2】在应付系统中定义基本科目：应付科目（本币）、预付科目（本币）、票据利息、税金科目、采购科目（本题 3.5 分）。

【操作提示】

（1）本题应根据试题提供的企业背景资料内容及考生所掌握的财务知识来进行设置。

（2）应付科目（本币）为："220202 应付账款——一般应付账款"、预付科目（本币）为："1123 预付账款"、票据利息科目为："6603 财务费用"、税金科目为："22210101 应交税费——应交增值税——进项税额"、采购科目为："1402 在途物资"。

【任务 3】在应收款管理系统设置报警级别如表 7-3 所示。（本题 2 分）

表 7-3 应收款管理系统设置报警级别

级别名称	总比率
A	10%
B	20%
C	30%
D	40%
E	50%
F	50%以上

【任务 4】设置销售管理系统初始选项，要求："委托代销必有订单"，并设置新增发货单不参照单据、新增发票和新增退货单默认参照发货；在存货管理系统规定"结算单价与暂估单价不一致时可以调整出库成本"。（本题 1.5 分）

【任务 5】根据以下资料在销售管理系统中输入并审核期初数据。（本题 2 分）

2015 年 4 月 20 日，销售部李宏向联华有限公司出售 75 套普通音箱-YM，无税单价为 200 元，货已从音箱库发出，发票尚未开出，款项未收。

【操作提示】

（1）执行"业务工作"—"供应链"—"销售管理"—"设置"—"期初录入"—"期初发货单"命令，在期初发货单窗口进行操作。

（2）输入完毕后一定要点击"审核"按钮。

【任务 6】定义存货科目和存货对方科目。（本题 4 分）

设置所有“存货科目”及“采购入库”“销售出库”“盘盈入库”“盘亏出库”“采购退货”的存货对方科目。

【操作提示】

（1）本题应根据试题提供的企业背景资料内容及考生所掌握的财务知识来进行设置。

（2）仓库所有“存货科目”均为“1405 库存商品”。

（3）“采购入库”和“采购退货”对方科目为“1402 在途物资”“销售出库”对方科目为“6401 主营业务成本”“盘盈入库”和“盘亏出库”的对方科目为“190101 待处理流动资产损溢”。

【任务 7】根据以下给定的资料，录入采购管理系统期初数据并记账。（本题 3.5 分）

（1）4 月 18 日，采购部周雄购入光大公司 100 套组合音箱-YT，暂估单价 750 元，已验收入音箱库，发票未收到。

（2）4 月 15 日，采购部周雄购买光正公司 500 台普通播放器-NK，单价 100 元，收到专用发票 1 张，款未付，货未收到。

【操作提示】

（1）第 1 笔业务属货到票未到（暂估入库）业务，点击“业务工作”—“供应链”—“采购管理”—“采购入库”即可进行操作。

（2）第 2 笔业务属票到货未到（在途存货）业务，点击“业务工作”—“供应链”—“采购管理”—“采购发票”即可进行操作。

【任务 8】根据表 7-4 至表 7-6 资料，录入项目核算科目期初余额及累计发生数。（本题 4 分）

表 7-4　　库存商品期初余额及累计发生数

项　目	累计借方金额	累计贷方金额	期初余额
普通播放器-NK	450 000.00	400 000.00	200 000.00
普通音箱-YM	400 000.00	150 000.00	150 000.00
高清播放器-NS	420 000.00	400 000.00	300 000.00
组合音箱-YT	450 000.00	425 000.00	75 000.00

表 7-5　　主营业务收入累计发生数

项　目	累计借方金额	累计贷方金额
高清播放器-NS	1 312 947.00	1 312 947.00

表 7-6　　主营业务成本累计发生数

项　目	累计借方金额	累计贷方金额
高清播放器-NS	1 030 500.00	1 030 500.00

【任务 9】5 月 2 日，对财务部固定资产 DELL 服务器进行评估，该资产可回收市值为 12 000 元，应计提减值准备 2 816 元，变动原因：无形损耗。（本题 1 分）

【任务 10】根据 4 月 30 日对各个仓库盘点结果（如表 7-7 所示），录入库存及存货管理系统期初数并记账。（本题 3 分）

表 7-7 库存期初数

仓库名称	存货名称	数量	结存单价
播放器库	高清播放器-NS	1 000	300
播放器库	普通播放器-NK	2 000	100
音箱库	普通音箱-YM	1 000	150
音箱库	组合音箱-YT	100	750

【操作提示】

（1）只需录入库存管理期初数。存货管理期初数可通过“取数”功能从库存管理中获得。

（2）注意库存期初数录入完毕要进行“批审”，存货取数成功要进行“记账”。

【任务 11】在薪资管理系统中，设置“岗位工资”的计算公式。（本题 4 分）

岗位工资 = iff(部门 = "行政部" or 部门 = "财务部" ,2 000,1 000)

【操作提示】

必须严格按题设置计算公式，如：若公式设置为“iff(部门 = "财务部" or 部门 = "行政部" ,2 000,1 000)”，虽汇总结果相同，但要扣分。

【任务 12】修改账套名称为：“上海中远有限公司”，企业法人代表为“朱英”。（本题 3 分）

【操作提示】

只有账套主管才有权限修改账套参数。

【任务 13】5 月 2 日，将销售部丰田汽车折旧方法由平均年限法（一）改为工作量法，工作总量为 80 000 千米，累计工作量为 15 000 千米，变动原因：“管理需要”。（本题 1.5 分）

【操作提示】

执行“固定资产”—“卡片”—“变动单”—“折旧方法调整”命令即可。

【任务 14】5 月 2 日，销售部李宏与联华公司签订销售合同，出售一批 YM 型普通音箱。合同签订当日，预收部分货款并已存入工商银行账户，同时公司开具全额增值税发票，进行业务单据处理，并在相关业务系统中自动生成记账凭证。见图 7-1、图 7-2、图 7-3。（本题 5.5 分）

购销合同

合同编号：XS810701

卖方：中远有限公司

买方：联华有限公司

为保护买卖双方合法权益，买卖双方根据《中华人民共和国合同法》的有关规定，经友好协商，一致同意签订本合同，共同遵守。

一、货物的名称、数量及金额

货物名称	规格型号	计量单位	数量	单价（不含税）	金额（不含税）	税率	价税合计
普通音箱-YM		套	75	200.00	15 000.00	17%	17 550.00

二、合同总金额：人民币壹万柒仟伍佰伍拾元整（¥17 550.00）

三、付款时间及付款方式：

签订合同当日，买方向卖方以转账支票方式预付货款，即人民币壹万元整（¥10 000.00）。

交货并验收合格后，买方向卖方开出为期两个月的商业承兑汇票方式结算剩余货款，即人民币柒仟伍佰伍拾元整（¥7 550.00）.

四、交货时间与地点：交货时间为2015年5月16日，交货地点为联华有限公司。

五、发运方式与运输费用承担方式：由卖方送货，运输费用由买方承担。

卖　　方：中远有限公司　　　　买　　方：联华有限公司

授权代表：李宏　　　　授权代表：陈明

日　　期：2015年5月2日　　　　日　　期：2015年5月2日

图7-1　购销合同

中国工商银行（　）进账单（回单或收账通知）

2015 年 05 月02 日　　　　3774091

出票人	全称	联华有限公司	收款人	全称	中远有限公司
	账号	略		账号	略
	开户银行	工商银行联华支行		开户银行	中国工商银行中远支行
金额	人民币（大写）	壹万元整		亿 千 百 十 万 千 百 十 元 角 分	¥ 1 0 0 0 0 0 0
票据种类	转账支票	票据张数 1			
票据号码	6113100651				
复核　记账			开户银行签章		

中国工商银行中远支行　转讫

图7-2　进账单

316589592　　**上海市增值税专用发票**　　No. 00274895

开票日期：2015年05月02日

购货单位	名　　称：联华有限公司 纳税人识别号：略 地 址、电 话：略 开户行及账号：　中国工商银行联华分行			密码区	略		
货物或应税劳务名称	规格型号	单位	数量	单价	金额	税率	税额
普通音箱-YM		套	75	200.00	15 000.00	17%	2 550.00
合　　计					¥15 000.00		¥2 550.00
价税合计（大写）	⊗ 壹万柒仟伍佰伍拾元整						（小写）¥17 550.00
销货单位	名　　称：中远有限公司 纳税人识别号：略 地 址、电 话：略 开户行及账号：中国工商银行中远分行			备注			

第一联：记账联销货方记账凭证

图7-3　增值税专用发票

【操作提示】

根据原始凭证可知，本业务包含签订销售合同、开具专用发票、预收货款，应进行以下操作步骤：

（1）录入并审核销售订单。

（2）录入并复核销售专用发票。

（3）录入并审核预收收款单据。

（4）审核应收及收款单据并制单。

（5）预收冲应收。

（6）存货核算记账并制单。

（7）操作时应注意原始凭证中的“订单号”“订单日期”“业务员”“预发货日期”“发票号”等信息均是考核的重要评分点，不可遗漏。

【任务15】5月2日，销售部李宏与佳新公司签订销售合同，进行业务单据处理，在相关业务系统中自动生成记账凭证（合同首付款采用现结处理方式）。见图7-4、图7-5、图7-6。（本题5.5分）

购销合同

合同编号：XS810702

卖方：中远有限公司

买方：佳新有限公司

为保护买卖双方合法权益，买卖双方根据《中华人民共和国合同法》的有关规定，经友好协商，一致同意签订本合同，共同遵守。

一、 货物的名称、数量及金额

货物名称	规格型号	计量单位	数量	单价（不含税）	金额（不含税）	税率	价税合计
普通播放器-NK		台	1 800	130.00	234 000.00	17%	273 780.00

二、 合同总金额：人民币贰拾柒万叁仟柒佰捌拾元整（¥273 780.00）。

三、 付款时间及付款方式：

采取分批发货分次收款的方式，卖方向买方发货和收取货款，即签订合同当日卖方向买方首批发出300台普通播放器-NK，货物验收合格后，买方向卖方首付合同总金额30%的货款，即人民币捌万贰仟壹佰叁拾肆元整（¥82 134.00）。2015年5月16日，卖方向买方发出第2批1 500台普通播放器-NK，货物验收合格后，买方向卖方支付合同总金额的剩余70%的货款，即人民币壹拾玖万壹仟陆佰肆拾陆元整（¥191 646.00）。付款结算方式均为转账支票。

四、 交货时间与地点：交货时间为2015年5月16日，交货地点为佳新有限公司。

五、 发运方式与运输费用承担方式：由卖方送货，运输费用由买方承担。

……

卖　　方：中远有限公司　　　　买　　方：佳新有限公司

授权代表：李宏　　　　授权代表：陈玉明

日　　期：2015年05月02日　　　　日　　期：2015年05月02日

图7-4　购销合同

中国工商银行（　）进账单（收账通知）

2015 年 05 月02 日　　3774091

出票人	全称	佳新有限公司	收款人	全称	中远有限公司
	账号	略		账号	略
	开户银行	中国工商银行佳新分行		开户银行	中国工商银行中远分行
金额	人民币（大写）	捌万贰仟壹佰叁拾肆元整		亿千百十万千百十元角分	¥ 8 2 1 3 4 0 0
票据种类	转账支票	票据张数 1			
票据号码	15105602				
	复核　记账		中国工商银行中远分行 2015.05.02 转讫		收款人开户银行签章

此联是开户银行交给持票人的回单

图 7-5　进账单

316589792　　**上海市增值税专用发票**　　No.00274896

开票日期：2015年5月2日

购货单位	名　　称：佳新有限公司 纳税人识别号：略 地 址、电 话：略 开户行及账号：中国工商银行佳新分行			密码区	略		
货物或应税劳务名称	规格型号	单位	数量	单价	金额	税率	税额
普通播放器-NK		台	1 800	130.00	234 000.00	17%	39 780.00
合　　计					¥234 000.00		¥39 780.00
价税合计（大写）	⊗ 贰拾柒万叁仟柒佰捌拾元整					（小写）¥273 780.00	
销货单位	名　　称：中远有限公司 纳税人识别号：略 地 址、电 话：略 开户行及账号：中国工商银行中远分行			备注			

收款人：　　复核：　　开票人：　　销货单位：(章)

第一联：记账联　销货方记账凭证

图 7-6　增值税专用发票

【操作提示】

根据原始凭证可知，本业务包含签订销售合同、首批发货、开具专用发票和部分收款业务，应进行以下操作步骤：

（1）录入并审核销售订单（根据购销合同可知，订单表体应分两行输入，第一行“数量”为“300”，“预发货日期”为“2015-05-02”，第二行“数量”为“1 500”，“预发货日期”为“2015-05-16”）。

（2）根据销售订单录入并审核发货单（注意在发货单窗口仅选择“预发货日期”为“2015-05-02”的记录）。

（3）审核销售出库单。

（4）根据发货单生成销售发票；以现结方式进行部分收款并制单。

（5）存货核算记账并制单。

【任务 16】5 月 2 日，以网上电子缴税方式缴纳上期企业所得税、增值税、城市维护建设税、教育费附加、地方教育费附加，代缴个人所得税。要求用自定义转账凭证完成记账凭证处理（转账序号：0001，转账说明：缴纳税费）。见图 7-7、图 7-8。（本题 4 分）

中国工商银行中远分行　**电子缴税付款凭证**

转账日期：20150502　凭证字号：05501089

纳税人全称及纳税人识别号：中远有限公司 652406533

付款人全称：中远有限公司

付款人账号：略　征收机关名称：中远区地方税务局

付款人开户银行：中国工商银行中远支行　收缴国库（银行）名称：国家金库中远支库（代理）

小写（合计）金额：¥980.48　缴款书交易流水号：91011245

大写（合计）金额：人民币玖佰捌拾元肆角捌分　税票号码：12719906503113512

税种名称	所属时间	实缴金额
城市维护建设税	20150401-20150430	¥640.00
教育费用附加	20150401-20150430	¥274.00
个人所得税	20150401-20150430	¥66.48
地方教育费用附加	20150401-20150430	

中国工商银行中远分行　转讫

图 7-7　电子缴税付款凭证（城市维护建设税、教育费附加、个人所得税、地方教育费附加）

中国工商银行中远支行　**电子缴税付款凭证**

转账日期：20150502　凭证字号：05501090

纳税人全称及纳税人识别号：中远有限公司 652406533

付款人全称：中远有限公司

付款人账号：略　征收机关名称：中远区地方税务局

付款人开户银行：中国工商银行中远支行　收缴国库（银行）名称：国家金库中远支库（代理）

小写（合计）金额：¥20 720.00　缴款书交易流水号：91011246

大写（合计）金额：人民币贰万零柒佰贰拾元整　税票号码：12719906503113513

税种名称	所属时间	实缴金额
增值税	20150401-20150430	¥9 060.00
企业所得税	20150401-20150430	¥11 660.00

中国工商银行中远分行　2015.05.02　转讫

图 7-8　电子缴税付款凭证（增值税、企业所得税）

【操作提示】

根据题意，本业务需通过自定义转账凭证方式生成转账凭证，即在总账期末模块中先定义再生成凭证。自定义转账凭证公式如表 7-8 所示。

表 7-8　自定义转账凭证公式

摘要	科目编码	方向	金额公式
缴纳税费	222102	借	QC(222102,月)
缴纳税费	222103	借	QC(222103,月)
缴纳税费	222104	借	QC(222104,月)
缴纳税费	222105	借	QC(222105,月)
缴纳税费	222106	借	QC(222106,月)

表7-8(续)

摘要	科目编码	方向	金额公式
缴纳税费	222107	借	QC(222107,月)
缴纳税费	100201	贷	JG()

【任务 17】5 月 3 日，以同城特约委托收款方式支付社会保险，票号：210、211。以转账支票支付住房公积金。以自定义转账凭证生成记账凭证。见图 7-9 至图 7-12。(本题 4.5 分)

转账序号：0002，转账说明：交单位承担社会保险

转账序号：0003，转账说明：交个人承担社会保险

转账序号：0004，转账说明：交住房公积金

社会保险基金专用收据

2015 年 05 月 03 号

缴费单位	单位全称	中远有限公司	收费单位	单位全称	上海中远区社会保险管理中心
	单位编码	略		收费名目	社会保险
	在职人数	6		开户银行及账号	工行中远支行
	缴费基数			电话	
缴款内容		缴款日期		应缴金额	实缴金额
单位应交		2015 年 05 月 03 日		11 381.60	11 381.60
个人应交		2015 年 05 月 03 日		4 876.00	4 876.00
实收金额合计（大写）⊗壹万陆仟贰佰伍拾柒元陆角整					

（印章：上海中远区社会保险管理中心 财务专用章）

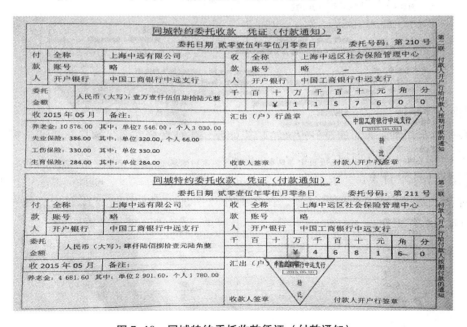

图 7-9 社会保险基金专用收据

同城特约委托收款 凭证（付款通知） 2

委托日期 贰零壹伍年零伍月零叁日　　委托号码：第 210 号

付款人	全称	上海中远有限公司	收款人	全称	上海中远区社会保险管理中心
	账号	略		账号	略
	开户银行	中国工商银行中远支行		开户银行	中国工商银行中远支行
委托金额	人民币（大写）：壹万壹仟伍佰柒拾陆元整			千百十万千百十元角分	¥ 1 1 5 7 6 0 0

收 2015 年 05 月　备注：

养老金：10 576.00　其中：单位7 546.00，个人3 030.00

失业保险：386.00　其中：单位 320.00，个人 66.00

工伤保险：330.00　其中：单位 330.00

生育保险：284.00　其中：单位 284.00

汇出（户）行盖章　（印章：中国工商银行中远支行 转讫）

收款人签章　付款人开户行签章

第二联 付款人开户行给付款人按期付款的通知

同城特约委托收款 凭证（付款通知） 2

委托日期 贰零壹伍年零伍月零叁日　　委托号码：第 211 号

付款人	全称	上海中远有限公司	收款人	全称	上海中远区社会保险管理中心
	账号	略		账号	略
	开户银行	中国工商银行中远支行		开户银行	中国工商银行中远支行
委托金额	人民币（大写）：肆仟陆佰捌拾壹元陆角整			千百十万千百十元角分	¥ 4 6 8 1 6 0

收 2015 年 05 月　备注：

养老金：4 681.60　其中：单位 2 901.60，个人 1 780.00

汇出（户）行盖章　（印章：中国工商银行中远支行 转讫）

收款人签章　付款人开户行签章

第二联 付款人开户行给付款人按期付款的通知

图 7-10 同城特约委托收款凭证（付款通知）

住房公积金汇（补）缴书

2015 年 05 月 03 日

单位填写	单位名称	上海中远有限公司								☑ 汇缴 2015 年 05 月	
	单位账号	略								□ 补缴　人 补缴金额	
	应交存金额	十	万	仟	佰	十	元	角	分	金额（大写）玖仟柒佰贰拾肆元整	
			¥	9	7	2	4	0	0		
	上月汇缴		本月增加汇缴		本月减少汇缴		本月汇缴				
	人数	金额	人数	金额	人数	金额	人数	金额			
	6	9 724.00					6	9 724.00			
银行填写								银行盖章：			

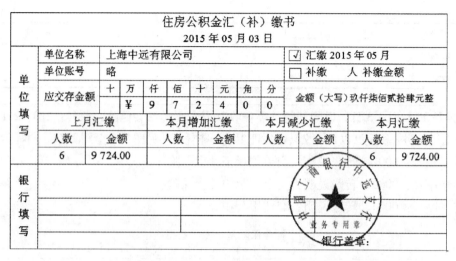

图 7-11　住房公积金汇（补）缴书

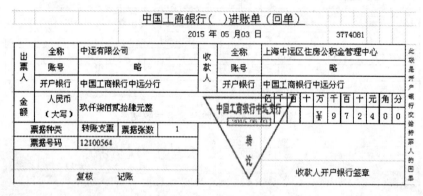

中国工商银行（　）进账单（回单）

2015 年 05 月03 日　　3774081

出票人	全称	中远有限公司	收款人	全称	上海中远区住房公积金管理中心
	账号	略		账号	略
	开户银行	中国工商银行中远分行		开户银行	中国工商银行中远分行
金额	人民币（大写）	玖仟柒佰贰拾肆元整		亿 千 百 十 万 千 百 十 元 角 分	¥ 9 7 2 4 0 0
票据种类	转账支票	票据张数	1		
票据号码	12100564				
复核　记账				收款人开户银行签章	

此联是开户银行交给持票人的回单

图 7-12　进账单（回单）

【操作提示】

根据题意，本业务需通过自定义转账凭证方式生成转账凭证，即在总账期末模块中先定义再生成凭证。操作时应注意票据号不要遗漏。

【任务 18】5 月 3 日，采购部周雄与光正公司签订采购合同。同日，已用电汇方式支付给对方定金。进行业务单据处理，在相关业务系统中自动生成记账凭证。见图 7-13、图 7-14。（本题 4 分）

购销合同

合同编号：CG810702

卖方：光正有限公司

买方：中远有限公司

为保护买卖双方合法权益，买卖双方根据《中华人民共和国合同法》的有关规定，经友好协商，一致同意签订本合同，共同遵守。

一、 货物的名称、数量及金额

货物名称	规格型号	计量单位	数量	单价（不含税）	金额（不含税）	税率	价税合计
高清播放器-NS		台	400	300.00	120 000.00	17%	140 400.00

二、 合同总金额：人民币壹拾肆万零肆佰元整（¥140 400.00）。

三、 付款时间及付款方式：

签订合同当日买方向卖方支付定金：人民币肆仟元整（¥4 000.00），交货并验收合格当日后 2 日内买方向卖方支付剩余货款，即壹拾叁万陆仟肆佰元整（¥136 400.00）。

付款结算方式：电汇。

四、 交货时间与地点：交货时间为 2015 年 5 月 10 日，交货地点为中远有限公司。

五、 发运方式与运输费用承担方式：由卖方发货，运输费用由卖方承担。

卖　方：光正有限公司　　　　买　方：中远有限公司

授权代表：李明　　　　授权代表：周雄

日　期：2015 年 5 月 3 日　　　　日　期：2015 年 5 月 3 日

图 7-13　购销合同

中国工商银行　电汇凭证（回单）　1

委托日期2015 年 05 月03 日　　16345460

汇款人	全称	中远有限公司	收款人	全称	光正有限公司
	账号	略		账号	略
	汇出行	中国工商银行中远分行		汇入行	中国工商银行光正分行

金额	人民币（大写）	肆仟元整	亿	千	百	十	万	千	百	十	元	角	分
							¥	4	0	0	0	0	0

中国工商银行中远支行 2015.05.03 转讫

附加信息及用途：支付定金

汇出行签章　　复核　　记账

此联是汇出行给汇款人的回单

图 7-14　中国工商银行电汇凭证（回单）

【操作提示】

从原始凭证可知，本业务是签订采购合同、支付定金业务。可进行以下操作步骤：

（1）输入并审核采购订单。

（2）填制、审核付款单并制单。

操作时应注意订单号、票据号不要遗漏。

【任务 19】5 月 5 日，收到上月 18 日购买光大公司暂估入库的组合音箱-YT 的专用发票。同日，财务部门电汇支付全部价税款。进行业务单据处理，在相关业务系统中自动生

成记账凭证（采用现结处理方式）。见图 7-15。（本题 5 分）

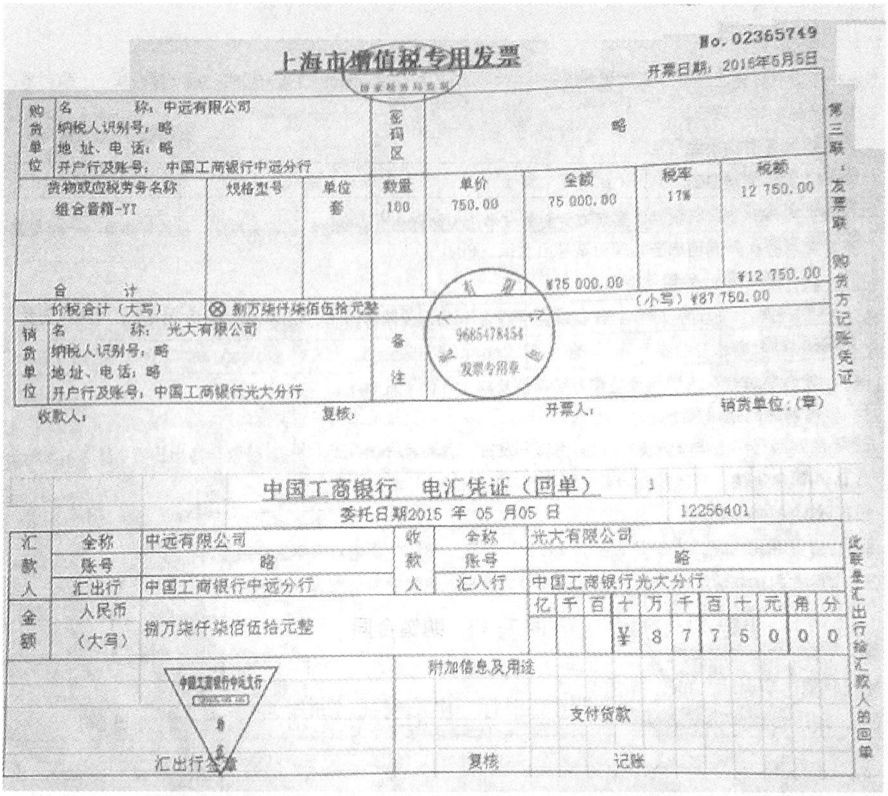

上海市增值税专用发票

No.02365749

开票日期：2016年5月5日

购货单位	名　　称：中远有限公司 纳税人识别号：略 地址、电话：略 开户行及账号：中国工商银行中远分行		密码区	略			
货物或应税劳务名称	规格型号	单位	数量	单价	金额	税率	税额
组合音箱-YT		套	100	750.00	75 000.00	17%	12 750.00
合　计					¥75 000.00		¥12 750.00
价税合计（大写）	⊗捌万柒仟柒佰伍拾元整				（小写）¥87 750.00		
销货单位	名　　称：光大有限公司 纳税人识别号：略 地址、电话：略 开户行及账号：中国工商银行光大分行		备注	9685478454 发票专用章			

收款人：　复核：　开票人：　销货单位：(章)

第三联：发票联　购货方记账凭证

中国工商银行　电汇凭证（回单）

委托日期2015 年 05 月05 日　　12256401

汇款人	全称	中远有限公司	收款人	全称	光大有限公司
	账号	略		账号	略
	汇出行	中国工商银行中远分行		汇入行	中国工商银行光大分行
金额	人民币（大写）	捌万柒仟柒佰伍拾元整		亿千百十万千百十元角分	¥87750 0 0 0
汇出行签章			附加信息及用途：支付货款	复核	记账

此联是汇出行给汇款人的回单

图 7-15　增值税专用发票及电汇凭证

【操作提示】

从原始凭证可知，本业务是对上月暂估业务（本月发票已到）进行处理。根据题意可进行以下操作步骤：

（1）在采购管理系统输入采购专用发票并进行现付处理。

（2）进行应付单据审核并制单。

（3）进行采购手工结算。

（4）结算成本并进行票到回冲处理。

【任务 20】5 月 5 日，销售部李宏报销差旅费，完成记账凭证处理（所附原始单据略，摘要为：报销差旅费）。见图 7-16。（本题 2.5 分）

差旅费报销单

部门：销售部　　　　　　　　报销日期：　2015年5月5日

日期		地点		交通工具	交通费	途中补贴	住宿费	住勤费补贴		其他		金额合计
起	讫	起	讫					天数	金额	项目	金额	
5月1日	5月3日	上海	杭州	火车	100.00	70.00	400.00	3	300.00			
5月3日	5月5日	杭州	上海	火车	100.00	70.00						
各项费用小计					200.00	140.00	400.00		300.00			¥1 040.00
报销金额：人民币（大写）壹仟零肆拾元整												
预借金额：				报销金额：¥1 040.00				补退金额：				
出差事由：李宏赴杭州出差												

现金付讫

附单据5张

财务主管：　　部门主管：　　出纳：　　报销人：李宏

图 7-16　差旅费报销单

【操作提示】

本业务可直接在总账系统操作。

【任务 21】5 月 6 日，根据采购合同 CG810701 所订购的组合音箱全部到货，已入音箱仓库，同时收到对方开出的增值税专用发票和运费发票，同日公司即支付全部货款及运费。在相关业务系统中自动生成记账凭证。见图 7-17 至图 7-19。(本题 5 分)

440003216　　　　**上海市增值税专用发票**　　　　No. 01236587

国家税务局监制

开票日期：2015年5月6日

购货单位	名　　称：中远有限公司 纳税人识别号：略 地 址、电 话：略 开户行及账号：　中国工商银行中远分行			密码区	略			
	货物或应税劳务名称	规格型号	单位	数量	单价	金额	税率	税额
	组合音箱-YT		套	200	700.00	140 000.00	17%	23 800.00
	合　　计					¥140 000.00		¥23 800.00
	价税合计（大写）	⊗ 壹拾陆万叁仟捌佰元整				（小写）¥163800.00		
销货单位	名　　称：　光大有限公司 纳税人识别号：略 地 址、电 话：略 开户行及账号：中国工商银行光大分行			备注				

第三联：发票联　购货方记账凭证

9685478454　发票专用章

收款人：　　复核：　　开票人：　　销货单位：(章)

图 7-17　上海市增值税专用发票

公路、内河货物运输业统一发票

上海市 国家税务局监制

发票代码：320116176120

开票日期：2015年5月6日　　　　发 票 联　　　　发票号码：01587765

机打代码 机打号码 机器编码	（略）		税控码	（略）		
收货人及纳税人识别号	中远有限公司 略		承运人及纳税人识别号	德邦运输有限公司 略		
发货人及纳税人识别号	光大有限公司 略		主管税务机关及代码	略 略		
运输项目及金额	货物名称 数量 计费里程 金额 组合音箱-YT 200套 1 000.00		其他项目及金额	项目	金额	备注
运费小计	¥1 000.00		其他费用小计			
合计（大写）	人民币壹仟元整			（小写）¥1 000.00		

德邦运输有限公司 发票专用章

第一联 发票联 付款方记账凭证

图 7-18　公路、内河货物运输业统一发票

中国工商银行　电汇凭证（回单）　1

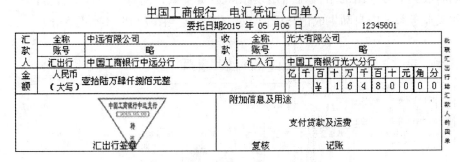

委托日期2015 年 05 月06 日　　　　12345601

汇款人	全称	中远有限公司	收款人	全称	光大有限公司
	账号	略		账号	略
	汇出行	中国工商银行中远分行		汇入行	中国工商银行光大分行
金额	人民币（大写）	壹拾陆万肆仟捌佰元整		亿千百十万千百十元角分	¥ 1 6 4 8 0 0 0 0
中国工商银行中远支行 转讫 汇出行签章			附加信息及用途 支付货款及运费 复核　　记账		

此联汇出行给汇款人的回单

图 7-19　中国工商银行电汇凭证（回单）

【操作提示】

（1）根据采购订单生成并审核采购到货单。

（2）根据采购到货单生成并审核采购入库单。

（3）录入采购专用发票和运费发票。

（4）审核应付单据并制单。

（5）填制、审核付款单并制单、核销。

（6）采购结算、记账并制单。

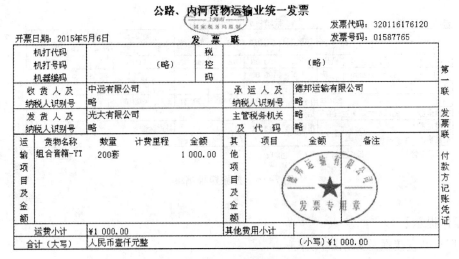

【任务 22】5 月 9 日，对订购合同（编号：CG810701）的 200 套组合音箱-YT 进行验收，检验后发现 10 套有残次。经与对方协商后决定即日办理退货。同日收到退还的货款和税额，取得红字发票（不现结）。进行业务处理，在相关业务系统中自动生成全部记账凭证。见图 7-20 至图 7-22。（本题 4.5 分）

开具红字增值税专用发票通知单

填开日期：2015 年 05 月 09 日　　　　　　　　No.10008899

销售方	名　称	光大有限公司	购买方	名　称	中远有限公司
	税务登记代码	略		税务登记代码	略
开具红字发票内容	货物（劳务）名称	单　价	数 量	金　额	税　额
	组合音箱-YT	700.00	10 套	7 000.00	1 190.00
	合计	-	-	¥7 000.00	¥1 190.00
说　明	需要作进项税额转出 ☑				
	不需要作进项税额转出☐				
	纳税人识别认证不符 ☐	对应蓝字专用发票密码区内打印的代码：略			
	专用发票代码、号码认证不符 ☐	号码：01236587			
	开具红字专用发票理由：**与合同规定质量不符退回**				

图 7-20　开具红字增值税专用发票通知单

440003312　　**上海市增值税专用发票**　　**No. 01236618**

开票日期：2015年05月09日

购货单位	名　　称：中远有限公司 纳税人识别号：略 地 址、电 话：略 开户行及账号：中国工商银行中远分行			密码区	略		
货物或应税劳务名称	规格型号	单位	数量	单价	金额	税率	税额
组合音箱-YT		套	-10	700.00	-7 000.00	17%	-1 190.00
合　　计					-¥7 000.00		-¥1 190.00
价税合计（大写）	⊗（负数）捌仟壹佰玖拾元整				（小写）-¥8 190.00		
销货单位	名　　称：光大有限公司 纳税人识别号：略 地 址、电 话：略 开户行及账号：中国工商银行光大分行			备注			

第三联：发票联 购货方记账凭证

图 7-21　上海市增值税专用发票

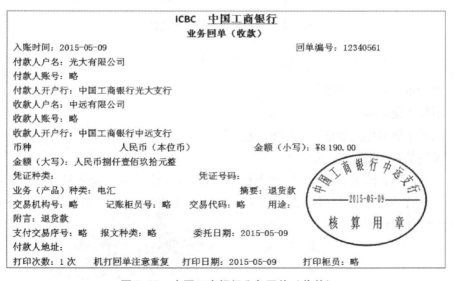

ICBC　中国工商银行

业务回单（收款）

入账时间：2015-05-09　　　　　　　　回单编号：12340561

付款人户名：光大有限公司

付款人账号：略

付款人开户行：中国工商银行光大支行

收款人户名：中远有限公司

收款人账号：略

收款人开户行：中国工商银行中远支行

币种　　　　人民币（本位币）　　　　金额（小写）：¥8 190.00

金额（大写）：人民币捌仟壹佰玖拾元整

凭证种类：　　　　　　　　凭证号码：

业务（产品）种类：电汇　　　　　　摘要：退货款

交易机构号：略　　记账柜员号：略　　交易代码：略　　用途：

附言：退货款

支付交易序号：略　　报文种类：略　　委托日期：2015-05-09

付款人地址：

打印次数：1 次　　机打回单注意重复　　打印日期：2015-05-09　　打印柜员：略

（印章：中国工商银行中远支行 2015-05-09 核算用章）

图 7-22　中国工商银行业务回单（收款）

【操作提示】

本业务属于已办理采购结算手续的部分退货和退款业务。

(1) 填制并审核采购退货单。

(2) 填制并审核红字采购入库单。

(3) 填制红字专用发票。

(4) 录入红字收款单、审核并制单、核销。(红字收款单就是红字付款单)

(5) 应付单据审核并制单。

(6) 采购结算、记账、生成凭证。

【任务 23】5 月 10 日，采购合同（编号：CG810702）高清播放器到货，验收合格分别入库，并取得采购发票。进行业务单据处理，在相关业务系统中自动生成记账凭证。见图 7-23。(本题 4 分)

44545632163 **上海市增值税专用发票** No. 07463828

国家税务局监制

开票日期：2015年5月10日

购货单位	名　　称：中远有限公司 纳税人识别号：略 地 址、电 话：略 开户行及账号：　中国工商银行中远分行			密码区	略			
货物或应税劳务名称		规格型号	单位	数量	单价	金额	税率	税额
高清播放器-NS			台	400	300.00	120 000.00	17%	20 400.00
合　　计						¥120 000.00		¥20 400.00
价税合计（大写）		⊗壹拾肆万零肆佰元整				（小写）¥140 400.00		
销货单位	名　　称：　光正有限公司 纳税人识别号：略 地 址、电 话：略 开户行及账号：中国工商银行光正分行			备注	9685478454 发票专用章			

第三联：发票联　购货方记账凭证

收款人：　　复核：　　开票人：　　销货单位：(章)

图 7-23　上海市增值税专用发票

【操作提示】

(1) 填制审核采购到货单。

(2) 填制审核采购入库单。

(3) 填制采购专用发票审核并制单、核销。

(4) 采购结算、记账并制单。

【任务 24】5 月 12 日，销售部李宏与联华公司签订销售合同。货物发出，并开出销售专用发票。进行业务单据处理，并在相关业务系统中自动生成记账凭证。见图 7-24、图 7-25。(本题 4.5 分)

购销合同

合同编号：XS810703

卖方：中远有限公司

买方：联华有限公司

为保护买卖双方合法权益，买卖双方根据《中华人民共和国合同法》的有关规定，经友好协商，一致同意签订本合同，共同遵守。

一、 货物的名称、数量及金额

货物名称	规格型号	计量单位	数量	单价（不含税）	金额（不含税）	税率	价税合计
高清播放器-NS		台	300	400.00	120 000.00	17%	140 400.00

二、 合同总金额：人民币壹拾肆万零肆佰元整（¥140 400.00）。

三、 付款时间及付款方式：

自签订合同之日起 30 日内买方向卖方支付全部货款，即人民币壹拾肆万零肆佰元整（¥140 400.00）。付款条件为："2/10,n/30,"现金折扣按货物的价税合计计算。付款方式为：转账支票。

四、交货时间与地点：交货时间为签订合同当日，交货地点为联华有限公司。

五、发运方式与运输费用承担方式：由买方提货，运输费用由买方承担。

卖　　方：中远有限公司　　　　买　　方：联华有限公司

授权代表：李宏　　　　授权代表：陈明

日　　期：2015 年 5 月 12 日　　　　日　　期：2015 年 5 月 12 日

图 7-24　购销合同

366559592　　**上海市增值税专用发票**　　No. 11274895

开票日期：2015年05月12日

购货单位	名　　称：联华有限公司 纳税人识别号：略 地 址、电 话：略 开户行及账号：中国工商银行联华分行			密码区	略		
货物或应税劳务名称	规格型号	单位	数量	单价	金额	税率	税额
高清播放器-NS		台	300	400.00	120 000.00	17%	20 400.00
合　　计					¥120 000.00		¥20 400.00
价税合计（大写）	⊗ 壹拾肆万零肆佰元整						（小写）¥140 400.00
销货单位	名　　称：中远有限公司 纳税人识别号：略 地 址、电 话：略 开户行及账号：中国工商银行中远分行			备注			

第一联：记账联　销货方记账凭证

图 7-25　上海市增值税专用发票

【操作提示】

本笔业务是签订有折扣优惠的销售订单、开具销售发票、进行发货、出库业务。

（1）销售订单录入与审核。

（2）销售发票录入与审核。

（3）应收单据审核并制单。

（4）审核销售出库单。

（5）正常单据记账并生成凭证。

【任务25】5月16日，销售员李宏与联华公司签订委托代销合同，每月底结算一次并开具增值税专用发票。即日已将全部货物发给联华公司，请进行业务单据处理。见图7-26。(本题2.5分)

委 托 代 销 合 同

合同编号：WT810701

卖方：中远有限公司

买方：联华有限公司

为保护委托方与受托方合法权益，委托方与受托方根据《中华人民共和国合同法》的有关规定，经友好协商，一致同意签订本合同，共同遵守。

一、货物的名称、数量及金额

货物名称	规格型号	计量单位	数量	单价（不含税）	金额（不含税）	税率	价税合计
组合音箱-YT		套	200	1 200.00	240 000.00	17%	280 800.00

二、采用视同买断方式由委托方委托受托方代销货物，即受托方将代销的货物销售后，委托方按合同双方约定的价格收取代销货物的货款，代销货物的实际售价可由受托方自定，代销货物实际售价与合同双方约定的价格之间的差额归受托方所有。

三、合同总金额：人民币贰拾捌万零捌佰元整（¥280 800.00）。

四、付款时间及付款方式：

根据代销货物销售情况月底结算一次货款。付款方式为：转账支票。

五、交货时间与地点：交货时间为签订合同当日，交货地点为联华有限公司。

六、发运方式与运输费用承担方式：由买方提货，运输费用由买方承担。

……

卖　方：中远有限公司　　　　买　方：联华有限公司

授权代表：李宏　　　　授权代表：陈明

日　期：2015年5月16日　　　　日　期：2015年5月16日

图7-26　委托代销合同

【操作提示】

本笔业务是签订委托代销发货业务。需要进行委托代销类型的销售订单和委托代销发货单的录入与审核。

（1）填制销售订单。

（2）根据销售订单生成并审核委托代销发货单。

（3）生成并审核销售出库单。

【任务26】5月30日，收到联华公司开具的商品代销清单和转账支票一张。我方已开具了增值税专用发票。进行业务单据处理，在相关业务系统中自动生成记账凭证。见图7-27至图7-29。(本题4分)

商品代销清单　　No.0000126

日期：2015 年 05 月 30 日

委托方		中远有限公司			受托方	联华有限公司		
账号		略			账号	略		
开户银行		中国工商银行中远分行			开户银行	中国工商银行联华分行		
代销货物	代销货物名称	规格型号	计量单位	数量	单价（不含税）	金额（不含税）	税率	税额
	组合音箱-YT		套	200	1 200.00	240 000.00	17%	40 800.00
	价税合计	人民币（大写）：贰拾捌万零捌佰元整				小写：	¥280 800.00	
代销结算方式		转账支票						
本月代销货物销售情况	代销货物名称	规格型号	计量单位	数量	单价（不含税）	金额（不含税）	税率	税额
	组合音箱-YT		套	100	1 200.00	120 000.00	17%	¥20400.00
	价税合计	人民币（大写）壹拾肆万零肆佰元整				小写：	¥140400.00	
本月代销款结算金额		人民币（大写）壹拾肆万零肆佰元整				小写：	¥140400.00	

图 7-27　商品代销清单

110043081　　上海市增值税专用发票　　No.00274900

开票日期：2015年5月30日

购货单位	名　　称：联华有限公司 纳税人识别号：略 地址、电话：略 开户行及账号：中国工商银行联华分行			密码区	略			
货物或应税劳务名称		规格型号	单位	数量	单价	金额	税率	税额
组合音箱-YT			套	100	1 200.00	120 000.00	17%	20 400.00
合　　计						¥120 000.00		¥20 400.00
价税合计（大写）		⊗壹拾肆万零肆佰元整				（小写）¥140 400.00		
销货单位	名　　称：中远有限公司 纳税人识别号：略 地址、电话：略 开户行及账号：中国工商银行中远分行			备注				

第一联：记账联　销货方记账凭证

收款人：　　复核：　　开票人：　　销货单位：(章)

图 7-28　上海市增值税专用发票

中国工商银行（　）进账单（收账通知）

2015 年 05 月30 日　　3774221

出票人	全称	联华有限公司	收款人	全称	中远有限公司
	账号	略		账号	略
	开户银行	中国工商银行联华分行		开户银行	中国工商银行中远分行
金额	人民币（大写）	壹拾肆万零肆佰元整		亿千百十万千百十元角分	¥ 1 4 0 4 0 0 0 0
票据种类	转账支票	票据张数 1			
票据号码	13176005				
复核　　记账				收款人开户银行签章	

图 7-29　中国工商银行进账单（收账通知）

【操作提示】

本业务是对委托代销业务进行现结收款、开具发票及结算处理。

（1）委托代销结算单录入和审核。

（2）销售发票录入和审核。

（3）应收单审核并制单。

（4）单据记账并制单。

【任务27】5月30日，换“8012”注册企业应用平台，对所有记账凭证进行出纳签字、审核、记账，并在总账系统中设置并生成结转“应交增值税”、计提“城市维护建设税”“教育费附加”“地方教育费附加”（简称“计提随征税”）的自动转账分录（应采用自定义结转方式，定义2张转账凭证）。（本题3.5分）

转账序号：0005　转账说明：转出未交增值税

转账序号：0006　转账说明：计提随征税

【操作提示】

根据企业的背景资料自行定义如下：

（1）结转应交增值税的会计分录为：

借：22210106 应交税费——应交增值税——转出未交增值税　　QM(222101,月)

　贷：222102 未交增值税　　JG()

（2）计提随征税分录为：

借：6403 税金及附加　　JG（ ）

　贷：222105 应交税费——应交城市维护建设税　　QM(222101,月)＊0.07

　贷：222106 应交税费——应交教育费附加　　QM(222101,月)＊0.03

　贷：222107 应交税费——应交地方教育费附加　　QM(222101,月)＊0.02

【任务28】5月30日，打开C盘\BAK文件夹下名为“光正公司应付账款情况表.rep”的UFO报表，设置B2单元格关键字为“年”，C2单元格关键字为“月”，定义各单元格数值的计算公式，计算后保存此表，并在同一文件夹生成同名的XML格式报表。（本题4分）

附录

强化训练

一、账套建立

1. 账套号：666；账套名称：广州东兴公司。
2. 单位名称：广州东兴公司。
3. 行业性质：2007 年新会计制度科目。
4. 公司为商业企业。
5. 记账本位币：人民币。
6. 按行业性质预置科目。
7. 客户、供应商不分类，存货分类。
8. 科目级别：4222；其他编码：默认。
9. 会计年度与日历年度一致，会计期为 1 年。
10. 账套启用期：2017 年 10 月 1 日。
11. 启用系统：总账系统、薪资管理系统、固定资产管理系统、应收管理系统、应付管理系统、采购系统、销售系统、库存系统、存货核算系统。
12. 用户及权限设置（见表 1）。

表 1　　用户及权限设置

编号	姓名	口令	用户类型	所属角色	权　　限
001	孙伟	无	普通用户	账套主管	账套主管
002	赵静	无	普通用户	普通员工	具有“公共目录设置”“总账-凭证-出纳签字、审核凭证、记账”“总账-出纳”的操作权限
003	李丽	无	普通用户	普通员工	账套主管

13. 设置备份计划，计划编号：666-1；计划名称：定期备份账套 666；发生频率为：每天；保留天数：7；备份路径：c：\ work，备份账套的账套号：666。

14. 备份账套到非系统盘，压缩后，复制到 U 盘上。

15. 将 U 盘压缩的账套文件解压到 D 盘上，引入账套。

二、公共基础档案设置

1. 人员档案（见表 2）

表 2 人员档案

<table>
<tr><th>编号</th><th>姓名</th><th>性别</th><th>部门编号</th><th>部门</th><th>人员类别</th><th>人员类别编号</th></tr>
<tr><td>101</td><td>王刚</td><td>男</td><td>1</td><td>管理部</td><td>管理人员</td><td rowspan="4">1011</td></tr>
<tr><td>201</td><td>孙伟</td><td>男</td><td rowspan="3">2</td><td>财务部</td><td>管理人员</td></tr>
<tr><td>202</td><td>赵静</td><td>女</td><td>财务部</td><td>管理人员</td></tr>
<tr><td>203</td><td>李丽</td><td>女</td><td>财务部</td><td>管理人员</td></tr>
<tr><td>401</td><td>李平</td><td>男</td><td>3</td><td>供应部</td><td>采购人员</td><td>1012</td></tr>
<tr><td>501</td><td>周平</td><td>女</td><td>4</td><td>销售部</td><td>销售人员</td><td>1013</td></tr>
<tr><td>601</td><td>王成</td><td>男</td><td>5</td><td>仓储部</td><td>管理人员</td><td>1011</td></tr>
</table>

注：以上人员都是业务员。

2. 客户、供应商档案（见表 3、表 4）

表 3 客户档案

客户编号	客户简称	税号	开户行	账号	默认值
01	北京迅达公司	98457859	中行北京分行	73563664	是
02	南方友联公司	12345556	交行广州分行	56986666	是
03	北方宇能公司	12564563	招行天津分行	25987001	是

表 4 供应商档案

供应商编号	供应商简称	税号	开户行	账号	属性
01	北大方正公司	89899945	中行	4568450501	货物
02	南方钢厂	12224556	中行	8944566450	货物
03	北方旭日公司	89901023	工行	8412053222	货物

3. 存货档案

（1）设置计量单位（见表 5）。

表 5 **计量单位**

计量单位组类别	计量单位编码	计量单位名称	计量单位组编码	计量单位组名称
0101	件	01	数量单位	无换算率
0102	千克		数量单位	无换算率
0103	个		数量单位	无换算率
0104	次		数量单位	无换算率

（2）存货明细档案（见表 6、表 7）

表 6 **存货分类**

分类编码	分类名称
01	成品
02	材料
03	应税劳务

表 7 **存货明细档案**

序号	存货编码	存货名称	税率%	启用日期	计量单位组名称	主计量单位名称	存货分类
1	01	SG 闪迪 U 盘	17	2017-10-1	数量单位	个	成品
2	02	16G 闪迪 U 盘	17	2017-10-1	数量单位	个	成品
3	03	运费	11	2017-10-1	数量单位	次	应税劳务

注：核算方法为先进先出法，一般存货都有外购、内销、外销属性；运费有外购、内销、外销、应税劳务属性。

4. 凭证类别：记账凭证

5. 设置会计科目（表见表 8）

表 8 **会计科目**

科目代码	科目名称	辅助账类型	方向	受控系统
1001	库存现金	现金	借	
1002	银行存款	银行存款	借	
100201	工行存款	银行存款	借	
1122	应收账款	客户往来	借	应收系统
1221	其他应收款	个人往来	借	
1405	库存商品		借	
140501	8G 闪迪 U 盘			
		个		

表8(续)

科目代码	科目名称	辅助账类型	方向	受控系统
140502	16G 闪迪 U 盘			
		个		
1601	固定资产		借	
1602	累计折旧		贷	
以上为资产类				
2202	应付账款		贷	
220201	一般应付款	供应商往来	贷	应付系统
220202	暂估		贷	
2203	预收账款	客户往来	贷	应收系统
2211	应付职工薪酬		贷	
4001	实收资本		贷	
以上为权益类				

另设置指定会计科目，指定“现金总账科目 1001”“银行总账科目 1002”。

6. 项目目录

（1）项目大类定义（见表 9）。

表 9　　项目大类

项目大类名称	项目级次
商品核算	1

（2）核算科目定义（见表 10）。

表 10　　核算科目

项目科目定义	核算科目
商品核算	主营业务成本
	主营业务收入

（3）项目分类定义（见表 11）。

表 11　　项目分类

项目大类名称	分类编码	分类名称
商品核算	1	成品

（4）项目目录定义（见表 12）。

表 12　项目分录

项目大类名称	项目编号	项目名称	是否结算	所属分类
商品核算	01	8G 闪迪 U 盘	否	1
	02	16G 闪迪 U 盘	否	1

7. 结算方式（见图 1）

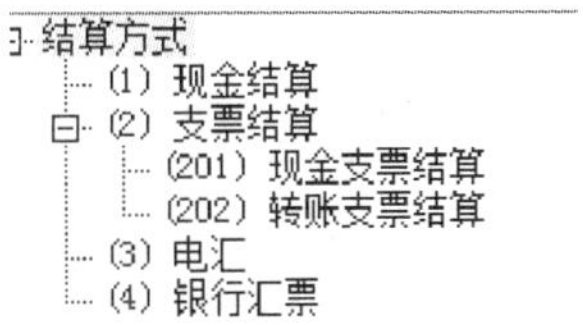

图 1　结算方式

8. 仓库设置（见表 13）

表 13　仓库设置

仓库编码	仓库名称
01	成品仓
02	材料仓

注：以上仓库计价方法为先进先出法。

9. 收发类别设置（见表 14）

表 14　收发类别

一级编码	一级类别名称	二级编码	二级类别名称
1	入库	11	采购入库
		12	盘盈入库
2	出库	21	领料出库
		22	销售出库
		23	盘亏出库
		24	其他出库

10. 设置采购类型（见表 15）

表 15　采购类型

采购类型编码	采购类型名称	入库类别	是否默认值	是否列入 MPS/MPR 计划
1	普通采购	采购入库	是	否

11. 设置销售类型（见表16）

表16 **销售类型**

销售类型编码	销售类型名称	出库类别	是否默认值	是否列入MPS/MPR计划
1	批发	销售出库	是	否
2	零售	销售出库	否	否
3	委托代销	其他出库	否	否

12. 设置费用项目分类（见表17）

表17 **费用项目分类**

费用项目分类编码	费用项目分类名称
1	业务费
2	管理费

13. 设置费用项目（见表18）

表18 **费用项目**

费用项目编码	费用项目名称	费用项目分类	销项税率（%）
01	运输费	1	11
02	安装费	1	11
03	差旅费	2	
04	招待费	2	6

14. 设置本单位的开户银行信息（见表19）

表19 **开户银行信息**

编码	银行账号	账户名称	所属银行编码	开户银行	客户编号	机构号	联行号
01	012345678912	广州东兴公司	03	建行从化支行	01	01	01

三、总账初始化

1. 录入期初余额（见表20）

表20 **期初余额**

科目代码	科目名称	辅助账类型	方向	期初余额
1001	库存现金	现金	借	3 000.00
1002	银行存款	银行存款	借	1 700 000.00
100201	工行存款	银行存款	借	1 700 000.00
1122	应收账款	客户往来	借	1 400 000.00

表20（续）

科目代码	科目名称	辅助账类型	方向	期初余额
1221	其他应收款	个人往来	借	7000.00
1405	库存商品		借	1 560 000.00
140501	8G 闪迪 U 盘			425 000.00
		个		42 500
140502	16G 闪迪 U 盘			1 135 000.00
		个		56 750
1601	固定资产		借	15 218 000.00
1602	累计折旧		贷	2 294 540.00
资　产　合　计				17 593 460.00
220201	应付账款	一般应付账（供应商往来核算）	贷	1 218 460.00
220202	应付账款	暂估	贷	2 000.00
2211	应付职工薪酬		贷	50 000.00
4001	实收资本		贷	16 323 000.00
权　益　合　计				17 593 460.00

（1）客户往来期初余额。

应收账款　北京迅达公司　9 月 30 日销售商品，尚未收到货款 1 200 000 元

南方友联公司　9 月 30 日销售商品，尚未收到货款 200 000 元

（2）供应商往来期初余额。

应付账款　南方钢厂　9 月 30 日购入商品，尚未付货款 1 118 460 元

北方旭日公司　5 月 20 日购入商品，尚未付货款 100 000 元

（3）个人往来期初余额。

其他应收款—私人借款 9 月 20 日管理部王刚广州出差借款 5 000 元

9 月 26 日供应部李平到黑龙江出差借款 2 000 元

（4）银行对账期初录入。

2. 会计科目设置

（1）增加会计科目。

科目代码	科目名称
222101	应交增值税
22210101	进项税额
22210102	销项税额
22210103	转出未交
222102	未交增值税
222103	应交城建税
222104	应交教育费附加
222105	应交所得税

（2）将“预付账款”科目加供应商往来核算，且受应付系统控制。
（3）将“营业税金及附加”改为“税金及附加”。

四、应收系统初始化

1. 初始设置见图 2（包括坏账处理方式：应收款余额百分比法）。

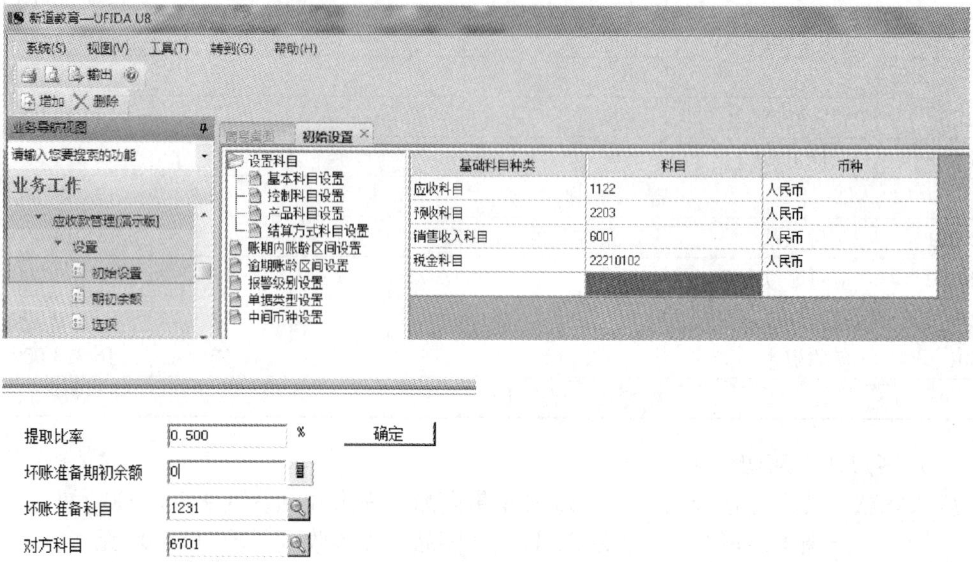

图 2　应收系统初始设置

2. 客户往来期初余额录入并对账。

应收账款　北京迅达公司　9 月 30 日销售商品，尚未收到货款 1 200 000 元
　　　　　南方友联公司　9 月 30 日销售商品，尚未收到货款 200 000 元

五、应付系统初始化

1. 初始设置见图 3。

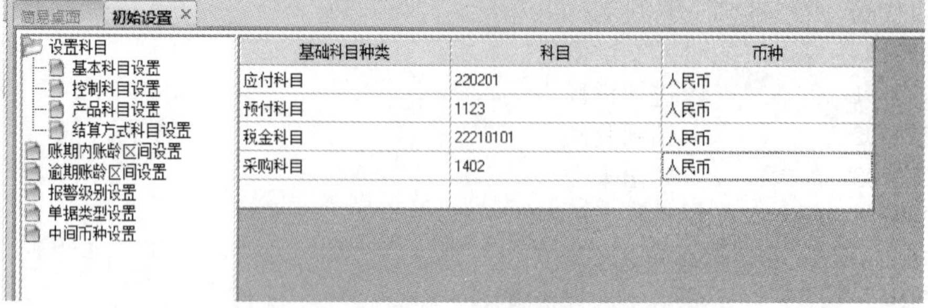

图 3　应付系统初始设置

2. 供应商往来期初余额录入并对账。

应付账款　南方钢厂　　　9 月 30 日购入商品，尚未付货款 1 118 460 元

　　　　　北方旭日公司　5 月 20 日购入商品，尚未付货款 100 000 元

六、固定资产初始化

1. 设置企业固定资产控制参数，如表 21 所示。

表 21　企业固定资产控制参数

控制参数	参数设置
约定与说明	我同意
启用月份	2017 年 10 月
折旧信息	本账套计提折旧主要方法：平均年限法二 折旧汇总分配周期：1 个月
编码方式	资产类别编码方式：2-1-1-2 固定资产编码方式：手工输入
财务接口	与账务系统进行对账科目： 固定资产对账科目：1601，固定资产 累计折旧对账科目：1602，累计折旧
补充参数	固定资产缺省入账科目：1601，固定资产 累计折旧缺省入账科目：1602，累计折旧 减值准备缺省入账科目：1603，固定资产减值准备 增值税进项税额缺省入账科目：22210101，进项税额 固定资产清理缺省入账科目：1606，固定资产清理

2. 设置资产类别，见表 22。

表 22　资产类别

类别编码	类别名称
01	共用固定资产
02	销售用固定资产
03	管理用固定资产

3. 录入固定资产原始卡片，并对账。相关资料如表 23 所示。

表 23　　固定资产原始卡片

固定资产 1	固定资产 2	固定资产 3
基本入账信息： 固定资产编号：00001 名称：办公楼 类别：共用固定资产 月折旧率：0.25% 净残值率：4% 使用部门：各部门 使用情况：使用中 入账日期：2012.10.20 增加方式：投资投入 原值：15 000 000.00 元 净残值：600 000.00 元 月折旧：37 500.00 元 已提月份：59 折旧信息： 折旧方法：平均年限法二 预计使用期间数：384（32 年） 累计折旧：2 212 500.00 元 折旧费用在各部门平均分配	基本入账信息： 固定资产编号：00002 名称：小车 类别：销售用固定资产 月折旧率：1% 净残值率：4% 使用部门：销售部 使用情况：使用中 入账日期：2014.07.20 增加方式：直接购入 原值：210 000.00 元 净残值：8 400.00 元 月折旧：2 100.00 元 已提月份：38 折旧信息： 折旧方法：平均年限法二 预计使用期间数：96（8 年） 累计折旧：79 800.00 元	基本入账信息： 固定资产编号：00003 名称：计算机 类别：管理用固定资产 月折旧率：1% 净残值率：4% 使用部门：财务部 使用情况：使用中 入账日期：2015.05.20 增加方式：直接购入 原值：8 000.00 元 净残值：320.00 元 月折旧：80.00 元 已提月份：28 折旧信息： 折旧方法：平均年限法二 预计使用期间数：96（8 年） 累计折旧：2 240.00 元

七、薪资管理初始化

1. 设置单个工资类别，从工资中代扣个人所得税，其余工资账套系统参数默认。
2. 按表 24 设置工资项目及人员档案、工资数据。

表 24　　人员档案及工资

编号	姓名	部门	人员类别	应发合计	基本工资	岗位工资	奖金	岗位津贴	副食补贴
101	王刚	管理部	管理人员	4 850	3 000	800	1 000		50
201	孙伟	财务部	管理人员	3 750	2 500	500	700		50
202	赵静	财务部	管理人员	2 950	2 000	400	500		50
203	李丽	财务部	管理人员	2 750	1 800	400	500		50
401	李平	供应部	采购人员	3 650	2 200	500	900		50
501	周平	销售部	销售人员	3 650	2 200	500	900		50
601	王成	仓储部	管理人员	2 750	1 800	400	500		50

注：个人所得税扣除标准为 5 000 元，按 14%计提福利费

3. 增设“计划年终奖”工资项目，其具有“其他”属性，属于假设性预算项目，与“应发合计”“实发合计”无关，请设置以下公式：

计划年终奖=iff（部门=“管理部”or 部门=“财务部”，2 000，1 000）

八、采购系统初始化

1. 设置采购专用发票、采购普通发票编号方式为完全手工输入。
2. 录入期初采购入库单，见表25。

表25　期初采购入库单

日期	供应商	品名	数量（个）	本币单价（不含税）	金额	仓库
9月20日	南方钢厂	16G 闪迪 U 盘	100	20	2 000	成品仓

3. 执行采购期初记账。

九、销售系统初始化

1. 设置销售专用发票、销售普通发票编号方式为完全手工输入。
2. 其他选项默认。

十、库存系统初始化

录入期初结存，并审核，见表26。

表26　期初结存

科目代码	科目名称	辅助账类型	方向	期初余额
1405	库存商品		借	1 560 000.00
140501	8G 闪迪 U 盘			425 000.00
		个		42 500
140502	16G 闪迪 U 盘			1 135 000.00
		个		56 750

十一、存货核算系统初始化

1. 选项设置：

（1）暂估方式为月初回冲。

（2）销售成本核算方式为销售发票。

（3）核算方式为按仓库核算。

（4）其他选项默认。

2. 存货科目设置，如图 4 所示。

存货科目

仓库编码	仓库名称	存货分类编码	存货分类名称	存货编码	存货名称	存货科目编码	存货科目名称	差异科目编码	差异科
01	成品仓			01	8G闪迪U盘	140501	8G闪迪U盘		
01	成品仓			02	16G闪迪U盘	140502	16G闪迪U盘		

图 4　存货科目

3. 设置期初余额并记账，数据与库存系统期初结存数相符。

期初数见表 27。

表 27　　期初余额

科目代码	科目名称	辅助账类型	方向	期初余额
1405	库存商品		借	1 560 000
140501	8G 闪迪 U 盘			425 000. 00
		个		42 500
140502	16G 闪迪 U 盘			1 135 000. 00
		个		56 750

日常业务实训资料总览

一、总账业务

10 月份发生如下经济业务。

（1）1 日，取备用金 8 000 元（现支 0001）。摘要为：提取现金。

借：库存现金　　8 000

　贷：银行存款　　8 000

（2）1 日，销售部周平、管理部王刚各借款 5 000 元出差，财务开出现金支票（现支 0002、0003）。摘要为：出差借款。

借：其他应收款——周平　　5 000

　　　　　　——王刚　　5 000

　贷：银行存款——工行存款　　5 000

　　　　　　——工行存款　　5 000

（3）2 日，开银行汇票 120 000 元准备到上海采购材料（银行汇票，票号：0001）。摘要为：开具银行汇票。

借：其他货币资金——银行汇票　　120 000

　贷：银行存款——工行存款　　120 000

（4）20 日，报销管理费用，其中办公费 10 000 元，招待费 10 000 元，其他费用 1 000 元（结算方式：201，票号：0005）。摘要为：报销办公费等。

借：管理费用　　21 000

　贷：银行存款——工行存款　　21 000

（5）20 日，支付短期借款利息：利息费用 20 000 元（结算方式：202，票号：0003）。摘要为：支付利息。

借：财务费用　　20 000

　贷：银行存款——工行存款　　20 000

（6）26 日，销售部报销售费用：办公费 5 000 元，其他费用 5 000 元（结算方式：202，票号：0007）。摘要为：报销办公费等。

借：销售费用　　10 000

　贷：银行存款——工行存款　　10 000

二、固定资产业务

（1）修改固定资产编码方式：自动编号（部门编号+序号，序号长度为 4 位），业务发生后立即制单。

（2）30 日，企业接受“大型信息化设备”作为投资，原价为 1 500 000 元，使用期限 8 年，净残值率为 4%，月折旧率为 1%，由各部门共同使用，使用比例平均分配，采用平均年限法计提折旧。折旧方法：平均年限法（二）。摘要为：投资设备入股。

借：固定资产　　1 500 000

　贷：实收资本　　1 500 000

（3）30 日，购入一辆小车，由管理部门使用，支付价款 210 000 元（取得普通发票），使用期限 8 年，净残值率为 4%，月折旧率为 1%，折旧方法：平均年限法（二），款项已支付。摘要为：购入小车一辆。结算方式：202，票号：0003。

借：固定资产　　210 000

　贷：银行存款——工行存款　　210 000

（4）31 日，计提本期折旧。摘要为：计提第［10］期间折旧。

借：管理费用　　30 080

　　销售费用　　9 600

　贷：累计折旧　　39 680

三、工资业务

人员档案及工资业务见表28。

表28　　人员工资档案

编号	姓名	部门	人员类别	应发合计	基本工资	岗位工资	奖金	岗位津贴	副食补贴
101	王刚	管理部	管理人员	4 850	3 000	800	1 000		50
201	孙伟	财务部	管理人员	3 750	2 500	500	700		50
202	赵静	财务部	管理人员	2 950	2 000	400	500		50
203	李丽	财务部	管理人员	2 750	1 800	400	500		50
401	李平	供应部	采购人员	3 650	2 200	500	900		50
501	周平	销售部	销售人员	3 650	2 200	500	900		50
601	王成	仓储部	管理人员	2 750	1 800	400	500		50
合计				24 350	15 500	3 500	5 000		350

注：1. 个人所得税扣除标准为5 000元，按14%计提福利费。

2. 部门设置必须把所有明细部门都选定。

3. 设置由中国工商银行发放工资。

31日计提工资，摘要为：计提工资。

借：管理费用　　20 700

　　销售费用　　3 650

　贷：应付职工薪酬　　24 350

31日计提福利费，摘要为：计提福利费。

分录：略

四、应收应付业务

（1）10月1日预收南方友联公司货款20 000元，转账支票结算，票号：0010，转账处理。摘要为：预收货款。

借：银行存款　　20 000

　贷：预收账款——南方友联　　20 000

接着，预收冲应收，摘要为：预收冲应收。

借：预收账款——南方友联　　20 000

　贷：应收账款——南方友联　　20 000

（2）10月1日预付南方钢厂500 000元货款，转账支票结算，票号：0008，转账处理。摘要为：预付货款。

借：预付账款——南钢　　500 000
　贷：银行存款——工行存款　　500 000
接着，预付冲应付，摘要为：预付冲应付。
借：应付账款——南钢　　500 000
　贷：预付账款——南钢　　500 000

五、采购业务

普通采购业务

（1）1日，向南方钢厂咨询，16G闪迪U盘价格为20元/个（不含税，下同），评估后认为价格合理，提出请购数量为1 000个，业务员据此填制请购单，需求日期为10月5日。

（2）1日，上级同意订购1 000个16G闪迪U盘，单价为20元/个，要求到货日期为10月5日。

（3）5日，收到所订购的16G闪迪U盘1 000个，填制到货单。

（4）5日，将收到货物验收入成品仓，填制采购入库单。

（5）5日，收到采购专用发票，票号为20361，业务部门将发票送交财务部门。

采购运费业务

6日，向北方旭日公司采购8G闪迪U盘2 000个，单价为10元/个，验收入库，同时收到专用发票一张，票号为20362，另外，在采购过程中，发生一笔运输费200元（不含税），税率为11%，收到相应运费增值税专用发票，票号为0001。(两张发票合并制单)

现付业务

8日，向北方旭日公司采购200个8G闪迪U盘，单价9元，验收入库，同时，收到专用发票一张，票号为20363，立即以转账支票ZZ101支付货款。

暂估入库报销处理

8日，收到南方钢厂上月已验收入库100个16G闪迪U盘专用发票一张，票号为20364，单价为20元，进行暂估报销。

暂估入库业务

30日，收到南方钢厂提供16G闪迪U盘500个入库，由于到月底发票仍未收到，确定暂估成本20元/个，进行暂估处理。

六、销售业务

（一）普通销售业务

（1）15日，南方友联公司欲购买8G闪迪U盘6 000个，前来询价，报价为30元/个（报价及售价都不含税），填制报价单。

（2）客户了解情况后，要求订购6 000个，发货日期为10月16日。

（3）16日，发货，并开具销售专用发票，票号为XS001。

（4）业务部门将销售专用发票交予财务部门。

（5）17日，财务部收到南方友联公司转账支票一张，金额210 600元，票号为ZZ201。

（二）现收业务

17日，向北京迅达公司出售8G闪迪U盘1 000个，售价为30元/个，货物发出，同时开具销售专用发票，票号为XS002，同时收到客户以转账支票支付的全部货款，支票号为ZZ202。

（三）销售退货业务

（1）17日，向南方友联公司销售8G闪迪U盘3 000个，单价30元，货物发出。

（2）18日，因质量问题，南方友联公司退货30个，单价30元。当天退货已收回入库。

（3）18日，开具相应的专用发票，票号为XS003，数量为2 970个。

（四）计提坏账准备

10月31日，计提坏账准备。摘要为：计提坏账准备。

月末处理

一、期末业务

（1）31日，对之前所有记账凭证执行出纳签字、审核、记账，结转本月未交增值税，摘要为：转出未交增值税；计提本月应交城建税（7%）、教育费附加（3%），摘要为：计提随征税；换操作员审核、记账。

（2）31日，结转损益（分收入类及支出类，自动生成）；换操作员审核、记账。

（3）31日，计提并结转所得税费用（计提时摘要为：计提所得税）；换操作员审核、记账。

（4）结账。

提示：

生成凭证前，需先定义公式，要求如下：

（1）广州东兴公司10月末转出应交未交增值税。

借：应交税费——应交增值税——转出未交（22210103）　　QM（222101，月）

　贷：应交税费——未交增值税（222102）　　JG（）

（2）广州东兴公司 10 月计提城建税和教育费附加。

借：税金及附加（6403）　　　　　　　　　　QM（222101，月）＊0.1

　贷：应交税费——应交城建税（222103）　　　　QM（222101，月）＊0.07

　　　应交税费——应交教育费附加（222104）　　QM（222101，月）＊0.03

（3）广州东兴公司 10 月计提所得税。

借：所得税费用（6801）　　　　　　　　　　　　　　JG（）

　贷：应交税费——应交所得税（222105）　　　　QM（4103，月）＊0.25

（4）对广州东兴公司 2017 年 10 月的期间损益进行结转定义。

二、报表生成

（1）利用报表模板分别生成广州东兴公司 2017 年 10 月“利润表”“资产负债表”。取数后，分别以“资产负债表.XML”“利润表.XML”为文件名保存在“c：\ work”中。

（2）根据表 16 所示表格，自定义广州东兴公司产品销售分析表（见图 5），以“广州东兴公司产品销售分析表.xml”保存在“c：\ work”中。

	A	B	C
1	广州东兴公司产品销售分析表		
2	年	月	单位：元
3		8G闪迪U盘	16G闪迪U盘
4	产品销售收入		
5	产品销售成本		
6	毛利		
7	毛利率		
8			制表人：孙伟

图 5　广州东兴公司产品销售分析